한국의 일본어 연구

한양대 〈일본학국제비교연구소〉 비교일본학 총서 04

한국의 일본어 연구

한양대 일본학국제비교연구소 편

역락

머리말

한국에서 일본어를 연구하기 시작한 것은 언제부터일까. 조선시대의 사역원에서 일본어 학습서인 왜학서(倭學書)를 간행한 사실은 널리 알려져 있으나 근대적 의미의 학술 논문이 발표된 것은 1955년에 『학술원회보』에 실린 국어학자 이숭녕 박사의 「韓日 兩國의 語彙 比較 小考—분뇨어(糞尿語)를 중심으로 하여—」가 처음이 아닐까 생각된다. 이후 1970년대까지 관련 논문이 거의 보이지 않던 한국의 일본어 연구는 80년대에 접어들어 전문 학술지의 창간과 함께 비로소 본궤도에 진입하게 된다.

이에 비해 일본에서는 19세기 말에 이르면 근대적 의미의 한국어 연구가 선을 보이게 된다. 1880년에는 근대 일본 최초의 한국어 학습서인 『韓語入門』이 간행되었으며 최초의 한국어 관련 논문이라 할 수 있는 「日本語と朝鮮語との類似」가 1889년 일본의 국어학자 오야 도루(大矢透) 박사에 의해 『東京人類學會雜誌』에 발표되었다. 이 오야

박사의 논술은 1879년에 애스턴(W.G.Aston)이 '왕립아시아협회지'에 발표한 「A Comparative study of the Japanese and Korean Language」에 자극을 받은 연구보고이나 그 후 10여 년이 지난 1902년에 이르면 「日韓兩國語比較論」을 주제로 동경대학에서 학위를 취득한 순수한 한국어 전문가(가나자와 쇼사부로, 金沢庄三朗)가 출현한다.

이와 같이 한국의 일본어 연구와 일본의 한국어 연구의 출발점을 비교할 때, 양국 모두 국어학자에 의해 언어 계통론의 문제가 연구의 동기를 부여했다는 공통점을 보이고 있으나 근대사의 굴곡에 의해 한국의 일본어 연구는 일본의 한국어 연구에 비해 50년 이상의 시차를 가지고 있음을 알 수 있다. 하지만 비록 50년 이상의 시차를 가지고 후발주자로서 출발한 한국의 일본어 연구는 한일관계의 현실적인 어려움 속에서도 연구의 외형과 내용 면에서 근대 이후의 시간적인 간격을 꾸준히 좁혀 왔다.

70년대까지만 해도 한 자릿수에 머물던 일본어 관련 연구논문의 수는 이제는 매년 300여 편이 발표되는 추세를 보이고 있다. 한국연구재단에 등록된 박사학위 소지자는 400여 명에 이르고 있으며 그 가운데 200여 명의 연구자가 대학의 전임교수로서 연구와 교육에 종사하고 있다. 이와 같은 추세 속에서 일본어 연구의 세부 분야도 다양화되어 이제는 국내에서 이루어진 모든 일본어 관련 연구를 망라해서 조사하는 것조차 많은 시간과 노력을 필요로 하는 작업이 되어 버렸다.

이와 같은 연구사적인 흐름 속에서 한국의 일본어 연구의 현주소를 파악하고 현 시점에서 그 단면을 기록해 두고자 본서는 기획되었으며 이를 위하여 연구의 최전선에서 활동하고 있는 13분의 대표적인 일본어 연구자의 작업 현장을 본서에 옮겨 보았다. 이들을 세부 영역으로 개괄해 보면, 현대일본어문법론, 한일대조문법론, 일본어어휘론과 어휘사, 일본어음운사, 화용론과 사회언어학, 이문화커뮤니케이션, 일한번역사, 일본어학과 융복합학 등으로 구분할 수 있으나 그 어느 것도 일본어 연구의 현장에서 가장 뜨겁게 논의되고 있는 현재 진행 중인 작업이라는 점에서 국내 일본어 연구의 양상을 일목요연하게 포괄적으로 조망할 수 있을 것으로 판단된다. 또한 각각의 세부영역에서 제시하고 있는 연구방법론은 향후 일본어 연구에 뜻을 둔 후학들에게 귀중한 정보를 제공해 줄 수 있을 것으로 기대된다.

아울러 본서의 간행을 위하여 본 연구소에서는 2020년 8월에 국내학술심포지엄을 주관했다. 처음에는 '한국어와 일본어 연구의 방법과 과제'라는 테마로 한국의 일본어 연구와 일본의 한국어 연구를 비교 검토하기 위한 국제심포지엄을 기획하였으나 예상치 못한 코로나 바이러스의 확산으로 부득이하게 국내 일본어 연구자를 중심으로 대면과 비대면을 병행하여 심포지엄을 개최하였다. 본서의 원고는 이와 같은 심포지엄의 발표를 기반으로 하고 있음을 밝혀 두고자 한다.

코로나 팬데믹 상황 속에서도 심포지엄에 참석해 기조강연을 맡아주신 안평호(성신여대) 선생님을 비롯하여 흔쾌히 원고를 허락해주신 김광성(중앙대), 나공수(영남대), 노주현(덕성여대), 민병찬(인하대), 박용일(한양대), 윤영민(연세대), 이경수(방송대), 이은미(명지대), 이준서(성결대), 장원재(계명대), 조강희(부산대), 채성식(고려대) 선생님(이상, 가나다순), 본서의 편집과 간행을 위해 수고해주신 본 연구소의 권도영 선생님, 도서출판 역락의 이대현 사장님과 문선희 편집장께 감사의 마음을 전한다.

2021년 3월

일본학국제비교연구소 소장 이강민

차례

朝鮮資料에 의한
일본어의 史的音聲學에 대한 一考察 　조강희 _ 377

한국의 일본어 연구

타동성(Transitivity)의 문법화에 관한 연구[1]
―현대일본어의 「～てしまう(-te simau)」구문을 중심으로―

안평호

1. 서론

본 논문에서는 한국어 모어화자들이 현대일본어를 학습하는 과정에서 어려움을 겪는 구문들 가운데 「동사＋てしまう」를 술어로 하는 구문을 대상으로 하여, '타동성의 문법화'라는 관점에서 고찰하는 것을 목적으로 한다.

「동사＋てしまう」를 구성하는 「しまう(simau)」는 본래 타동사적 용법과 자동사적 용법을 함께 가지고 있는 양용(兩用)동사이다.

---

1 본 논문은 安平鎬·池好順(2020)를 기초로 하여, 일본어를 모르는 연구자도 이해할 수 있도록 재구성하였을 뿐만 아니라 일부 내용을 추가하는 방법으로 작성한 논문으로서, 安·池(2020)과 내용의 일부가 중복됨을 밝혀둔다. 아울러 현대일본어에 대한 영문 표기는 일본의 '訓令式' 표기법을 원칙으로 한다.

(1) 経営不振で　店を しまう。[2]
keiei husin- de　mise -o simau
경영 부진 　으로 가게 를 치우다
경영부진으로 가게를 폐업한다.

(2) 冬物を　箪笥に　しまう。
huyu mono- o tansu -ni simau
겨울 물건 　을 장롱 　에 치우다
겨울 물건을 장롱에 수납한다.

(3) 仕事が　しまわぬうちは 帰れない。
sigoto- ga simau- nu- uchi-wa kaereru　　　-nai[3]
일 　이 치우다 부정 동안 은 돌아갈 수 있다 부정
일이 끝나기 전에는 돌아갈 수 없다.

　(1)은 '끝내다, 가게 따위를 닫다'의 의미로, (2)는 '치우다, 간수하다'의 의미로 쓰인 타동사의 예문인 것에 대해서, (3)은 '끝나다, 파하다'의 의미로 쓰인 자동사의 용례이다.

　본 논문에서는 (4)와 같이 「しまう」가 특히 「타동사＋てしまう(～아/어 버리다)」와 같은 보조동사로 사용되는 구문을 대상으로 하여,

---

2　본 논문에서는 한자를 사용할 경우의 교정 원칙으로 한국에서 통용되는 한자 표기를 원칙으로 하고 있다. 그렇지만 일본어의 경우 '학(學)'을 '学', '석(釋)'을 '釈' 등으로 약자체(略字體)를 사용하고 있기 때문에, 일본어 원문을 인용하거나 표기하는 경우에는 일본어 한자 표기 원칙을 따르기로 한다.
3　일본어에 대한 영문 표기는, 각 형태소의 기본형을 표기하였으며 특히 활용 형태에 대해서는 구체적으로 구별하여 표기하지 않았다.

타동성의 문법화라는 관점에서 살펴보고자 한다.

본격적인 논의를 시작하기 앞서 「しまう」가 보조동사로 사용될 경우는 '(~아/어)버리다'와 같은 의미로 해석되는 것이 일반적이며, 문맥에 따라서는 한국어의 '아/어 치우다(해 치우다 등)'와 같이, '주체(행위주)에 의한 의도적인 행위'의 의미로는 해석되지 않는 경우가 있다는 점을 특기(特記)해 두기로 한다.

> (4) エンジンをふかすと、身震いするように前方へ走り出した。そして波
> 打際まで来て、またもや、砂に後輪を沈めてしまった。(五木寛之『風に
> 吹かれて』)
> (4-1) 砂に　　　後輪を　沈めてしまった。
> suna-ni kourin -o sizumeru -te simau -ta
> 모래 에 후룬　을 가라앉히다 어/아 치우다 과거
> 모래 에 뒷바퀴를 빠뜨려 버렸다.

(4)는 전체적인 문맥으로 판단해 볼 때, '자동차 엔진을 가속하자, 의도하지 않았으나 자동차가 급발진 하여, 다시 모래에 뒷바퀴를 빠뜨리는 실수를 범했다'와 같은 뜻을 나타내는 문장이다.

(4)에서 문제가 되는 '沈めてしまった(sizume-te-simatta)'를 각각의 형태별로 직역하면 '빠뜨려 치웠다(의도적으로 빠뜨려 버렸다)'와 같은 의미가 될 것이다. (4)는 '빠뜨려 치웠다'와 같은 직역에 의한 해석으로 문장 전체의 의미를 판단하면 '실수로 빠뜨리다'와 같은 의미로는 해석될 수 없다는 점에서 한국어와 일본어가 차이가 있다고 할 수

있다. 이와 같은 한국어와 일본어 사이의 차이로 인해 한국어 모어화자들은 (4)와 같은 문장을 학습할 때 어려움을 겪게 된다고 판단된다.

다음 (5)의 「割る(waru, 나누다, 깨다, 벌리다 등)＋て(아/어)＋しまう＋た(과거)」에 대해서도 (4)와 같은 문제점을 제기할 수 있을 것이다.

> (5) 引っ越しは物品の移動だが、家と暮らしのこととなると、物品をこえたことが生じてくる。たとえば荷解きのとき、とりわけ秘蔵の切子のグラスを割ってしまった。(毎日040620; 일본 毎日新聞의 2004年 06月 20日 기사에서 인용함. 아래에서는 「毎日040620」과 같이 표기하기로 함)
>
> (5-1) 秘蔵の 切子の　　グラスを 割ってしまった。
> hizou- no kiriko -no gurasu-　　o waru-te　　-simau -ta
> 비장　의 기리코(고유명사) 의 glass 를 깨다 어/아 치우다 과거
> 비장의 기리코 유리컵을 (실수로) 깨 버렸다(먹었다).

(5)는 '이사할 때 깨지기 쉬운 그릇 등을 이불과 같은 물건 사이에 넣어서 옮기는 경우가 있는데, 짐을 풀 때 실수로 아끼는 기리코 유리컵을 떨어뜨려 깨뜨렸다'는 문맥에서 사용된 「동사＋てしまう」를 술어로 하는 구문이다.

일본어와는 대조적으로 한국어의 '깨버렸다'는 '잠이 깨버렸다' 등과 같은 자동사적인 쓰임 이외에, 일반적으로는 '실수로 ～을/를 깨 버렸다'와 같은 의미로는 해석되지 않기 때문에 일본어의 「割る＋てしまう」와는 차이가 있다고 할 수 있겠다.

(4)(5)의 「타동사＋てしまう」를 구성하는 타동사 「沈める(sizumeru)」 및 「割る(waru)」는 동사의 의미적 특징을 고려해 볼 때, (주체의 행위에

의한 객체의 변화를 함의한다는 점에서) 타동성이 매우 강한 동사에 속한다고 할 수 있을 것이다. 물론 보조동사인 「しまう」 역시 (1)(2)에서 소개한 바와 같이 한국어로는 '끝내다, 마치다, 치우다, 안에 넣다, 수납하다' 등과 같은 의미를 나타내며, 타동성이 대단히 강한 동사이다.

이상에서 기술한 내용을 근거를 종합해 볼 때, 「타동사＋てしまう」를 구성하는 '타동사' 뿐만 아니라, 「しまう」 역시 타동성이 강한 동사로 구성된 표현임에도 불구하고 (4), (5)와 같은 문맥에서 「동사＋てしまう」는 어떤 이유에서인지 타동성이 약화(문법화)되어 한국어의 '아/어 버리다' 또는 '아/어 먹다'와 같은 의미를 나타내는 표현이 된다고 판단된다.

필자는 한국어의 '버리다' 역시 타동성이 강한 동사에 속하지만, '-어/아 버리다'와 같이 보조동사로 사용되는 경우는 일본어와 유사한 현상이 관찰된다고 생각한다.

'버리다'가 보조동사로 사용되는 경우의 의미에 대해 『표준국어대사전』에서는, '앞말이 나타내는 행동이 이미 끝났음을 나타내는 말. 그 행동이 이루어진 결과, 말하는 이가 아쉬운 감정을 갖게 되었거나 또는 반대로 부담을 덜게 되었음을 나타낼 때 쓴다.'고 설명하고 있다. 또한 '약속을 잊어 먹다' 등의 '먹다'도 '앞말이 뜻하는 행동을 강조하는 말. 주로 그 행동이나 그 행동과 관련된 상황이 마음에 들지 않을 때 쓴다.'와 같이 설명하고 있다.

일본어뿐만 아니라 한국어에서도 타동성이 강한 동사가 문법화

됨에 따라서 '실수로 ～을 하게 되다' 내지는 '말하는 이의 아쉬운 감
정, 또는 마음에 들지 않음'을 표현하게 되는 경우가 존재한다는 것을
확인할 수 있다.

2절 이하에서는 현대일본어의 「동사＋てしまう」가 문맥에 따라서
'실수로 ～을 하게 되다'와 같은 의미를 나타내는 용법을 중심으로
'문법화(grammaticalization)'라는 관점에서 고찰하겠다.

2. 본론

2.1. 「동사＋てしまう」의 의미

본 논문의 연구 대상인 「동사＋てしまう」의 의미와 관련해서는,
우선 砂川·グループジャマシイ(스나카와·그룹자마시이, 1998)의 설명을
중심으로 살펴보도록 하겠다.[4]

> (6) この本はもう読んでしまったから、あげます。(完了)
> kono hon- wa mou yomu -te -simau -ta -kara   ageru-masu
> 이   책   은   이미 읽다 -아/어 버리다 과거 이유(때문에) 주다-ㅂ니다
> 이 책은 이미 읽어버렸기 때문에 주겠습니다.

---

4 필자는 砂川有里子外グループジャマシイ(1998)를 일본어교육 분야에서 활용도가 높
은 대표적인 문법서 가운데 하나로 인식하고 있으며, 본 논문에서는 논의를 시작하
는 도입의 의미로 인용하고 있다. 그밖에도 『明鏡国語辞典第二版』CD-ROM版, 『広辞
苑第六版』CD-ROM版, 『国語大辞典』CD-ROM版, 『辞林』『辞林21』CD-ROM版를 참
조하였다.

(7) 雨の中を歩いて、かぜをひいてしまった。　(完了)
　　ame- no naka- o aruku -te　　kaze-o hiku　-te　simau -ta
　　비　　의 속　　을 걷다　아/어　감기 를　걸리다 -아/어 버리다 -과거
　　빗속을 걸어서 감기에 걸려 버렸다

(8) 知ってはいけないことを知ってしまった。　(感慨)
　　siru -te　-wa ikenai　　koto -o　　siru -te　simau- ta
　　알다 아/어 은/는 안 되다(금지) 것　-을/를 알다 -아/어 버리다- 과거
　　알아서는 안 될 것을 알아 버렸다

　　(6)(7)의 「동사＋てしまう」는 동작이 완료된다는 의미를 나타낸다.
먼저 (6)의 「読む(yomu, 읽다)」와 같이, 상(相, Aspect)적인 관점에서
'동작이 계속되는 과정(過程)'을 포함하는 동사는 「読む＋てしまう」가
「読む＋終わる(owaru, 끝나다) 다 읽다」에 가까운 의미가 되므로 '완
료'의 의미를 나타낸다.

　　한편, (7)의 「(風邪を)引く(hiku, 당기다, 자신의 몸 안으로 받아들이다
등)」의 경우는 상(相)적인 관점에서 '어떤 상태에 이르다', 즉 '감기에
걸린 상태가 되다'라는 의미에서 '완료'의 의미를 나타낸다.

　　다음으로 본 논문의 고찰 대상이 되는 (8)과 관련해서는, (6)(7)과
마찬가지로 '완료'의 의미를 나타내는 것과 동시에 문맥에 따라서
"残念、後悔など、いろいろな感慨をこめて使われ、「とりかえしのつかな
いことがあった」というニュアンスが加わる(애석함, 후회 등, 여러 가지 감
개(感慨)의 기분을 담아서 사용되며, 다시 원상태로 되돌릴 수 없다는 뉘앙
스가 더해진다)"고 설명한다.

이하에서는 (8)과 같은 문장을 중심으로 고찰하도록 하겠다.

2.2. 「자동사＋てしまう」와 「타동사＋てしまう」의 화용론적(話用論的, Pragmatic) 사용 구분

1절에서는 「타동사＋てしまう」를 술어로 하는 문장 가운데, (4)(5)와 같은 문맥에서 "주체(행위주)가 한 행위이기는 하지만, 부주의한 과실에 따른 결과"와 같은 '감개(感慨)'의 의미를 나타내는 경우에 대해 살펴보았다.

다음은 선행연구에서는 '감개(感慨)'의 의미를 나타내는 「동사＋てしまう」구문과 관련해서 「자동사＋てしまう」와 「타동사＋てしまう」를 따로 구별하지 않고 있다는 문제점에 대해 살펴보기로 하겠다.[5]

> (4-2) 자동사; 沈む(sizum-u 가라앉다, 지다 등)
>   타동사: 沈める(sizum-eru 가라앉히다, 빠뜨리다 등)
> (5-2) 자동사: 割れる(war-eru 깨지다, 터지다, 갈라지다 등)
>   타동사: 割る(war-u 쪼개다, 깨다, 나누다 등)

「沈める(sizumeru)」 및 「割る(waru)」는 (4-2), (5-2)에서 보듯이 대응하는 자동사가 존재하는 유대(有對)타동사에 속한다. (4)(5)와 같은 문맥은 주체(행위주)의 실수로 인한 피해가 본인에게 미치는 경우라

---

5 선행연구에 관한 구체적인 내용을 安平鎬·池好順(2020)을 참조하기 바란다.

고 할 수 있으며, (4-3)(5-3)과 같이 「자동사＋てしまう」로 표현하더라도 '감개(感慨)'의 의미를 나타내는 것에는 변함이 없다고 판단된다.

(4-3) 砂に　後輪が　沈んでしまった。
suna-ni kourin -ga sizumu -te simau -ta
모래 에 뒷바퀴 이/가 가라앉다 아/어 치우다 과거
모래에 뒷바퀴가 빠져 버렸다.

(5-3) 秘蔵の 切子の グラスが 割れてしまった。
hizou-no kiriko -no gurasu –ga wareu -te -simau -ta
비장 의 기리코 의 glass 이/가 깨지다 어/아 치우다 과거
비장의 기리코유리 컵이 (실수로) 깨져 버렸다

다음 예문 (9)는 "소풍 가는 도중에 같은 열차에 탄 아이가 울기 시작해서 실수로 수통을 떨어뜨려서 수통 안쪽에 있는 유리가 깨졌다"와 같은 의미이며, 「자동사＋てしまう」가 사용되고 있는 경우이다.

(9) ある日、乗り合わせた電車の中で子供が泣き出した。遠足に出かける
途中、水筒を落とし中のガラスが割れてしまったのだ。(毎日000511)
(9-1)水筒の中のガラスが割れてしまった。
suitou-no naka-no garasu-ga wareru te simau -ta
수통 의 안 의 glass 이/가 깨지다 아/어 치우다 과거
수통 안 유리가 깨져 버렸다.

(9)와는 대조적으로 (10)은, 즉 "부장실을 급하게 나갈 때 부장실에 장식되어 있는 고가의 프랑스제 도자기 접시를 떨어뜨려 깨뜨렸다"

와 같은 문맥에서는 '주체(행위자)의 부주의로 인한 피해가 타인(부장님)에게 미치는 경우'라고 할 수 있다.

(10) 諦めた野上はお礼を言って受話器を置き、深呼吸した後、エイッーとばかりにパソコンの電源スイッチを切り、走るようにして部長室を出た。その際、部長室に飾ってあった高価なフランス製の陶器の絵皿を落として割ってしまった。(安・池(2017)より引用)

(10-1) 陶器の絵皿を落として割ってしまった。
touki -no ezara -o otosu- te waru -te -simau -ta
도(자)기 의 그림이그려진접시 -을/를 떨어뜨리다 어/아 깨다 어/아 치우다 과거
그림이 그려진 도자기 접시를 떨어뜨려 깨뜨려 버렸다.

(10-2) ##陶器の絵皿 を 落として (絵皿が) 割れてしまった。[6]
touki -no ezara -o otosu- te (ezara-ga) wareru -te -simau -ta
도(자)기 의 그림을그린접시 -을/를 떨어뜨리다 어/아 (그림접시가) 깨지다 어/아 치우다 과거
그림이 그려진 도자기 접시를 떨어뜨려 (접시가)깨져 버렸다.

일본어 모어화자의 경우, (4)(5)의 문맥과는 달리 (10)과 같이 '주체(행위주)의 실수로 인한 피해가 본인이 아닌 타인에게 미친다'와 같은 문맥에서는 「타동사＋てしまう」를 사용하는 경향이 있다. 이와 달리 (10-2)와 같이 「자동사＋てしまう」를 사용할 경우, 청자에게 자신에 행동에 대해 책임을 회피하려고 한다는 불쾌한 인상을 주게 된다는 점 또한 간과해서는 안 된다. (10-2)는 비문법적인 문장은 아니지

---

6 「#」은 비문법적인 문장은 아니지만 화용론적으로 잘못 쓰인 문장임을 나타낸다. 이하 동일함.

만, 화용론적으로 잘 못 쓰인 문장이라고 할 수 있다. 선행연구들에서
는 (10) 등과 같은 경우에 대한 화용론적인 구별을 하지 않고 있다는
문제점이 있다.

(11) 時に、病は多くの挫折と苦悩を人に与える。医学の闘いは人を絶望に
　　追いやるものとの「切り結び」だ。その医学を生かす医療行政が科学
　　的根拠もなく、ハンセン病者と家族を社会的に殺してしまった。(安・
　　池(2017)から引用)

(11-1) ハンセン　　病者と　　家族　を　社会的　に殺してしまった。
　　　 hansenbyou- kanzya-to kazoku-o syakaiteki-ni korosu-te -simau -ta
　　　 한센병　　　환자 와/과 가족 을/를 사회적 으로 죽이다어/아 -치우다과거
　　　 의료행정이 한센병 환자와 가족을 사회적으로 죽이고 말았다.

(12) 12日午後2時40分ごろ、埼玉県蕨(わらび)市内に住む男性医師(64)宅
　　に、別の医療機関に勤務する医師の四男(30)を装った男の声で「医療
　　ミスで人を殺してしまった。遺族にお見舞いが必要」などと電話があ
　　り、父親の医師は同日、指定された郵便貯金口座に2度にわたり計600
　　万円を振り込んだ。(安・池(2017)から引用)

(12-1)医療ミスで人を殺してしまった。
　　　 iryou misu-de hito -o 　　korosu-te -simau -ta
　　　 의료　미스 로 사람 을/를 죽이다 어/아 치우다　과거
　　　 의료 미스로 (실수로)사람을 죽이고 말았다

(12-2) ##医療ミスで人が死んでしまった。
　　　 iryou misu-de hito-ga 　　sinu-te 　　-simau -ta
　　　 의료　미스 로 사람 이/가 죽다 어/아 치우다　과거
　　　 의료 미스로 (실수로)사람이 죽어 버렸다

(11)(12)의 예를 살펴보도록 하자. (4)(5)의 「沈める(sizumeru)」「割る(waru)」와 마찬가지로 (11)(12)の「殺す(korosu 죽이다, 약화시키다)」도 타동성이 강한 동사에 속하는 동사이며, 「殺す(korosu)＋てしまう」를 직역하면 '죽여 버리다'로 해석될 것이다.

한편 (11)은 "의학(의 싸움)은 인간을 절망 상태로 빠뜨리는 것들과의 처절한 싸움이다. 그와 같은 의학을 살리는(활용하게 하는) 의료행정이 때로는 의도하지 않게 한센병 환자와 가족들을 사회적으로 죽이고 말았다(죽게 만드는 과오를 저지르고 말았다)"와 같은 문맥으로 파악하여야 한다. 즉, (11)을 「殺す(korosu)＋てしまう」를 구성하는 각 형태들의 고유 의미로 직역하여, '죽여 버리다'와 같은 의미로 해석하면 전체적인 의미를 바르게 파악할 수 없다. 또한 필자의 조사에 의하면, 이와 같은 문맥에서 (4)(5)와 달리 「자동사(死ぬ(sinu 죽다))＋てしまう」로 표현하면 비문법적인 문장은 아니라고 하더라도 듣는 사람으로 하여금 '의료행정' 측에서 책임을 회피하려는 의도로 느껴져서 불쾌감을 주게 된다.

(12)는 "보이스피싱 상황에서 범인이 아들인 척하며 전화를 받는 아버지에게 내가 의료사고를 일으켰다"는 상황을 전달하는 문맥이다. (11)과 마찬가지로 「殺す(korosu)＋てしまう」를 '죽여 버리다'와 같이 의미로 파악해서는 안 된다는 것이며, (12-2)와 같이 「자동사(死ぬ sinu)＋てしまう」로 표현하면 비문법적인 문장이 아니라고 하더라도 "본인은 잘못이 없지만 사람이 저절로 죽어버렸다"와 같이 책임을 회피하려고 하는 구실(口實)을 늘어놓는 인상을 준다는 것이다.

(10-3) 부장님, 부장님 방을 나올 때 부장님 방에 있던 도자기를 깨버렸습니다.

(12-3) ??제가 실수로 사람을 죽여 버렸습니다.

한국어의 경우, (10-3)(12-3)과 같이 표현하면, 일본어와는 달리 "화자의 자발적인 행동이기는 하지만 의도하지 않은 과실에 의한 결과"라는 문맥으로는 파악되지 않는다는 것이 필자의 생각이다. (10-3)은 고의로 깼다는 뜻으로 해석될 것이며, (12-3)은 '실수로'와 같은 성분을 포함하고 있지만 전체적으로는 매우 어색한 문장으로 파악되기 쉽다는 것이다.

이상에서 언급한 내용을 종합하면 다음과 같다. 현대일본어의 「동사＋てしまう」는 '완료', '감개(感慨)'의 의미를 나타낸다. 특히 '감개(感慨)'의 의미를 표현하는 경우에는, "본인의 자발적인 행동으로 인하여 타인에게 의도하지 않은 과실에 초래하는 결과"를 표현하는 경우에 「타동사＋てしまう」를 사용하는 경향이 있으며, 「자동사＋てしまう」를 사용하면 책임을 회피하고자 하는 인상을 주게되어 청자에게 불쾌감을 줄 수 있다는 화용론적인 구별이 있다.

그렇다면 「타동사＋てしまう」가 '주체(행위주)의 행위이지만 고의가 아닌 과실에 의한 결과'와 같은 의미는 어떻게 생성되는 것인가, 하는 문제에 대하여 구체적으로 살펴보도록 하겠다.

3. 「타동사＋てしまう」를 구성하는 타동사가 갖는 타동성의 문법화

3.1. 타동성(他動性, Transitivity)의 문법화(grammaticalization)란?

「동사＋てしまう」가 '감개(感慨)'의 의미를 나타내는 이유에 관한 선행연구의 설명을 간략하게 요약하면 다음과 같다. 즉 '감개(感慨)'의 의미를 나타내는 용례를 조사해 보면, 「자동사(무의지동사, 無意志動詞)＋てしまう」가 많다는 것을 근거로 하여, 「타동사＋てしまう」에 대해서도 '무의지화(無意志化)' 내지는 '화자가 전달하고자 하는 해당 사태(事態)를 통제 불가능한 사태로 파악함으로 인해서 표현 가능해진다'와 같이 설명하고 있다. [7]

본 논문에서는 선행연구의 설명만으로는 (10)(11)(12)에 관한 「타동사＋てしまう」와 「자동사＋てしまう」의 화용론적 사용구분에 대해 설명이 불가능하다는 점을 들어, 특히 「타동사＋てしまう」에 대한 설명을 부분적으로 수정해야 할 필요가 있다고 생각한다. 구체적으로는 "주체(행위자)의 행동이기는 하지만 의도적이지 않은 과실에 의한 결과"가 타인에게 피해를 미치는 경우의 「타동사＋てしまう」에는 '타동사의 문법화'가 기능하고 있다고 생각하고 있다.

전술(前述)한 바와 같이 「동사＋てしまう」는 '완료(完了)'와 '감개(感慨)'의 의미를 갖는다. '시간성(時間性, Temporarity)'이라는 관점에서 볼 때, 발화시점(utterance time)에 종료(완료)되어 버렸다는 것은 문맥

---

7 선행연구의 구체적인 내용에 대해서는 전게서(前揭書) 참조.

에 따라서 다시 원상태로 되돌릴 수 없다는 애석함이나 후회로 해석되기 쉬울 것이라는 것은 충분히 예측 가능한 것이다. 다만 문제는 「타동사＋てしまう」가 어떻게 '감개(感慨)'의 의미, 특히 '주체(행위자)의 부주의(과실)한 행동으로 인한 피해가 타인에게 미치는 경우'를 표현하게 되는 것일까 하는 문제인데, 본 논문에서의 주장은 다음과 같다.

> (13) 太郎が　　　　ガラスを 割った。
> [x CONTROL　[y BECOME BE BROKEN]]
> (x=太郎 tarou), (y=ガラス glass)
> 다로가 컵을 깼다

일본어의 「割る(waru, 나누다, 깨다, 벌리다 등)」는 타동성이 강한 전형적인 타동사이며, 어휘개념구조(語彙概念構造, Lexical Conceptual Structure)로 표현하면 (13)과 같이 상정(相定)할 수 있을 것이다. (13)의 〈CONTROL(＝CAUSE)〉은 〈주체·행위주(x)의 의도적 행위에 의해, 대상(y)의 상태변화가 성립되었다는 것을 함의〉하는 것을 의미한다. [8]

---

8 影山(가게야마, 1996, pp.85-86)을 참조하였다. 影山은 〈CONTROL〉을 두 가지, 즉 ① 주체·행위주(x)의 의도적 행위에 의해, 대상(y)의 상태변화가 성립되었다는 것을 함의하는 경우(CAUSE)와 ②대상(y)의 상태변화가 성립까지는 함의하지 않는 경우(= 성립을 목표로 하는 경우)의 두 가지로 로 나누고 있지만, 본 논문은 ②에 대해서는 대상으로 하고 있지 않기 때문에 이하에서는 ①에 한정해서 다루기로 함.

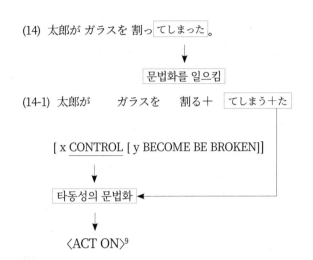

(14) 太郎が ガラスを 割っ てしまった 。

文법화를 일으킴

(14-1) 太郎が　　　ガラスを　　割る＋　てしまう＋た

[x CONTROL [y BECOME BE BROKEN]]

타동성의 문법화

〈ACT ON〉[9]

(14) 및 (14-1)에 관해 부언(附言)하자면, 여기서 말하는 '타동사의 문법화'란 외항(外項, external argument)인 X(太郎, 다로)의 행위와 관련해서 '행위주의 의도(volitionality)'가 내항(internal argument)인 Y(컵)의 상태변화의 성립과 관련성이 없게 됨을 가리킨다. 결과적으로 문장 전체적으로는 "주체·행위주의 행위에 의해 컵이 깨지는 상태변화가 일어났으나 행위주의 의도와는 무관하다"는 의미를 나타내게 된다는 것이다. 다음 예문을 보기 바란다.

---

9 〈ACT ON〉은 「상태변화」를 동반하지 않는 접촉이나 타격 등을 전형으로 하는 행위 (동작)을 가리킴. touch, hit, kick, push 등 2항동사가 해당됨. 影山(1996, pp. 67-84) 을 참고함.

(14) 柊検事は検察事務官を長年勤めて、…中略…それだけに血も涙もあ
る人情家だ。赤かぶのあだ名も、裁判所に来る途中で買い、カバンに
入れてあった赤カブを、うっかり法廷でばらまいてしまったからで、
憎めない人物である。だが長い苦労の経験から積み上げた推理はさ
えわたる。(毎日990822)

(14-1) 柊検事がうっかり赤カブを法廷でばらまいてしまった。
　　　hiiragi　kennzi-wa ukkari akakabu-o houtei-de　baramaku-te　　-simau -ta
　　　(고유명사) 검사 는 깜박　순무　를 법정 에서 흩뿌리다 어/아 치우다 과거
　　　히이라기 검사가 실수로 (가방에 담겨 있던) 순무를 법정에서 뿌려
　　　버렸다

(15) 上の子がうっかりドアを閉めてしまい、ちょうつがいの方で、1歳に
なっていない下の子が指をつめました。(毎日011214)

(15-1) 上の子がうっかりドアをしめてしまった。
　　　ue-no-ko　-ga ukkari doa　-o simaru -te　　-simau -ta
　　　위 의 아이 가 깜박　door 를 닫다　　어/아 치우다 과거
　　　위 아이가 실수로 문을 닫아 버렸습니다. (그래서 경첩 쪽에서 한
　　　살 된 둘째 아이 손가락이 끼어서 다쳤습니다.)

　　(14)(15)의 「ばらまく(baramaku 뿌리다, 흩어 뿌리다, 여기 저기 나누
어 주어 선심 쓰다 등)」와 「閉める(simeru, 문 따위를 닫다)」 역시 타동성
이 강한 동사에 속한다고 할 수 있을 것이며, 「타동사＋てしまう」의
형태로 '실수로 다른 사람에게 폐를 끼쳐 버렸다'는 문맥에서 사용된
예들이다. 이들 예에서 특기할 만한 것으로 'うっかり(ukkari 무심코,
멍청히, 깜박)'와 같이 쓰이고 있는 점이다. 'うっかり(ukkari)'는 주의
력의 결핍 등으로 인한 무의도성(無意圖性)을 표현하는 대표적인 부

사로서 본 논문의 조사에서도 '감개(感慨)'의 의미를 나타내는 「타동사＋てしまう」와 공기(共起)하는 예들이 다수 조사되었다. (약 30例)

「(타동사＋)てしまう」가 'うっかり'와 공기하기 쉽다는 것은, '행위주의 의도'가 내항(內項)인 대상(對象)의 상태변화의 성립과 관련성이 없게 하는 '타동성의 문법화'와 깊이 관련성이 있다는 것을 방증하는 것이라 본다. 또한 전술(前述)한 (10)(11)(12)의 행위주 X는 '해당 사태를 일으킨 사람이기도 하지만 해당 사태를 의도하지 않았다'는 점에서 '경험주(經驗主, expericer)'에 가까운 의미역할을 하게 된다고 판단된다. 이와 관련해서는 3.2.절에서 다루기로 한다.

아울러 (10)(11)(12)와 같은 문장은 행위주가 의도적으로 한 행위가 아니더라도 타인에게 끼친 손해(결과)에 대한 책임(변상 등)이 따른다는 점도 강조해 두기로 한다.

3.2. '타동성의 문법화'로 파악해야 할 필요성

3.2.1. 타동성의 문법화와 무의지동사(無意志動詞)

필자의 조사 결과에 따르면, (10)(11)(12)와 같은 문장에서 볼 수 있는 「타동사＋てしまう」의 화용론적 사용 구분은 「割る(waru)」, 「殺す(korosu)」와 같은 '타동성'이 강한 동사들의 경우가 대부분이라고 할 수 있다. 또한 전체적으로는 "주체(행위주)의 과실에 의한 상태변화의 성립이 상대방에게 피해를 입힌다"는 의미를 표한다는 것이다.

(16) 小学生のアリは、修理したばかりの妹の運動靴をなくしてしまった。
両親に新しい靴を買うように頼めず、自分の運動靴を2人で履くこと
になるが、マラソン大会の3等の賞品が運動靴だと知って、3等を目指
して力走する。両親を気遣い、不自由な思いに耐える兄妹がいじらし
い。(毎日990906)

(16-1)アリは妹の運動靴をなくしてしま-った。
ari　　　-wa imouto-no unndougutu-o nakusu -te　　-simau -ta
고유명사 는　여동생 의　운동화　　를 분실하다 어/아 치우다 과거
(초등학생인)아리는 (수선한 지 얼마 되지 않는) 여동생의 운동화
를 잃어 버렸다.

(16)의 「なくす(nakusu 없애다, 잃다)」는 「を(o)格」인 대격(對格)명
사구를 취한다는 관점에서 타동사에 속한다고 할 수 있겠지만, 의도
(volitionaity)를 갖는 주체(행위주)의 행위와는 동떨어진 '무의지동사
(無意志動詞)'에 속하는 동사이다. 「なくす(nakusu)」와 같이 본래 '실
패동작'을 나타내는 동사의 경우는 본 논문에서 말하는 '타동성의 문
법화'는 불필요한 것이 된다.[10] 그 이유는 '분실하다, 잃어버리다'와
같은 행위를 특별한 문맥적인 도움이 없이 의도적으로 행하는 경우
는 아마도 존재하지 않을 것이기 때문이다.

(17) (日本人は)便利でお金のある生活を追っているうちに、時間的余裕や
心の余裕をなくしてしまっていることに気付かず、自分の周りの、狭

10　'실패동작(失敗動作)'은 森山(모리야마, 1988 pp. 220-221)를 참조하였다.

い所の利益を求めている。(毎日040611)

(17-1)日本人は時間的余裕や心の余裕をなくしてしまった。

    nihonzin-wa zikanteki yoyuu-ya kokoro-no yoyuu-o nakusu-te -simau -ta

    일본인 은　시간적　여유라든지 마음　의　여유 를 잃다어/아 치우다 과거

    일본인은 시간적 여유라든지 마음의 여유를 잃어버리고 말았다.

(17-2)日本人には時間的余裕や心の余裕がなくなってしまった。

    nihonzin-ni-wa zikanteki yoyuu-ya kokoro-no yoyuu-ga nakunaru-te -simau -ta

    일본인 에게는 시간적　여유라든지 마음　의　여유 가　없어지다 어/아 치우다 과거

    일본인에게는 시간적 여유라든지 마음의 여유가 없어지고 말
    았다.

    (17) 예문을 상세하게 번역하면, "일본인은 편리하고 금전적으로
여유있는 생활을 추구하고 있는 사이에, 시간적 여유라든지 마음의 여
유를 잃어버렸다는 것을 알아차리지 못하고 자신을 둘러싼 주변의 비
좁은 곳의 이익을 추구하고 있다."와 같은 의미가 된다. (17-1)의 「なく
す(nakusu)」를 술어로 하는 문장을, (17-2)의 「無くなる(nakunaru 없어
지다, 다 떨어지다, 다하다)」로 표현하더라도 본 논문에서 다루고 있는
화용론적 차이점은 찾아볼 수 없다. 실제 용례 조사도 (18)과 같이 「無
くなる(nakunaru)」를 술어로 하는 예문(95개)이 「なくす(nakusu)」를
술어로 하는 예문(19개)보다 용례수 측면에서 500% 많은 것으로 파
악되었다. 이와 같이 자동사적인 표현이 많다는 것에 관해서는 4절에
서 다루기로 하겠다.

    (18) 主婦は大変孤独な思いをしたと言います。「夫が家にいないというだ
      けでなく、忙しさのあまり夫に余裕が無くなってしまった。家に帰っ

てもご飯を食べて寝るだけでした」(毎日010824)

(18-1)夫に余裕がなくなってしまった。

otto -ni　　yoyuu-ga　　nakunaru-te　　-simau -ta
남편 에게　여유 가　　없어지다 어/아 치우다 과거

남편에게 여유가 없어지고 말았다.

「なくす(nakusu)」와 유사한 동사 부류에 속하는 것에는 「誤る
(ayamaru 실패하다, 실수하다, (남을)그르치다)」「間違える(matigaeru 잘못
하다, 틀리다, 다른 것으로 착각하다)」「見落とす(miotosu 간과하다, 못보고
넘기다)」「忘れる(wasureru 잊다, 잊고 오다)」 등이 있다.

3.2.2. 「타동사＋てしまう」와 「자동사＋(さ)せる＋てしまう」의 차이

다음으로는 「타동사＋てしまう(예; 殺す＋てしまう)」와, 타동사와
대응하는 자동사의 사역형(使役形)에 「〜てしまう」가 접속한 형태인
「자동사＋(さ)せる＋てしまう(예; 死なせる＋てしまう)」와의 차이에 대
해 살펴보기로 하겠다.

(19) 医師は、妹が臓器の腫瘍(しゅよう)摘出手術を受けた直後に死亡した
　　　ことから、入院先の医院長らを訴えた。ところが、法廷で責任を追及
　　　している最中、今度は自分が勤務先の病院で担当医と診療中に患者
　　　を死なせてしまった。血管を誤って栄養剤補給用のカテーテル(細管)
　　　で傷つけ、大出血を起こしたのが原因だった。　　　　(毎日071022)

(19-1)自分が勤務先の病院で担当医と診療中に患者を死なせてしまった。

zibun- ga tutomesaki-no byouin- de tantoui- to sinryouyuu-ni kanzya-o sinu-seru-te-simau-ta

(의사)자신이 근무지 인 동격병원에서 담당의사와 진료중 에 환자 를 죽다사역어치우다과거

(의사)자신이 근무지인 병원에서 담당의와 진료중에 환자를 죽

게 하고 말았다.

(19)의 「死なせてしまう」는 「死ぬ(sinu 죽다)」의 사역 형태인 「死な

せる(sina-seru 死ぬ＋せる)」에 「〜てしまう」가 접속한 형태이다. 死な

せる(sinaseru)」는 자동사의 사역(使役) 형태이므로 '타동사 상당 어

구'에 해당된다고 할 수 있겠다. 따라서 한국어 모어화자가 현대일본

어를 학습할 경우에는, 「殺してしまう(korositesimau)」와 「死なせてし

まう(sinasetesimau)」의 차이에 대해 구별한다는 것은 매우 어려운

일이다. 일본어교육에서 (12)와 (19)의 차이에 대해 명확하게 밝혀야

할 필요가 있다는 것이 필자의 주장이다.

(20)「彼女(ジョンベネちゃん)を愛していた。彼女に会うために家へ行き、

一緒に地下室に入ったが、誤って死なせてしまった。殺すつもりはな

かった」カー容疑者はタイ警察にこう供述。(毎日060818)

(20-1) "그녀(존 베네)를 사랑했었다. 그녀를 만나기 위해서 집으로 가

서, 함께 지하실에 들어갔지만, 실수로 죽게 하고 말았다. 죽일

생각은 없었다." 커 용의자는 태국 경찰에게 이렇게 (사실관계

를)진술했다. (필자에 의한 해석)

화자(話者)는 (20)과 같은 문맥에서 「死なせる(sinaseru)」와 「殺す

(korosu)」를 구별해서 사용함으로써 '의도적인 행위가 아니었음'을 표현하고 있다. 즉 살인용의자는 (사실관계의 진위 여부를 떠나서)자신의 살인 행위에 대해 '살해할 의도가 없었음'을 주장하는데 「死なせる(sinaseru)」와 같은 사역 형태를 활용하고 있다는 것이다.

현대일본어에서 (20)의 「死なせる(sinaseru)」와 같은 사역 형태는 소위(所謂) '책임사역(責任使役)'의 의미로 설명하는 것이 일반적이며, 무의지동사(無意志動詞)의 사역 형태의 용법 가운데 한 가지이다.

무의지동사의 사역 용법에는 (21)과 같이 사역의 주체(사역주 causer)가 사태 발생의 원인이 되는 경우와, (22)와 같이 사태(事態) 발생에 대한 간접적인 책임자로 간주되어지는 두 가지 경우가 있다.

> (21) 一つの事故が交通を長時間渋滞させた。
> hitotu-no ziko-ga koutuu-wo tyouzikan zyuutaisuru-saseru -ta
> 하나 의 사고 가 교통 을 장시간 정체하다 사역 과거
> 하나의 사고가 교통을 장시간 정체하게 만들었다(만드는 원인
> 이 되었다).
> (22) 私はうっかり野菜を腐らせてしまった。
> watasi-wa ukkari yasai-o kusaru-seru-te -simau-ta
> 나 는 깜박 야채 을 썩다 사역 어/아 치우다 과거
> 나는 실수로 야채를 썩히고 말았다.

특히 본 논문의 연구 대상이 되는 (22)의 술어인 '腐る(kusaru 상하다, 부패하다, 타락하다, (나무 등이) 삭다'는 '대상(對象 theme)'의 논항(論項 argument)을 취하는 자동사이며, '(腐る＋せる)腐らせる'는 파

생접사인 '(さ)せる'가 접속한 사역형이다. 문장 전체적으로는 화자가 '조금만 주의를 기울였다면 해당 사태의 발생을 방지할 수 있었음에도 불구하고 그렇지 못 한 것에 대한 간접적인 책임'을 표현한다는 점에서 그 특징이 있다고 할 수 있다.

비사역문(非使役文)으로부터 사역문으로의 파생관계는 복문(複文) 구조로 설명하는 것이 일반적이라고 할 수 있으며, 구체적으로는 다음과 같다.

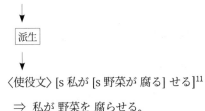

(23)〈非使役文〉[s 野菜が　腐る](s=sentence)

派生

〈使役文〉[s 私が [s 野菜が 腐る] せる]¹¹

⇒ 私が 野菜を 腐らせる。

(23)에서 사역문은 보문(補文)을 내포하는 구조로서, 사역주(使役主 causer)인 '私(watasi)'는 문장의 경계를 넘어서 보문(補文)의 주어이자 동시에 사역문의 피사역주(被使役主 causee)인 '野菜(yasai)'와 관계하고 있다는 점에서 간접적인 영향관계를 나타내게 된다는 것이다.

(23)과는 대조적으로 (24)와 같은 타동사문은 단문(單文)구조로 설

11　Shibatani, M. (ed.) (2001)를 참고하였음.

명하는 것이 일반적일 것이다.

(24) 医師が患者を殺した。
　　 isi-ga　　　 kanzya-o　korosu-ta
　　 의사 가　　　환자 　를　죽이다 과거
　　 의사가 환자를 죽였다
(24-1)[s 医師が 患者を 殺す]

　타동사 문장인 (24)는 (24-1)과 같은 구조를 이루고 있어서, 동사구
(動詞句 verbal phrase) '患者を殺す(환자를 죽이다)'와 자매(姉妹)관계인
외항(外項) '医師(의사)'는 내항(內項) '患者(환자)'와 직접적인 관계(지
배관계)를 갖는다. 또한 주체(행위주)에 의한 객체(對象 또는 被動作主)
에 대한 직접적인 행위를 나타내므로 특별한 문맥적인 도움이 없다
면, "의사의 의도적인 행위로 인해 피동작주(被動作主 patient)의 상태
변화가 성립"되었다는 의미를 나타내게 된다.

(19-2)医師が患者を死なせた。
　　 isi -ga　　 kanzya-o　 sinu-seru-ta
　　 의사 가　　 환자 　를　죽다 사역 과거
　　 의사가 환자를 죽게 만들었다.
(19-3)[s 医師が [s 患者が 死ぬ] せる]
　　 ⇒医師が患者を死なせた。

　(22)(23)에서 설명한 바와 같이, (19) 즉 (19-2)(19-3)과 같은 구조를
갖는 사역문은 사역주 '医師(의사)'가 보문(補文)의 경계를 넘어서 보

문 주어(행위주)이자 동시에 피사역주인 '患者(환자)'와 관계하기 때문에 보문(補文) 사태의 성립에 간접적인 역할을 한다. 문장 전체적으로 화자(話者)인 '의사'는 '환자의 죽음'에 대해 본인의 행동이 결코 의도적인 것이 아니며 과실이었다(간접적인 역할을 했다)는 것을 표현하고 있다. (20)은 용의자가 실제로 살인을 행했으나, 사역표현을 사용함으로써 고의가 아니었다는 것을 주장하고 있다.

이상의 내용을 종합해 보면, (10)(11)(12)의 「타동사+てしまう」와 (19)(20)의 「자동사+せる(+てしまう)」의 의미적인 차이는 다음과 같이 정리할 수 있겠다.

본 논문에서는 '감개(感慨)'의 의미를 나타내는 「동사+てしまう」, 특히 「타동사+てしまう」와 「자동사+てしまう」의 화용론적인 쓰임의 구별이 있는 「타동사+てしまう」를 중심으로 고찰하였다.

(10)(11)(12) 등과 같은 문맥에서 「타동사+てしまう」는 주체(행위주)의 행위로 인해 타인에게 피해를 주었을 경우, "자신의 행위임을 인정하여 미안함을 표현하지만, 타동성을 문법화 함으로써 고의가 아니었음"을 표현한다. 일본어 모어화자들은 (10)(11)(12) 등과 같은 경우에 「자동사+てしまう」를 사용하게 되면, 청자(聽者)에게 책임을 회피하려고 하는 불쾌감을 주기 때문에 사용하지 않는 경향이 있다는 것이다.

반면에 (19)(20) 등과 같은 「자동사+(さ)せる+てしまう」는 주체(행위주)가 간접적인 행위라는 것을 적극적으로 표현함으로써 고의가 아님(간접적인 책임만 있음)을 표현한다는 차이점이 있다.

4. 언어유형론적인 관점에서 본 '타동성의 문법화'

西光(니시미쓰 2010)는 본 논문에서 중요한 핵심 주제어(key word)의 하나로 다루고 있는 '타동성'과 관련하여 본 논문의 주장과 관련이 있는 연구 결과를 제안하고 있다. 4장에서는 西光(2010)의 내용을 간략하게 요약하는 방법으로 본 논문과의 연관성을 기술하도록 하겠다.

西光(2010)는 일본어와 영어 또는 마라티어(Marathi 인도 서부 마하라슈트라에서 사용하는 언어)를 비교 연구한 결과로서 "타동성은 연속적"임을 설정한다. 다만 마라티어에서는 '무생물주어(無生物主語)'로 하는 타동사가 많다는 점을 감안하여, '타동성'의 내용을 수정하고 있다. 즉 사회심리학(社會心理學)의 원인귀속(原因歸屬 causal attribution)이라는 연구 분야에서 '의도성'과 '책임(責任)'를 분리하여 인간의 행동을 해석하고 있는 방법을 응용하여 다음과 같이 제안하고 있다.

英語 人間主語＋他動詞＋無生物目的語 日本語 無生物主語＋自動詞	英語 無生物主語＋他動詞＋人間目的語 日本語 人間主語＋自動詞
英語 無生物主語(NP1)＋他動詞 ＋無生物目的語(NP2) 日本語 無生物主語(NP2)＋自動詞	英語 人間主語(NP1)＋他動詞 ＋人間目的語(NP2) 日本語 人間主語(NP1)＋他動詞 ＋人間目的語(NP2)

〈圖1〉에서 우선 주목할 내용은 (25)와 같이, 영어 모어화자들은 자신의 의사를 표현할 때 타동사를 사용하는 반면에 일본어 모어화자의 경우는 자동사를 사용하는 경향이 있다는 것이다.

(25) 영어;   NP1 ＋ 他動詞 ＋ NP2
     일본어; NP2 ＋ 自動詞

이와 같은 경향은 寺村(데라무라 1976), 池上(이케가미 1981) 등의 연구에 의해 「する言語」인 영어와 「なる言語」인 일본어의 특징으로 널리 알려져 있는 사실이다. 그러나 이들 선행연구에서 예외이거나 설명하지 못 하는 구문들, 즉 영어에서 (26a)와 같은 자동사구문을 사용하거나 일본어에서 (27)과 같은 타동사구문을 사용하는 경우에 대해

문화의 차이로 일반화를 꾀하고 있다. 본 논문과 관련이 있는 일본어의 경우만 정리하면 다음과 같다.

특히 〈圖1〉의 우하(右下)의 경우, 즉 인간이 인간을 상대로 어떤 행위를 할 때는 상대에게 피해를 끼치는 행위는 하지 말아야 한다는 윤리관이 존재하며, 피해를 끼쳤을 경우에는 그에 해당하는 책임을 져야한다. 그와 같은 경우를 표현할 때는 능동타동사를 사용하는 경향이 있으며 자동사 문장은 다소 무책임한 어감을 갖는다는 것이다. [12]

> (26a) I don't know how it happened, but the tape recorder broke.
> (26b) どうしてかわかりませんが、テープレコーダーがこわれました。
> (27) すいませんが、これをこわしてしまいました。

남에게 빌린 테이프레코더를 고장 냈을 때, 일본어의 경우는 (27)과 같이 타동사 문장을 사용하는 경우가 일반적으로 (26b)와 같이 표현했을 경우에는 매우 무책임한 사람으로 인식되기 쉽다고 설명한다. 본 논문에서 지적한 사실관계와 동일한 내용이다.

다만 자신의 과실에 대해 인정하게 되면 그에 상응하는 책임이 동반되기 때문에 문화에 따라서 그 인정하는 방식(=사죄의사를 표현하는 방식)에서 차이가 있다는 것이다. 영어 모어화자의 경우는 과실을 인정하게 되면 손해배상을 하지 않으면 안 된다는 전제하에서 일단은

---

12 (26)(27)의 예문은 西光(2020)에서 인용한 것이다. (p. 217)

(26a)과 같이 자동사 문장을 사용하여 책임을 인정하지 않으려고 한다. 반면에 일본어 모어화자의 경우는 (27)과 같이 표현해야만 과실을 용서받을 수 있는 전제가 된다는 차이가 있다는 것이다.

본 논문의 주장과의 관련성에 관해서는 '주체(행위주)의 과실행동으로 인한 피해가 다른 사람에게 미쳤을 경우의 사죄표현'으로 타동사를 사용한다는 것이 공통점이라고 할 수 있겠다.

(28) すいませんが、これをこわしました。

다만 (27)을 (28)과 같이 표현했을 때도 같은 표현 효과가 있는지에 대해서는 특별한 언급이 없으므로 확인할 수 없으나, 「동사＋てしまう」 이외의 사죄표현과 관련해서 보다 폭넓게 조사해 볼 필요성이 있다고 판단된다.

5. 결론

본 논문에서는 「타동사＋てしまう」구문을 대상으로 '타동성의 문법화'라는 관점에서 다음과 같이 일반화를 꾀하였다.

첫째, '감개(感慨)'의 의미를 나타내는 「동사＋てしまう」 가운데, '주체(행위주)의 과실행동으로 인한 피해가 다른 사람에게 미쳤을 경우의 사죄표현'으로서 「타동사＋てしまう」가 사용된다고 하는 화용론적인 구별이 존재한다.

둘째, 「타동사＋てしまう」를 구성하는 '〜てしまう'가 타동사의 의도성을 문법화 하는 기능을 담당한다.

셋째, 「타동사＋てしまう」와 「자동사＋(さ)せる＋てしまう」의 차이점에 대해서도 단문과 복문의 구조적 차이로 의미적 차이에 대해 설명 가능하다.

마지막으로 西光(2010)의 연구 내용과 본 논문의 관련성에 대해 살펴보고 향후 언어유형론적인 연구 가능성에 대해서도 살펴보았다.

참고문헌

한국문헌

安平鎬·池好順(2017),「自動詞＋てしまう」と「他動詞＋てしまう」の話用論的使い方の
　　　　違いについて―韓国語母語話者に対する日本語教育的な観点で―」,『日
　　　　本學』第45輯, 東國大日本學研究所, 225-250면.

安平鎬·池好順(2020),「動詞＋てしまう」のモダリティ的用法について―日本語教育の
　　　　観点から―,『日本學報』122, 37-50면.

외국문헌

池上嘉彦(1981),『「する」と「なる」の言語学』, 大修館書店.

井上和子(1976),『変形文法と日本語(下)』, 大修館書店.

ウェスリー·M·ヤコブセン(1995),「他動詞とプロトタイプ論」,『日本語研究資料集·動
　　　　詞自他』, ひつじ書房, pp.166-177.

影山太郎(1996),『動詞意味論―言語と認知の接点―』, くろしお出版, pp.37-92.

金田一春彦(編)(1976),『日本語動詞のアスペクト』, むぎ書房.

工藤真由美(1995),『アスペクト·テンス体系とテクスト―現代日本語の時間の表現―』,
　　　　ひつじ書房.

杉本武(1991),「「てしまう」におけるアスペクトとモダリティ」,『九州工業大学情報工学
　　　　部紀要(人文·社会科学篇)』第4号, 九州工業大学, pp.109-126.

杉本武(1992),「「てしまう」におけるアスペクトとモダリティ(2)」,『九州工業大学情報工
　　　　学部紀要(人文·社会科学篇)』第5号, 九州工業大学, pp.61-73.

高橋太郎(1969),「すがたともくろみ」, 金田一春彦(編)(1976), pp.117-153.

寺村秀夫(1976),「「なる」表現と「する」表現―日英「態」表現の比較」,『日本語と日本語教

育―文字・表現編―』, 国立国語研究所, pp.49-68.

西光義弘, ブラシャント・パルデシ(2010), 『シリーズ言語対照・第四巻自動詞・他動詞の
　　対照』, くろしお出版.

森山卓郎(1988), 『日本語動詞述語文の研究』, 明治書院.

吉川武時(1971), 「現代日本語のアスペクトの研究」, 金田一春彦(編)(1976), pp.155-327.

Pinker, Steven(1989), *Learnability and Cognition*, MIT Press, p.198.

Shibatani, M.(ed.) (2001), *The grammar of causation and interpersonal manipulation*,
　　Amsterdam and Philadelphia: John Benjamins

문법서 및 사전류

砂川有里子外グループジャマシイ(1998), 『日本語文型辞典』, くろしお出版, pp.254-
　　255.

『明鏡国語辞典第二版』CD-ROM版.

『広辞苑第六版』CD-ROM版.

『国語大辞典』CD-ROM版.

三省堂『辞林』, 『辞林21』CD-ROM版.

일본어 문법 연구와 복합동사 연구

이경수

1. 들어가기

문법은 문의 구조와 체계에 대한 규칙이다. 일본어 문법은 일본어라는 개별언어를 사용하는 화자들이 따라야 할 규범이다. 일본어를 문과 구 그리고 단어 단위로 나누었을 때 거기에 규칙적으로 이루어진 체계적인 이론이 일본어 문법론이다. 일본어 문법의 카테고리는 형태소, 단어, 품사, 조사, 복합조사, 조동사, 명제, 서술어, 복합동사, 보조동사, 텐스, 아스펙트, 모달리티, 복문 등 여러 형태로 분류할 수 있다. 일본어 문법은 더 나아가 응용일본어로, 응용일본어에서 일본어 교육, 대조언어학, 사회언어학, 인지문법 등으로 발전해 나가고 있다. 형태론과 통어론 그리고 어용론까지를 포함하는 광의의 의미로 보아야 할 것이다. 통어론(統語論, syntax)은 문이 구성되는 조직을 다루는 언어학 분야의 하나로 구문론(構文論)이라고도 한다. 어용론(語

用論, pragmatics)은 눈에 보이지 않는 말이나 기호와 그 의미 사이의 관계를 그것을 사용하는 사용자와의 관계에 기초하여 연구하는 분야로 운용론(運用論)이라고도 한다. 문법 연구에서는 의미론(意味論, semantics)을 별도로 취급하기도 하지만 관련성이 깊으므로 포함시키는 것이 바람직하다. 통어론은 기호의 결합 관계를 연구하고, 의미론은 기호와 의미의 대응 관계, 어용론은 기호와 그것을 사용하는 사용자와의 관계를 연구하기 때문이다. 이러한 연구의 기본은 규칙적으로 이루어진 문의 구조를 분석하고 파악하는 것이다.

일본어 문법을 연구하기에 앞서 기본적으로 알아야 할 것이 일본어 문법의 계보이다. 하시모토(橋本)문법을 비롯하여 도키에다(時枝)문법, 야마다(山田)문법, 마쓰시타(松下)문법을 4대 문법이라고 한다. 일본의 학교문법은 하시모토문법 체계를 바탕으로 성립되었다 해도 과언이 아니다. 교과문법이라고도 하는 학교문법은 현대 일본의 학교에서 국어교육을 할 때 준거가 되고 있다. 10품사를 비롯하여 문을 이루는 구조분석 등이 하시모토 일본어 교과문법의 기초를 이루어 왔다고 볼 수 있다. 도키에다는 서구 언어학에 의거하여 일본어 문법을 새로이 구축하고 체계화하였다. 일제강점기에 경성제국대학(현재의 서울대학)에 재직한 것을 계기로 언어를 보는 눈이 새로워졌을 가능성이 있다. 도키에다는 인간사회에서 일어나는 언어 활동을 문의 구조로 파악하여 하시모토문법에서 한 발 나아가, 문의 구성요소를 실질적인 의미를 가진 사(詞)와 사(辭)가 구(句)를 형성하고, 문의 내부에서 구(句)는 구(句)를 포섭해 중층적으로 전개되는 이레코구조(入れ

子構造)를 기초로 언어가 이루어진다는 독자적인 언어과정설(言語過程說)을 주장했다. 야마다 문법은 언어의 내용인 사상에 중점을 두어 체계를 세운 내용 논리주의 문법 이론이다. 여기에서 나온 것이 문의 성립에는 진술이라는 성질이 있다는 진술론이다. 야마다의 진술론은 이후 와타나베(渡辺) 등에 의해 개념과 이론이 정립되어 갔다. 마쓰시타 문법은 언어에서 음성에 중심을 두고 체계를 세우고자 하였으며, 학교문법에서 설명해주지 않는 부분을 체계적으로 분석하고 있다. 그는 문장의 구성요소를 '문(文)'에 해당하는 '단구(斷句)'와 '품사(品詞)'에 해당하는 '사(詞)', '형태소(形態素)'에 해당하는 '원사(原辭)'로 구분하였다. 사와 원사는 통어론의 요소와 형태의 요소라는 레벨로 분석하고 있다. 원사는 블룸필드에서 주장하는 단어보다도 작은 형태소에 해당된다. 서양의 '형태론(形態論)'보다 '원사(原辭)'의 개념을 더 일찍이 도입한 이러한 문장 구조 개념은 현재도 인정을 받아 재조명되고 있다. 최근에는 스즈키 시게유키를 비롯한 학자들에 의해 맥을 이어가고 있다. 그 밖에도 미카미(三上), 데라무라(寺村), 교과연계보의 오쿠다(奧田)를 중심으로 스즈키(鈴木), 다카하시(高橋) 등이 있고 서양의 생성문법에서 영향을 받은 구노(久野), 이노우에(井上) 등도 일본어 문법의 대가라 할 수 있다. 그 계보와 계통은 지금도 이어지고 있다.

2. 일본어의 모달리티 연구

상당히 축소되기는 했어도 한동안 일본에서 주류를 이루었던 모달리티에 대한 연구가 새롭게 조명받고 있다. 일본에서는 어느 정도 연구가 마무리된 것으로 알려졌으나 한국과 중국에서는 일본어의 모달리티(modality)에 관한 연구가 지금도 계속되고 있다. 이에 대한 비판도 있지만 모달리티를 대조언어학이나 일본어 교육에 응용한다는 점에서는 새로운 가능성이 있다. 장근수(2015)는 일본어와 한국어의 문말(文末) 모달리티에 관한 대조연구에서, 의미가 일치하는 '模様だ(moyo-da)'와 '모양이다'를 비교 고찰하고 있다. '模様'는 명사로서의 구체성이 약해지고 추상성(의존성)이 높아지는 의미 확장이지만, '模様だ'는 어떤 상황을 공적인 입장에서 객관적으로 '보고(報告)'하는 용법으로 화자의 판단은 추가되지 않는다고 서술하고 있다. 또한 宋恩仙(2018)은 일본어 교육의 관점에서 야리모라이(やりもらい) 구문의 보이스성과 모달리티성을 논하고 있다. 결합하는 전항동사의 의미 타입에 따라 야리모라이 구문을 세 가지로 분류하고 있다. 야리모라이에서 파생된 모달리티로는 '평가', '희망', '의뢰' 타입이 있음을 고찰하고 있다.

3. 한일어 대조연구의 다양화

한일어 대조 연구도 다양한 각도에서 이루어지고 있다. 2018년 일본에서 열린 일본어학회 심포지엄에서는 현대어와 고대어, 그리고

대조 문법의 가능성이 과제로 제시되었다. 1990년대부터 다소 정체된 것처럼 보였던 문법 연구는 세기가 바뀌는 시기를 전후하여 많은 성과가 있었다. 대조연구는 그다지 많은 편은 아니나 새로운 연구의 가능성과 경향을 엿볼 수는 있다. 접근이 쉽기 때문인지 형태적인 연구는 여러 면에서 폭넓게 다루고 있다. 앞으로는 형태적 대응이 아닌 구체적인 문법 대조를 통해 일본어 교육에 활용할 수 있는 연구가 나오기를 기대한다. 성지현(2018)에서는 「~てやる」가 은혜, 불이익, 강한 의지를 나타내는 의지용법으로 쓰일 때, 각각에 대응하는 한국어 형식을 고찰하고 있다. 종래의 연구에서는 강한 의지용법의 경우 「~てやる」가 「-어주다」와 대응하지 않는다고 지적되었으나, 독백이나 혼잣말에서 사용되는 「~てやる」 중에서 「-어주다」에 대응하는 예(「-어주지」, 「-어주겠다」)가 있음을 실제 용례를 통해 제시하고 있다. 최근에는 번역 관련 대조 연구도 보인다. 수동문, 문맥 지시, 인칭대명사, 호칭, 완곡 표현 등을 대조하여 고찰하는 연구도 점차 증가할 것으로 보인다. 번역 관련 대조 연구는 일한, 한일 번역을 대상으로 하고 있다. 어학적인 연구이기는 하지만 교육 현장에서 작문 및 번역 교육에 활용할 수 있다는 점을 감안하면 넓은 의미에서 새로운 문법연구의 가능성을 보여주었다고 해도 좋을 것이다. 오경순(2014)의 「일한 번역의 번역투 연구 —피동표현과 사동표현 번역문을 중심으로」는 번역과 문법을 접목시키고 있다. 이주리애(2017)는 일본어 지시사 「こ」, 「そ」가 한국어의 지시사 「이」, 「그」와 기본적으로는 대응하지만 실제 번역에서는 그렇지 않은 경우도 있다는 용례를 고찰하고 있다. 1대 1

의 대등한 관점에서의 대조 연구도 점점 늘어나고 있다. 오랫동안 스케일이 큰 포괄적인 대조 연구가 많이 이루어져 왔으나 최근에는 작은 요소를 찾아내어 대조하는 연구가 활발히 진행되고 있다. 작은 테마를 세세하게 깊이 고찰하는 것은 더욱 심화된 형태라 하겠다. 동사, 명사, 형용사, 부사어, 조사 등으로 폭을 넓혀가고 있다. 유은성(2018)은 「한·일 척도형용사의 대조연구 ─'많다(多い)'와 '깊다(深い)'를 중심으로─」에서 척도형용사를 일본어와 대조분석해 공통점과 차이점을 밝히고 있다.

4. 기술적 문법 연구에서 응용 연구로 확대

기술적 문법 연구에서 응용 연구로 확대해 가는 경향이 보인다. 기술적 문법이란 어(語)와 관계가 있는 연구와 문(文)과 관계가 있는 연구를 기술해 나가는 것으로 기본적인 문법 연구 형태의 하나이다. 기술적 문법의 카테고리를 어디까지 넓히면 좋을지는 판단이 쉽지 않지만, 어와 문의 범주에 들어가는 것을 포함하면, 「接続助詞、品詞、モダリティ、タツ、つける、なら、かもしれない、ようだ、そうだ、ノダ」 등등 다양하다. 李廷玉(2018)은 유사한 부사의 구체적인 사례(「「すぐ」と「すぐに」の文法的·意味的記述」)를 논하면서 문과 관계가 있는 기술적 문법 연구도 병행하고 있다. 기술적 문법 연구는 다양한 관점에서 이루어지고 있는데 문과 관련된 일부 예를 소개하면 授受動詞構文、可能表現、複文構成て節、主観性と間接性、文末の「ノだ」、属性叙述文、非情物

主語、動詞の限界性 등을 들 수 있다. 일본인 연구자 魚住泰子(2018)의 『現代日本語の存在文「XにYがある」に関する一考察—時間的限定性を中心に—』가 대표적이다. 기술적 문법의 일본어 교육 응용 가능성을 제시한 연구도 있는데, 杉村泰(2018)은 「二者会話場面における日本語の「この」「その」「あの」の選択: 日本語話者と韓国人上級日本語学習者の比較」가 그것이다. 보조 수단으로 사용되던 코퍼스를 활용해 실제의 문법 연구에 응용 활용한 사례도 늘어나고 있다. 코퍼스를 활용한 연구는 축적된 데이터를 활용하는 새로운 영역으로 다양한 자료에서 공통적인 현상을 얻을 수 있다. 일본어 교육과 관련된 방대한 데이터를 활용해 문법 연구의 활성화와 변화를 시도하고 있는 것이다. 대조연구, 코퍼스 연구를 일본어 교육에 도입하면 일반화할 수 있을 뿐만 아니라 다양한 용례를 쉽게 검색하여 성과를 올릴 수 있을 것으로 본다. 李惠正(2017)은 일본어 수수표현에 있어서 동사 콜로케이션의 의미유형을 밝히는데 대규모 코퍼스를 활용하고 있다. 小松奈々(2017)의 회화데이타를 활용한 수업의 실천보고에 관한 연구도 있다. 경어와 담화에 관한 연구도 보이는데 한국과 일본은 경어 사용법이 비슷하면서도 차이가 많기 때문에 중요한 주제가 될 수 있을 것이다. 한국어는 어른에게 반드시 경어를 사용해야 하는 절대경어, 일본어는 상대에 따라 서로 다른 경어를 쓰는 상대경어이므로 구체적으로 들어가면 상당히 다른 부분이 나타날 것이다. 그에 대한 예로 김용각(2017)의 「일본인의 「~させていただく」 사용실태에 관한 고찰」을 들 수 있다.

5. 일본 국내 학회들의 일본어 문법 연구 동향

일본의 日本語文法学会의 학술지『日本語文法』18권 2호(2018년 9월)에는「일본어 문법 연구와 교육과의 접점」이라는 특집 아래「일본어 문법 연구와 교육의 접점」,「새로운 학설은 어떻게 고전문법 교육에 공헌하는가」,「새로운 학설은 어떻게 외국어교육에 공헌하는가」등의 논문이 게재되어 있다.

일본어 연구의 메카라 할 수 있는 日本語学会는 1944년에 国語学会로 설립되어 학술지『国語学』을 발간하였으나 2004년 1월 현재의 日本語学会로 명칭을 바꾸면서 학술지의 이름도『日本語の研究』로 변경하였다.『日本語の研究』에는 현대 일본어 문법과 관련된 논문은 그리 많지 않다.『日本語の研究』제13권 2호(2017년 4월)에는「スケール構造を用いた程度修飾・数量修飾の分析—「ほど」「分」を対象として—」1편이, 제13권 4호(2017년 10월)에는「接続助詞の前接語に見られる品詞の偏り—コーパスから見える南モデル—」와「レッテル貼り文という文」2편이 게재되어 있다. 제14권 2호(2018년 4월)에는 일본어 문법 관련 논문 1편이 보인다.「越境する日本語研究」라는 소특집 아래 히로시마대학 시라카와(白川博之) 교수의「日本語研究から日本語教育研究への越境」이다. 제14권 3호(2018년 8월)에는「2016年・2017年における日本語学界の展望」이라는 특집 아래「文法(史的研究)」과「文法(理論・現代)」이 눈에 띈다.

다음으로 日本言語学会를 살펴보자. 일본어 문법과 직접적인 관계

가 있는 주제를 다룬 日本言語学会의 제156회 대회는 도쿄대학(2018년)에서 진행되었다. 「日本のヴォイス研究の80年：成果と展望」이라는 테마로 80주년 기념 심포지엄이 개최되어, 세계적인 시야에서 보이스 현상을 오랫동안 연구해온 3명의 학자가 「文法関係とヴォイス：オーストロネシア諸語の状況」, 「中国語のヴォイス ～サセル、ナラセル、ナラサレル～」, 「ヴォイスの拡張 ～言語および言語学に」라는 주제로 발표했다. 2017년에 리쓰메이칸(立命館)대학에서 개최된 제155회 대회의 공개심포지엄 과제는 「理論言語学が解き明かす主観性と視点」이었고, 세부 발표내용은 「視点投射から見たロゴフォリック階層」, 「韓国語と日本語のモーダル疑問文における視点の切り替え」였다.

6. 일본어 복합동사 연구

일본어 문법연구와 복합동사 연구는 떼려야 뗄 수 없는 관계이다. 연구자에 따라 일본어복합동사는 의미연구, 형태론연구, 어휘연구로 분류해 버리는 경향이 있다. 하지만 일본어문법연구와 복합동사연구는 항상 같이 따라다닌다. 초창기의 복합동사연구는 의미 용법에 관한 것이 많았다. 그러나 어휘와 의미를 기본으로 하지만 범주는 문법이다. 예를 들어 이동의 복합동사만 보더라도 그렇다.

'이동' 하면 가장 먼저 떠오르는 것은 내부에서 외부로 이동하는 「だす」와 「でる」이다. 둘 다 이동의 대표적인 동사이지만 이것이 복합동사로 쓰이게 되면 역할의 변화가 나타난다. 「だす」는 안쪽에서 외부의 전면으로 또는 내면에서 표면으로의 이동을 나타내고, 「でる」는 표면 또는 전면으로 이동을 나타낸다. 「 - 出す」에는 몇 가지 용법이 있다. 예를 들면 「書き出す」에는 '쓰기 시작하다'와, '(필요한 것을) 뽑아 쓰다'라는 의미가 있다. 동일한 「書き出す」라도 문맥에 따라 이동을 나타날 때와 개시의 아스팩트의 의미로 사용될 때가 있다. 「出す」와 같은 개시의 복합동사로는 「-はじめる」, 「-かかる」, 「-かける」, 「-てくる」 등이 있다. 기본적으로 「出す」는 외부로의 이동을 나타내지만 전항동사에 「なげる」가 오면 문맥에 따라 의미가 다양해진다. 「投げ出す」는 '밖으로 던지다' 외에 '던지기 시작하다'의 의미도 있다. 그러나 「匙を投げ出す」가 되면 '도중에 그만두다, 가망이 없어 포기하다'라는 관용적인 의미로 쓰여 뜻이 완전히 달라진다. 「わき出す」와 「わきでる」는 '솟아나오다'라는 유사한 의미로 사용된다. 「追い出す」가 한국어로는 「쫓아내다」로 해석되다 보니 「내다」가 「出す」에 대응하는 것으로 생각되기 쉬우나, 「참아내다」는 「耐えきる」이므로 이때의 「내다」는 「切る」에 대응된다.

「こむ」는 기본적으로 「붐비다」이지만 복합동사로 사용되면 「넣다」를 비롯한 다양한 의미를 나타낸다. 「思い込む」와 「考え込む」는 유사 표현처럼 보여 외국인 학습자들은 구별하기가 쉽지 않다. 「思い込む」는 '굳게 믿다, 믿어 버리다, 단단히 마음먹다', 「考え込む」는 '골똘히 생각하다, 생각에 잠기다, 몰두하다'로 의미가 전혀 다르다.

彼は自分が信じたいものだけを正しいと思い込んでいる。
(그는 자신이 믿고 싶은 것만을 옳다고 굳게 믿고 있다).
何をそんなに考え込んでいるんだ。
(뭘 그렇게 골똘히 생각하고 있는 거야?)

그러나 「こむ」가 「教える」와 결합하면 이때는 '철저하게'라는 의미가 된다.

学生に動詞の変化と形容動詞の変化の過程を教え込む。
(학생들에게 동사의 변화와 형용동사의 변화 과정을 철저하게 가르치다.)

의미의 파생이라는 측면에서도 다양한 예를 볼 수 있다. 「座り込む」는 '어떤 상태를 그대로 계속하다'라는 뜻으로 파생되어 '눌러앉다, 농성하다'라는 의미가 되었다. 「使い込む」도 역시 '사사로이 사용하다, 예산 이상으로 돈을 쓰다, 오래 써서 길들다' 등 여러 의미로 파생되었다.

「こむ」의 유사표현으로는 안쪽으로의 이동을 뜻하는 「いれる」를 들 수 있다. 「書き込む」와 「書き入れる」는 둘 다 한국어로는 '써넣다'이다. 그러나 「-いれる」는 「-込む」보다 접속 가능한 동사의 범위가 좁다. 「データを読み込む」, 「データを書き込む」는 적절하지만 「データを読み入れる」, 「データを書き入れる」는 부적절하다. 그러나 「乗り込む」와 「乗り入れる」, 「取り込む」와 「取り入れる」, 「聞き込む」와 「聞き入れる」는 바꿔 쓸 수 있다.

그렇다면 외국인 일본어 학습자들은 복합동사의 의미를 하나하나 외울 수밖에 없는 것인가? 이에 대한 답을 얻기 위해서는 우선, 복합동사에는 어휘적 요소와 문법적 요소가 있음을 이해할 필요가 있다. 복합동사가 문법적으로 중요한 점은 격조사의 지배를 받는다는 것이다. 예를 들어보자. 아스펙트의 복합동사에서는 전항의 보어가 그대로 쓰인다. 다시 말하면 후항은 보조동사화하여 아스펙트의 의미를 더해줄 뿐 보어에는 영향을 미치지 않는다. 그러나 방향을 나타내는 동사「 - かかる」는 격지배를 하므로 주의가 필요하다. 예를 들어「彼は突然相手に殴りかかった」의 경우「殴る」는 원래「人が人を殴る」처럼「Nを」를 취하지만「 - かかる」가 붙으면 위의 예처럼「人に」가 된다. 이것은「 - かかる」가 보어에 영향을 주기 때문이다.「 - かける」도「Nを」를 취하는 동사와 결합되면「Nに」를 취하게 된다.「人を呼ぶ」가「かける」가 결합되면 격조사의 변화가 나타나「人々に呼びかける」가 되는 것이다.「犬が人を噛む」가「犬が人に噛みつく」가 되는 것도 같은 예라 할 수 있다.

　다음으로 일본어 복합동사가 한국어로 번역된 사례를 많이 접함으로써 어느 정도 의미를 유추할 수 있을 것이다. 일본어 복합동사는「彼は枝をノコギリで切り落とした。(그는 톱으로 가지를 잘라냈다.)」처럼 한국어와 순서대로 1:1 대응이 가능한 경우도 있지만 그렇지 않은 경우도 의외로 많다. 일본어 복합동사가 한국어로 번역될 때 순서가 바뀌거나, 일본어의 후항동사가 한국어에서 부사로 번역되는 경우를 살펴보자.

「見違える(잘못 보다)」, 「言い尽くす(죄다 말하다)」, 「行き付ける(항상 가다)」, 「買い付ける(늘 사다, 단골로 사다)」, 「言い付ける(늘 말하다, 명령하다, 지시하다, 고자질하다, 일러바치다)」, 「やり通す(끝까지 해내다)」, 「見直す(다시 보다, 달리 보다)」, 「書き慣れる(쓰는 데 익숙하다)」, 「見抜く(꿰뚫어보다, 알아채다, 간파하다」, 「見放す(버리고 돌보지 않다)」, 「言い張る(우겨대다. 주장하다)」, 「思い詰める(골똘히 생각하다)」, 「眠りこける(정신없이 자다, 곤히 잠들다)」, 「買い損なう(살 기회를 놓치다)」, 「言いそびれる(말할 기회를 놓치다)」, 「寝そびれる(잠을 설치다)」, 「乗りはぐれる(차를 놓치다)」, 「乗り遅れる(늦어서 못 타다. 시기를 놓치다)」, 「居合わせる(마침 그 자리에 있다)」, 「有り合わせる(마침 거기에 있다. 가까이에 있다)」, 「持ちあわせる(마침 가지고 있다)」, 「やりまくる(마구 해대다)」, 「書きまくる(마구 쓰다)」 등, 헤아릴 수 없이 많다.

하나의 복합동사가 전혀 다른 두 가지 뜻을 가지거나 하나의 복합동사에 여러 가지 뜻이 있는 경우는 많이 읽고 쓰고 말해보는 게 가장 좋은 방법이다 「置き忘れる」를 예로 들어보자. 「置き忘れる」에는 「物をどこに置いたか、その場所を忘れる」와 「物を置いたままにして、持ってくるのを忘れる」라는 두 가지 의미가 있다. 깜박 잊고 호텔 방에 열쇠를 두고 나왔다면 「ホテルのルームにかぎを置き忘れてきた」가 된다. 같은 예로 「聞き忘れる」가 있다. 「うっかりして、聞くべきことを聞かないままにする」와 「聞いたことを忘れる」의 뜻이 있는 것이다. 하나의 복합동사에 여러 가지 뜻이 있는 경우로는 「取り組む」와 「取り込む」를 예로 들 수 있다.

「取り組む」

この力士は明日横綱と取り組む。(이 스모선수는 내일 요코즈나와 맞붙는다.)

新しい研究に取り組む。(새로운 연구에 몰두하다.)

彼は新分野の開拓に取り組んでいる。(그는 새로운 분야를 개척하는데 매달려 있다.)

インフレ問題と取り組む。(인플레이션 문제와 씨름하다.)

「取り込む」

洗濯物を取り込む。(빨래를 거두어들이다.)

彼は会社の金を取り込んだ。(그는 회사 돈을 착복했다.)

社長に取り込んで専務になった。(사장을 구슬려서 전무가 되었다.)

大和絵の技法を取り込んでいる。(야마토에의 기법을 따르고 있다.)

彼の家は今取り込んでいる。(그의 집안은 지금 뒤숭숭하다.)

또, 후항동사가 동일한 복합동사끼리 묶어서 익히는 것도 하나의 방법이다. 그러다 보면 대강의 의미를 유추할 수 있는 능력이 생기게 될 것이다.

「~こなす」

「読みこなす(읽어서 내용을 충분히 이해하다)」

「使いこなす(자유자재로 쓰다)」

「着こなす(옷을 맵시 있게 입다)」

「弾きこなす(악기를 잘 연주하다)」

「歌いこなす(곡의 의도대로 잘 소화해서 부르다)」

「~取る」

「聞き取る(알아듣다, 듣고 잘 이해하다)」

「見取る(보고 알아차리다)」

「読み取る(읽어서 이해하다, 판독하다)」

「引き取る(물러가다, 떠맡다)」

「買い取る(사들이다, 매입하다)」

「奪い取る(강제로 빼앗다)」

「選び取る(골라내다)」

「書き取る(받아쓰다, 베껴 쓰다)」

「~とれる」

「聞きとれる(도취되어 듣다, 넋을 잃고 듣다)」

「見とれる(넋을 잃고 보다)」

「~渡す」

「見渡す(멀리까지 바라보다. 조망하다)」

「言い渡す((결정·명령 등의 내용을) 알리다, 선고하다)」

「譲り渡す(양도하다, 물려주다)」

「売り渡す(팔아넘기다, 매도하다)」

「眺め渡す(주변 일대를 둘러보다)」

「明け渡す(집이나 장소를 비워 다른 이에게 내어주다)」

외국인 일본어 학습자들은 복합동사를 어려워한다. 의미가 완전히 달라지거나 뜻이 여러 가지인 경우는 더욱 헷갈려서 익히기가 쉽지 않다. 복합동사를 사용해서 말을 하면 더 일본어다워지고, 본동사에서 느낄 수 없는 미묘한 의미를 살릴 수 있고, 말투가 더 세련되게 들린다는 것을 알면서도 뜻대로 구사할 수 없어 안타까워하는 학습자들이 많다. 외국인 학습자로서는 복합동사가 어렵다는 선입관을 가지는 것은 어쩌면 당연한 일일 수도 있다. 복합동사는 상황에 따른 다양한 예문과 함께 학습하는 것이 바람직하지만 유사표현 복합동사나 의미가 애매한 경우에는 삽화를 활용하는 것도 하나의 방법이다. 삽화는 쉽고 친근하게 느껴질 뿐만 아니라 시각적인 자극을 주어 기억에도 오래 남는다. 또한 문장으로 된 설명보다 접근하기가 쉽고 사고력, 창의력, 상상력, 추리력을 발전시키는 언어 자원이 될 수 있기 때문이다.

최근에는 복합동사를 인지문법, 인지언어학과 결부시켜 연구한 논문이 등장하고 있다. 인지문법이라고 하면 로널드 W. 래너커(Ronald Langacker)의 이론을 빼놓을 수 없다. 래너커(2015)는 인지문법의 품사관과 그에 관련된 논의를 정리하면서, 프로토타입뿐 아니라 모든 성원에 특징을 부여할 수 있다고 보았다. 朴龍德(2017)「認知意味論から見る日本語の「〜かかる」「〜かける」の意味」, 金光成(2018)『複合名詞の語形成に見られるメタファと再分析—名詞＋倒れを事例に—』, 揚曉敏(2018)「複合動詞の成り立ち及び意味拡張に見られる存在的メタファー」에서는 구문문법과 인지문법을 다양한 이론적 틀에서 논의하고 있다. 앞으로 인지언어학과 인지문법은 보다 나은 과학적인 연구의 결실을 기대할 수 있을 것이다.

복합동사 연구는 일본어 문법 연구라는 큰 틀에서는 변화가 없으나 좀 더 세분되고 새로운 영역으로의 변화를 시도하고 있다. 언어의 기술적 연구는 지금도 크게 다르지 않다. 그러나 문법 연구의 보조적인 도구가 점점 진화함으로써 새로운 변화가 생겨나고 있는 것이다. 코퍼스를 활용한 문법 연구, 인지언어학과 인지문법을 직간접적으로 활용하는 등, 2000년 이후 발표되는 논문에서는 일본어 교육의 활성화와 함께 대조연구의 중요성과 필요성에 대한 관심이 높아지고 있다. 이러한 연구 성과는 일본어 교육 현장에도 활용할 수 있을 것이다.

7. 마무리

지금까지 일본어 문법의 계보를 훑어보고 모달리티, 번역을 통한 한일어 대조연구, 외국인 학습자를 위한 복합동사 접근 방법, 기술적 문법 연구, 응용 연구, 일본 국내 학회들의 일본어 문법 연구 동향, 일본어 복합동사, 코퍼스를 이용한 연구, 인지문법 등을 살펴보았다. 한국에서는 오랫동안 일본어 문법 연구가 일본어 연구의 주류를 이루어왔으나 점점 변화하고 있다. 어용론적 연구, 대조연구, 인지언어학, 인지문법, 인공지능과 AI의 활용 등 다양한 연구 방법이 개발되고 있어 새로운 변화가 기대된다. 일본에서 진행되고 있는 연구 방향과 내용은 한국과 별반 다르지 않지만, 일본은 과거의 연구 방법에서 탈피해 새로운 방향으로 나아가고 있음을 알 수 있다. 언어학의 큰 흐름을 따르면서도 과거의 문법 이론을 계승 발전시키려는 의지가 심포지엄이나 학술대회에 드러나 있다. 한국의 연구자들 역시 왕성하게 활동하고 있지만 대부분 국내에 머물러 있다는 느낌이다. 따라서 양적인 증가에 못지않게 질적으로도 발전해야 하는 과제가 남아 있다.

한일번역을 통해 살펴본 일본어 복합동사와 한국어의 대응관계, 복합동사와 인지언어학, 복합동사의 오용, 복합동사 학습을 위한 삽화 활용 등에 더 많은 연구가 이루어져야 할 것이다. 특히 스모 용어에 나타난 복합동사의 명사화 현상, 일본전통문화에 나타나 있는 복합동사는 흥미로운 연구 과제로 새로운 개척 분야가 될 수 있을 것으로 본다. 뿐만 아니라 복합동사와 일본어 문법, 복합동사와 일본어 교육, 본동사와 복합동사의 상관관계 등을 분석함으로써 일본어 문법 연구의 새로운 지평을 열 수 있을 것으로 기대한다.

참고문헌

한국문헌

金光成(2018), 「複合名詞の語形成に見られるメタファと再分析─名詞＋倒れを事例に─」, 『日本文化研究』67.

朴龍德(2017), 「認知意味論から見る日本語の「～かかる」「～かける」の意味」, 『日本語學研究』54.

성지현(2018), 「의도를 나타내는 보조동사「~てやる」의 한·일대조연구」, 『日語日文學研究』106.

李曛洙(2012), 『한일어대조연구─일본어 복합동사의 어형성과 의미─』, 에피스테메.

외국문헌

李曛洙(1996b), 「韓·日両言語における複合動詞「-出す」と「-내다」の 対照研究─本動詞との関連を中心に─」, 『日本語教育』89号, 日本語教育学会, pp.76-87.

李曛洙(1997a), 「現代朝鮮語の複合動詞について─動詞の語尾{아}＋「내다」を中心に─」, 『朝鮮学報』162号, 朝鮮学会.

李曛洙(1997b), 「中間的複合動詞「きる」の意味用法の記述」, 『世界の日本語教育』7号, 国際交流基金, pp.219-232.

石井正彦(2001), 「複合動詞の語構造分類」, 『国語語彙史の研究』20, 和泉書院, pp.304-316.

石井正彦(2007), 『現代日本語の複合動詞の形成論』, ひつじ書房.

生越直樹(1984), 「日本語複合動詞後項と朝鮮語副詞·副詞的な語句との関係」, 『日本語教育』52, 日本語教育学会, pp.55-64.

影山太郎(他)(1989),「モジュール文法の語形成論」,『日本語学の新展開』,くろしお出版, pp.139-166.

齋藤倫明(1986),「複合動詞の音便化—意味との関わりについて—」,『語彙の研究』, pp.301-334.

杉村泰(2011),「日本語複合動詞のV1＋V2結合と他動性調和の原則」,『日本語言文化研究』第四輯, 大連理工大学出版社, pp.34-39.

杉村泰(2013),「コーパスを利用した複合動詞「V1-通る」の意味分析」,『名古屋大学言語文化論集』第34巻 第2号, 名古屋大学大学院国際言語文化研究科, pp.53-65.

杉村泰(2014),「コーパスを利用した複合動詞「V1-抜く」と「V1-抜ける」の意味分析」,『名古屋大学言語文化論集』第35巻 第2号, 名古屋大学大学院国際言語文化研究科, pp.55-68.

杉村泰(2015),「「V1-慣れる」における母語転移の可能性」徐曙(主編),『日語教育与日本学』第6輯, 華東理工大学出版社, pp.35-45.

杉村泰(2016),「日本語の「V1-忘れた」と中国語の"忘了V1"のV1の特徴について」,『中朝韓日文化比較研究叢書日本語言文化研究』第四輯(下), 延辺大学出版社, pp.52-58.

田辺和子(1984),「複合動詞の意味と構成」,『日本語と日本文学』3号, 筑波大学, pp.40-48.

塚本秀樹(1987),「日本語における複合動詞と格支配」,『言語学の視界』大学書林, pp.127-144.

塚本秀樹(1992),「日朝対照研究と日本語教育」,『日本語教育』72号, 日本語教育学会, pp.68-79.

寺村秀夫(1993),「言語の対照研究と外国語教育」,『寺村論文集』2, くろしお出版, pp.285-293.

永井鉄郎(1996),「日本語複合動詞の教育について」,『日本語教育』88, 日本語教育学会, pp.140-151.

長嶋善郎(1976),「複合動詞の構造」,『日本語講座4日本語の語彙と表現』, 大修館書店, pp.63-104.

仁田義雄(1980),『語彙論的統語論』, 明治書院.

仁田義雄(1989),『拡大語彙論的統語論』,『日本語学の新展開』, くろしお出版, pp.45-77.

何志明(2010),『現代日本語における複合動詞の組み合わせ―日本語教育の観点から』, 笠間書院.

林　翠芳(2000),『日本語複合動詞の研究』, 中山大学出版社.

姫野昌子(1999),『複合動詞の構造と意味用法』, ひつじ書房.

松田文子(2004),『日本語複合動詞の習得研究―認知意味論による意味分析を通して』, ひつじ書房.

森山卓郎(1988),『動詞述語文の研究』, 明治書院.

山本清隆志(1984),「日本語の格支配」,『都大論究』21, 東京都立大学, pp.32-49.

Yoshiko Tagashira·Jean Hoff(1986),『日本語複合動詞ハンドブック』, 北星堂書店.

由本陽子(1996),「語形成と語彙概念構造」,『言語と文化の諸相』, 英宝社, pp.105-118.

Kageyama, T.(1984), "Three Types of Word Formation", *Nebulae10*, Osaka Gaidai Linguistic, pp.16-30.

Shibatani, M.(1990), "Word Formation", *The Languaeg of Japan*, Cambridge University Press, pp.215-256.

프로토타입 시나리오를 활용한 일본어복합동사 분석

김광성

1. 서론

본고의 기본적인 목표는 일본어복합동사 교육에 '프로토타입 시나리오(prototypical scenario)'를 활용할 수 있는 근거를 제시하는 것이다.[1] 일본어복합동사에 관한 선행연구는 국어학, 어휘의미론, 인지언어학 등의 다양한 관점에서 이루어져 왔지만 그 성과를 일본어교육에 활용하기에는 여러 가지 한계가 있었다.

일본어복합동사에 관한 대표적인 연구인 姫野(1999)는 비교적 생

---

1   본고의 내용은 '金光成(2017), 「プロトタイプシナリオに基づく複合動詞教育の提案」, 『日本文化研究』63, 101-122면.'과 '金光成(2020), 「複合動詞の用法と文脈に関する意味中心の研究」, 『日本文化研究』75, 99-123면.'의 내용을 수정 및 가필해서 간단히 소개하는 것을 목적으로 한다.

산성이 높은 후항동사에 주목해서 복합동사의 의미와 용법을 체계적으로 분석하고 있다. 하지만 일본어에서 복합동사는 매우 다양하고 복잡한 형태의 조합 양상을 보이기 때문에 생산성이 높은 후항동사만을 검토해서는 그에 포함되지 않는 복합동사은 전부 놓쳐버리게 된다. 또한, 姬野는 대표적인 후항동사와 공기하는 전항동사를 검토하고 의미적인 측면을 고려하여 하위분류를 제시하고 있다. 하지만 이러한 분석만으로는 각각의 복합동사가 기본적으로 어떠한 상황에서 사용되는지를 파악하기가 어렵다.

이어서 복합동사의 형태적인 측면에 초점을 맞춘 대표적인 연구인 影山(1993)와 松本(1988)에 대해 검토해 보자. 이 연구들에서는 각각 '타동성조화의 원칙'과 '주어일치의 원칙'이 제안되었지만 복합동사의 어구성과 관련된 개략적인 설명이외에 복합동사 교육에 직접 활용하는 데에는 한계를 보인다[2]. 또한, 어휘적복합동사의 결합관계를 설명하기 위해 이른바 어휘개념구조가 활용되고 있지만, 동일한 어휘개념구조를 참조하고 있는 연구자 간에도 의견의 일치를 이루지 못하고 있는 부분[3]이 있어 일본어교육에 이용하는 데에는 문제가 있다고 판단된다.

다음으로 복합동사 교육과 관련해서 비교적 새롭게 제안된 방법

---

2 서론에서 소개하고 있는 다른 선행연구와는 달리 형태론에 초점을 맞춘 상기의 선행연구는 기본적으로 일본어교육을 전제로 한 연구가 아닌 점에 주의할 필요가 있다.

3 예를 들어, 후항동사 「～こむ」의 어휘개념구조를 影山·由本(1997:77)에서는 [BECOME[x] BE IN[y]]], 由本(2005:128)에서는 [[x]GO[TO[IN[y]]]로 기술하고 있다.

론이 '코어도식'을 활용한 분석이다. 松田(2004)는 田中(1990)의 연구를 참조해서 코어도식을 어떠한 표현의 모든 용법을 포괄할 수 있는 도식으로 사용하고 있다. 이러한 松田(2004)의 연구도 姬野(1999)와 동일하게 생산성이 높은 후항동사가 주요한 분석대상이며 생산성이 높은 후항동사와 공기하는 전항동사를 검토하고 있다. 그렇지만 松田(2004)는 코어도식을 도입함으로써 어형성의 인지의미론적인 동기를 파악하려고 했다는 점에서 이론적으로 새롭다고 할 수 있다. 다만 코어도식은 어떠한 표현의 모든 용법이 공통된 구조를 가지고 있지 않으면 적용하는 것이 곤란하다고 하는 결점이 있다.

이상과 같은 선행연구의 부족한 부분을 보완할 수 있는 한 가지 방법론으로 본고에서는 프로토타입 시나리오를 바탕으로 한 복합동사의 분석방안을 제안하고자 한다. 프로토타입 시나리오는, 다음 장에서 상술하겠지만, Lakoff(1987)가 제안한 것으로 관련성을 가진 다양한 표현을 체계화시켜서 파악해내는데 도움을 줄 수 있는 이론적 모델이라고 할 수 있다. 제2장에서는 프로토타입 시나리오에 대해서 간략하게 개관하겠다. 그리고 제3장에서는 프로토타입 시나리오를 실제 분석에 어떻게 활용할 수 있는지에 대해 간단한 예시를 제시하고자 한다.

2. 프로토타입 시나리오

프로토타입 시나리오는 Lakoff(1987:380-415)에서 제안된 이론이다. Lakoff는 분노(anger)와 관련된 다양한 은유 및 환유를 체계적으로 파악하기 위한 이론적인 모델로 프로토타입 시나리오를 활용하고 있다. Lakoff는 분노와 관련된 영어의 다양한 사례를 검토하고 있는데 (1)과 같은 예는 [어떠한 감정이 미치는 생리적인 영향은 그 감정을 나타낸다][4]라고 하는 환유의 원리를 기반으로 한다고 주장하고 있다.

(1) a. You make my blood boil.   (Lakoff1987:381)
    b. I had reached the boiling point.   (Lakoff1987:383)

또한, (2)와 같은 예는 [분노는 무거운 짐이다]라는 은유를 기반으로 하고 있는 용례라고 주장하고 있다.

(2) a. After I lost my temper, I felt lighter.
    b. He carries his anger around him.   (Lakoff1987:396)

Lakoff는 각각의 용례와 관련해서 기점영역과 목표영역의 성질, 영역 간의 대응관계 등을 상술하고 있는데 그 내용에 대한 검토는 생략하겠다. 여기에서는 본고의 내용과 직접적으로 관련되어 있는 프로토타입 시나리오에 대해 소개하고자 한다. Lakoff는 분노와 관련

---

4 본고에서는 은유와 환유를 [ ]로 표시한다.

된 다양한 표현을 체계적으로 파악하기 위해서 프로토타입 시나리오를 이용한 분석을 시도하였다. 프로토타입 시나리오는 기본적으로 특정한 사태와 관련된 전형적인 전개양상을 가리킨다. 예를 들어, 분노의 프로토타입 시나리오는 아래와 같은 5단계로 나누어진다. 여기에서는 분노하는 사람을 self를 줄여서 S로 나타내고 있다.

【제1단계: 분노를 일으키는 사태】

S를 불쾌하게 하는 분노의 원인인 사태가 존재한다. 직접 S에 대해서 의도적으로 무언가 나쁜 행위를 한 사람(wrongdoer; 이하에서는 W로 한다)이 존재한다. 이 W에게는 죄가 있고 S에게는 죄가 없다. 분노를 일으키는 사태는 부당한 것이며 S의 내부에서 분노를 낳게 된다.

【제2단계: 분노】

분노의 강도가 높아짐에 따라서 S는 체온상승, 내부 압력의 증대, 심신의 동요 등 분노의 생리적인 영향을 경험하게 된다. 분노가 매우 강하게 되면 보복행위를 하도록 S에 대해 힘을 발휘하게 된다. 보복행위는 위험하거나 사회적으로 받아들여지지 않는 것으로 S에게는 자신의 분노를 제어할 책임이 있다.

【제3단계: 제어의 시도】

S는 자신의 분노를 제어하려고 한다.

【제4단계: 제어의 실패】

각각의 사람에게는 분노제어에 관한 일정한 허용량이 있다. 이 허용량은 분노의 척도와 관련된 한계점으로 볼 수 있다. 분노의 강도가 그 한계를 넘으면 S는 더 이상 자신의 분노를 제어할 수 없다.

【제5단계: 보복행위】
S는 보복행위를 하게 된다. W가 그 보복행위의 표적이다. 보복의 강
도는 분도의 원인과 관련된 강도와 대략적으로 같은 수준이며 천칭은 다
시 균형을 찾게 된다. 분노의 강도는 0으로 내려가게 된다.

(Lakoff1987:397-399)[5]

위의 프로토타입 시나리오는 분노에 대한 유일한 시나리오는 아
니며 분노와 관련된 일련의 전개양상으로 인정할 수 있는 대표적인
시나리오 중의 하나이다. 이와 같은 프로토타입 시나리오를 도입함
으로써 분노와 관련된 다양한 은유와 환유가 프로토타입 시나리오
에 있어서 어느 단계와 관련되어 있으며 다양한 비유표현들이 서로
어떠한 관계를 가지는지에 대해 체계적으로 검토하는 것이 가능하
게 된다. Lakoff는 이와 같은 전형적인 시나리오를 활용해서 전형적
이지 않은 사례들에 대해서도 체계적인 분석이 가능하다고 주장하였
다. 예를 들어 Lakoff는 화풀이나 분노의 자연소멸, 금방 폭발해버리
는 분노 등과 관련된 은유 및 환유가 어떠한 점에서 전형적이지 않은
시나리오와 관련되어 있는지에 대해 검토하였다. 제3장의 분석에서
는 복합동사 교육에 프로토타입 시나리오가 어떻게 활용될 수 있는

---

5   여기에서는 분노와 관련된 프로토타입 시나리오의 내용 중에서 일부만을 선택적으
    로 소개하였다.

지에 대해 사례분석을 제시하고자 한다.

3. 사례분석

본장에서는 앞서 소개한 프로토타입 시나리오가 일본어복합동사의 분석에 어떻게 활용될 수 있는지에 대해 검토한다. 구체적으로 3.1.절에서는 극복의 프로토타입 시나리오와 관련된 복합동사에 대해, 3.2.절에서는 치료의 프로토타입 시나리오와 관련된 복합동사(그 중에서도 증상과 관련된 복합동사)에 대해 간단한 분석을 제시하겠다.

3.1. 극복의 프로토타입 시나리오와 관련된 복합동사

아래에서는 (3)에서 제시하고 있는 것과 같은 복합동사의 분석을 대상으로 한다.[6] (3)에서 들고 있는 복합동사는 넓은 의미에서 극복의 시나리오와 관련된 표현들인데 조사를 해보면 그 수가 100여 개에 달했다.[7] 이러한 복합동사를 프로토타입 시나리오를 바탕으로 체계적으로 정리할 수 있다면 복합동사 교육에도 유용하게 활용할 수 있

6 본고에서 소개하고 있는 용례는 『筑波ウェブコーパス』에서 수집한 것으로 출전은 생략한다.

7 일본국립국어연구소에서 구축한 복합동사 데이터베이스(https://db4.ninjal.ac.jp/ vvlexicon /)에 실려있는 2,759개의 복합동사 중에서 극복과 관련된 문맥에서 사용되는 사례를 수집하였다.

을 것으로 판단된다.

(3) a. 私にはピンチを切り抜ける力はありません。

b. 行政も財政難の壁に突き当たっている。

c. さらに、逆境を跳ね返すなでしこの姿は、大きな感銘を与えました。

d. 出題者の意図を汲み取る必要があります。

e. ハイブリッドカーで完全に出遅れてしまったのが日産。

(金2017:107)

극복의 프로토타입 시나리오는 크게 '장애나 문제의 발생', 장애의 문제에 대한 진단', '장애나 문제에 대한 대처', '장애나 문제의 극복'으로 이루어진 4단계로 나누어볼 수 있다[8]. 각 단계에 관한 개요는 아래와 같다.

【제1단계: 장애나 문제의 발생】

장애나 문제가 발생한다. 또는 장애나 문제를 인식하게 된다. 그 장애나 문제는 간단히 해결할 수 있는 것이 아니다. 하지만 그 장애나 문제는 인간의 성장이나 발전, 일의 진행, 상황개선 등에 방해가 되는 것으로 해결할 필요가 있다.

---

8 金(2017)에서는 '장애나 문제에 대한 대처(상)'과 '장애나 문제에 대한 대처(하)'라는 카테고리를 설정하였는데 이 두 개의 카테고리를 명확히 구분하기 위해서 각각의 명칭을 '장애나 문제에 대한 대처'와 '장애나 문제의 극복'으로 수정하였다.

【제2단계: 장애나 문제에 대한 진단】

장애나 문제의 정체를 파악하려고 시도한다. 장애나 문제를 해결하기 위해서는 적절한 관찰과 추론, 판단 등이 요구되지만 잘못된 관찰이나 추론, 판단 등을 하게 되면 유효한 대책을 세울 수 없게 된다. 실력부족, 고정관념, 편견 등이 잘못된 관찰이나 추론, 판단 등을 유발하는 요인으로 작용하기도 한다.

【제3단계: 장애나 문제에 대한 대처】

장애나 문제를 해결해나가기 위해서는 진단의 결과나 주어진 상황을 인정할 필요가 있다. 주어진 상황을 회피해서는 안된다. 또한, 장애나 문제의 해결과 관련된 행동을 하기 위해서는 결심이 필요하다. 주어진 상황에 대한 적절한 인식이나 결심 등은 본격적인 행동의 전제조건으로 중요한 부분이라 할 수 있다.

장애나 문제를 해결하기 위해서는 타협이나 협력이 필요한 경우가 있다.

장애나 문제의 해결에는 적절한 타이밍이 있다. 그 타이밍을 놓쳐버리게 되면 장애나 문제의 해결이 힘들어질 가능성이 높아지게 된다.

【제4단계: 장애나 문제의 극복】

장애나 문제의 해결은 주어진 상황을 타개하거나, 주어진 상황에서 벗어나는 것이다. 장애나 문제를 해결하려면 정신적인 압박이나 시련을 견뎌내거나 이겨낼 필요가 있다.

장애나 문제를 해결하기 위해서는 신념을 관철해야 하는 경우가 있다.

장애나 문제를 해결하기 위해서는 새로운 길을 개척해야 하는 경우가 있다.

이상은 극복의 전형적인 시나리오라고 할 수 있는 내용이다. 아래에서는 이러한 프로토타입 시나리오와 관련된 복합동사를 『複合動詞資料集』, 『複合動詞レキシコン』(https://db4.ninjal.ac.jp/vvlexicon/), 『NLT』(https://tsukubawebcorpus.jp//) 등을 활용해서 조사한 다음 그 특성에 대해 검토를 하겠다.

3.1.1. 제1단계: 장애나 문제의 발생

장애나 문제의 발생과 관련된 복합동사의 용례를 관찰해보면 장애나 문제는 (i)주체[9]를 덮치거나 주체에 접근해오는 대상, (ii)주체의 자유를 빼앗거나 주체를 곤란한 상황에 끌어들이는 대상, (iii)주체의 진로를 방해하는 대상으로 은유적으로 개념화되어있는 것을 확인할 수 있었다. 장애나 문제가 주체를 덮치거나 주체에게 다가오는 대상으로 묘사된 용례로는 (4)와 같은 예를 들 수 있다.

(4) a. しかし、高齢化の波が押し寄せていた。
b. もちろん、環境問題が実際非常に差し迫った問題なのは間違いないでしょうけれど。
c. 確実に地球温暖化の影が忍び寄っている。
d. 自分や妻にふりかかる問題についてはある程度の覚悟はできます。

(金2017:109)

---

9 본고에서는 장애나 문제를 경험하는 사람을 가리키는 용어로 '주체'를 사용한다.

(4a)와 (4b)에서는 장애나 문제가 주체에게 힘차게 다가오는 이미지로 묘사되어 있고, (4c)~(4e)에서는 장애나 문제가 주체를 덮치는 이미지로 묘사되고 있다. 鍋島(2011:262-264)는 일본어에서 문제가 적이나 무거운 짐으로 개념화된 사례를 검토하고 있는데 (4c)와 같은 예가 그러한 사례 중의 하나로 판단된다.

다음으로 (5)의 예에서는 문제가 주체의 진로를 방해하는 일종의 장애물로 묘사되었다.

(5) a. しかしながら通常は、実行段階で、さまざまな障害が<u>立ちはだかります</u>。
   b. 行政も財政難の壁に突き当たっている。
   c. 事件に向き合ってみると、本当に様々なネットを含む現代社会の問題に<u>行き当たりました</u>。
   d. 経営が行き詰まれば、石原の責任問題に直結する。

(金2017:110)

鍋島(2011:264)도 지적하고 있는 것처럼 문제가 장애물로 묘사되는 사례는 일본어(「問題にぶつかる」、「問題を回避する」など)와 영어(「unblock」、「be stuck with」など)에서 다양하게 관찰된다. 제1단계에 속하는 다른 사례에 대해서는 金(2017)을 참조하기 바란다.

3.1.2. 제2단계: 장애나 문제에 대한 진단

앞에서 제시한 바와 같이 제2단계는 장애나 문제의 정체를 파악하려고 하는 단계이다. 이 단계에 해당하는 복합동사의 경우, 특히 전항동사로「見る」를 취하는 사례가 많았는데 그 구체적인 용례로는 (6)과 같은 예를 들 수 있다. Lakoff&Johnson(1999:53-54)는[Knowing Is Seeing(아는 것은 보는 것이다)]라는 은유가 기점영역과 목표영역의 공기성에 있어서 밀접한 관계를 가진다는 점에서 1차 은유(primary metaphor)[10]의 한 예로 제시하고 있다. 이는 인간이 받아들이는 많은 정보가 시각을 통해서 획득되는 것과 관련되어 있다.

(6) a. 偽物と本物を見分ける目を養おう。
b. レイはあっさりとその正体を見破り何をしているのかを問う。
c. 事件の本質を見抜く力がなかった。
d. 相手の攻撃を間合いを見切ってかわし、反撃する。　(金2017:111)

(6)의 예에서 확인할 수 있는 바와 같이 문제는 복잡한 구조를 가지고 있거나 간단히 판별하기 어려운 경우가 많아서 진단을 하기 위해서는 적절한 추론과 판단이 요구된다.

이어서 (7)의 예는 주체의 편견이나 고정관념 등이 잘못된 판단으로 연결된 사례라고 할 수 있다.

10　1차 은유에 관한 구체적인 개요에 관해서는 谷口(2003:107-118)를 참조하기 바란다.

(7) a. 報道されたことは事実と思い込む意識も同じでしょう。

b. それを彼らは「事実」として、自らも信じ込みます。

c. ところが、実際には、偏ったエリート主義に凝り固まっていたわけ

ですね。 (金2017:112)

(7a)와 (7b)의 「思い込む」와 「信じ込む」는 姫野(1999:70-71)가 제시한 '고착화(固着化)'와 관련된 표현으로 주체가 상황을 컨트롤하는 것이 곤란한 상황과 관련되어 있다.[11] 또한, (7c)의 「凝り固まる」의 경우도 유사한 표현으로 주체가 자신의 사고를 컨트롤하는 것이 곤란한 상황을 은유적으로 나타내고 있다. 제2단계에 속하는 다른 사례에 관해서는 金(2017)을 참조하기 바란다.

3.1.3. 제3단계: 장애나 문제에 대한 대처

극복의 프로토타입 시나리오에 있어서 제3단계는 장애나 문제에 대한 초기대응의 단계에 해당한다. 앞에서 기술한 바와 같이 장애나 문제를 해결하기 위해서는 진단의 결과나 주어진 상황을 인정할 필요가 있다. 이러한 측면과 관련된 복합동사의 용례로는 (8)과 예를 찾아볼 수 있다.

(8) a. 現実を受け止めて対処しましょう。

---

11 姫野는 '동사(연용형)＋こむ'의 형태를 취하는 복합동사 중에서 「思い込む、考え込む、決め込む、話し込む、惚れ込む、黙り込む」 등의 표현을 고착화라고 하는 카테고리에 속하는 사례로 분류하고 있다.

b. 問題を解決するには自分の内面と向き合わなければなりません。

c. 困難に堂々と立ち向かって行きます。 (金2017:112)

(8a)나 (8b)는 주어진 상황에 대한 비교적 소극적인 대응이라면, (8c)는 적극적인 대응이라고 할 수 있다. (8a)~(8c)의 예에서 문제나 주어진 상황을 인정하는 것이 대면하는 경험을 기반으로 해서 개념화된 것을 확인할 수 있다.[12]

그리고 장애나 문제의 해결과 관련해서 안정적으로 일을 수행하기 위해서는 정신적인 면의 안정이나 컨트롤이 요구되는데 (9)의 예는 그러한 부분과 관련된 사례라고 할 수 있다.

(9) a. 気持ちを切り替えてプレーに励んだ。

b. 僕は理性を取り戻すために、リビングのソファーに腰掛ける。

c. 俺は凹みそうな思考を振り払った。

d. 伝統的に看護師は感情を押し殺せ、と教育されているように思います。 (金2017:114)

(9)의 예에서 볼 수 있듯이 다양한 복합동사가 정신적인 면의 안정이나 컨트롤과 관련되어 있는데 이러한 용례는 불안정한 감정을 안정적인 감정으로 전화하거나, 불안정한 감정을 배제, 또는, 억제하는

---

12 참고로 Kövecses(2002:222)에서는 [Involvement Is Closeness(관여는 가까움이다)]라고 하는 은유의 존재를 지적하고 있는데 (8)은 이 은유를 기반으로 하는 한 예라고 판단된다.

것 등을 나타내고 있다. 제3단계에 속하는 다른 사례에 관해서는 金 (2017)을 참조하기 바란다.

3.1.4. 제4단계: 장애나 문제의 극복

'장애나 문제에 대한 대처'와 '장애나 문제의 극복'은 연속성을 가 진 과정이다. '장애나 문제의 극복'으로 분류된 복합동사는 그와 관련 된 과정을 달성하게 되면 장애나 문제의 해결에 이르게 된다는 점에 서 '장애나 문제에 대한 대처'에 분류된 복합동사와는 성질이 다르다.

제1단계와 관련된 복합동사의 용법에서 장애나 문제의 발생이 장 애물의 출현으로 개념화된 것을 보았는데 (10)의 예에서 관찰할 수 있 듯이 장애나 문제의 극복은 장애물을 파괴하거나 넘어가는 것 등으 로 개념화되어 있다.

(10) a. 一人が壁を突き破ると、必ずそれに続く人がいる。
　　 b. こうした状況を打ち破ったのが、1977年に誕生したカーター政権
　　　　です。
　　 c. 試行錯誤から道を切り開いていく。
　　 d. 次に困難を乗り越える方法です。　　　　　　　　　　(金2017:117)

또한, 극복하는 행위는 (11)의 예에서 들고 있는 것과 같이 어떠한 압력으로부터 균형을 유지하거나 균형을 회복하는 것으로 개념화되 는 것도 확인할 수 있다.

(11) a. 早くしないと日本が<u>持こたえ</u>られなくなってしまいます。

b. 絶望の中で自殺も考えたが、<u>踏みとどまった</u>。

c. 並みのルーキーだったら崩れるが、よく切り替えて<u>踏ん張った</u>。

c. 日本は必ずこの震災から<u>立ち上がる</u>ことを信じています。

(金2017:117)

Johnson(1987:74-100)이 지적하고 있는 것처럼 균형과 관련된 이미지스키마는 전개념적인 신체경험을 기반으로 하고 있는 것으로 다양한 은유의 바탕을 이루고 있다. (11)에서 확인할 수 있듯이 균형의 유지나 회복과 관련된 표현이 은유적으로 극복과 관련된 의미를 나타내는 것은 결코 자의적인 표현방식이 아니다. 왜냐하면 균형이 무너지는 경험은 신체적인 상태가 악화되는 것과 밀접한 관계를 가지고 있기 때문이다. 제4단계에 속하는 다른 사례에 관해서는 金(2017)을 참조하기 바란다.

3.2. 증상과 관련된 복합동사

3.1.절에서는 극복의 프로토타입 시나리오와 관련된 복합동사에 대해 검토하였는데 본절에서는 치료의 프로토타입 시나리오와 관련된 복합동사에 대해 검토하고자 한다. 구체적으로는 金(2020)를 참고로 해서 치료의 프로토타입 시나리오를 구성하는 한 단계인 증상을 나타내는 복합동사에 대해 아주 간단히 살펴보겠다. 치료의 프로토타입 시나리오는, 단순화시켜서 이해해보자면, 증상의 발생, 치료, 완치와 같은

흐름으로 구성되어 있다고 볼 수 있는데 이하에서는 증상 중에서도 물리적인 증상을 묘사할 때 사용되는 복합동사의 일부를 검토하겠다.

물리적인 증상과 관련된 복합동사는 크게 외적증상(외적으로 나타나는 증상)을 나타내는 복합동사, 내적증상(내적으로 나타나는 증상)을 나타내는 복합동사, 통증을 나타내는 복합동사의 세 그룹으로 나누어볼 수 있다. 여기에서는 분석을 보다 세세하기 하기 위해 물리적인 증상의 카테고리를 외적증상, 내적증상, 통증의 하위 카테고리로 나누고 검토하고자 한다. 통증과 관련된 복합동사는 외적증상 및 내적증상과도 관계되어 있지만, 그 수가 많기 때문에 별도의 카테고리로 분석을 진행하겠다. 아래에서는 외적증상, 내적증상, 통증의 순서로 각 카테고리에 속하는 복합동사의 용례를 짧게 살펴보겠다.

3.2.1. 외적증상을 나타내는 복합동사

외적증상의 발견과 관련된 복합동사 중에는 (12)의 용례와 같이 「上がる」를 후항동사로 하는 복합동사가 관찰된다.

(12) a. 赤黒く腫れ上がってしまい靭帯を痛めていると言う診断だったのですが、何日くらいで復帰出来ますか？

 b. 乳首の下が膨れ上がって、膿の詰まった袋が破裂してしまったそうです。

 c. 2人出産してから肉体労働で、重量物を扱ったりしたせいか、両足に血管が浮き上がってます。 (金2020:106)

「腫れ上がる、膨れ上がる、浮き上がる」等は「腫れる、膨れる、浮く」に比して その 결과상태를 보다 명확하게 나타내는 표현이라고 할 수 있다. 이와 같이 외적증상을 나타내는 복합동사 중에는 특정한 방향과 관련된 후항동사를 취하는 예가 다수 확인된다. 외적증상을 나타내는 보다 다양한 복합동사의 사례에 관해서는 金(2020)을 참조하기 바란다.

3.2.2. 내적증상을 나타내는 복합동사

내적증상을 나타내는 복합동사의 눈에 띄는 특징 중에 하나는 「付く」를 후항동사로 취하는 복합동사의 수가 상대적으로 많다고 하는 점이다.

> (13) a. 腸に紐状のものが絡み付いて閉塞をおこしたと聞きました。
> b. ヘドロは腸壁にへばりつく、いわゆる宿便のことでしょうか。
> c. ヘルペスウィルスは一度患すると、ウィルスが脳に住みつくそうです。
>
> (金2020:109)

(13)의 용례에서는 목에 무언가가 붙어있거나 느껴지는 것을 「張りつく、引っつく、まとわりつく」라고 하는 복합동사로 나타내고 있다. 내적증상을 나타내는 보다 다양한 복합동사의 사례에 관해서는 金(2020)을 참조하기 바란다.

3.2.3. 통증을 나타내는 복합동사

통증을 나타내는 복합동사의 사례로는 (14)와 같은 예를 들 수 있다.

(14) a. 18歳の頃から毎月ナイフでお腹の中を<u>切り裂かれて</u>いるような痛
　　 みに耐えて過ごしています。
　 b. 心臓が<u>引き裂かれる</u>ように、痛いよ。
　 c. 胃が<u>張り裂け</u>そうに痛いんです。
　 d. <u>割れる</u>ようなとか、<u>引きちぎられる</u>ようなとか表現される骨転移の
　　 痛み。　　　　　　　　　　　　　　　　　　　　　　　(金2020:115)

(14)의 예에서는 심한 통증의 정도를 절단이나 파열의 이미지를 통해서 표현하고 있다. 절단이나 파열과 같이 분리나 그에 가까운 이미지를 통해서 통증을 나타내는 복합동사로는 「もぎ取る」(目がもぎ取られるような激痛), 「えぐり出す」(えぐり出すような眼痛)、「引っ張る」(髪の毛が引っ張られるような痛み)와 같은 사례로 확인해볼 수 있었다. 통증을 나타내는 보다 다양한 복합동사의 사례에 관해서는 金(2020)을 참조하기 바란다.

4. 결론

본고에서는 프로토타입 시나리오라고 하는 이론적인 모델을 기반으로 해서 복합동사의 용법과 문맥의 관계를 어떻게 파악할 수 있는지에 대해 간단히 검토하였다. 복합동사에 관한 종래의 연구는 기본적으로 影山(1993)와 姫野(1999) 등을 바탕으로 한 것이 대부분이다. 하지만 서론에서도 지적하였듯이 그러한 방법론만으로는 다양한 복합동사의 용법 및 의미적인 특성을 적절히 분석해내는 데에는 한계가 있다. 복합동사의 용법과 문맥의 상관관계를 밝혀내기 위해서도 본고에서 소개한 것과 같은 방법론을 바탕으로 한 연구가 필요하다고 판단된다.

참고문헌

한국문헌

金光成(2017), 「プロトタイプシナリオに基づく複合動詞教育の提案―克服のプロトタイプシナリオを中心に―」, 『日本文化研究』63, 101-122면.

_____(2020), 「複合動詞の用法と文脈に関する意味中心の研究―物理的な症状を表す複合動詞を中心に―」, 『日本文化研究』75, 99-123면.

외국문헌

影山太郎・由本陽子(1997), 『語形成と概念構造』, 研究社, p.77.

影山太郎(1993), 『文法と語形成』, ひつじ書房, pp.1-177.

田中茂範(1990), 『認知意味論―英語動詞の多義の構造』三友社, pp.1-173.

鍋島弘次郎(2011), 『日本語のメタファー』, くろしお出版, pp.1-121.

姫野昌子(1999), 『複合動詞の構造と意味用法』, ひつじ書房, pp.173-195.

松田文子(2004), 『日本語複合動詞の習得研究―認知意味論による意味分析を通して』, ひつじ書房, pp.1-90.

松本曜(1998), 「日本語の語彙的複合動詞における動詞の組み合わせ」, 『言語研究』114, pp.37-83.

山梨正明(1988), 『比喩と理解』, 東京大学出版会, pp.1-159.

山梨正明(2000), 『認知言語学原理』, くろしお出版, pp.178-249.

由本陽子(2005), 『複合動詞・派生動詞の意味と統語』, ひつじ書房, pp.99-160.

野村雅昭・石井正彦(1987), 『複合動詞資料集』, 国立国語研究所, pp.48-180.

Johnson, Mark(1987), *The Body in the Mind: The Bodily Basis of Meaning, Imagination, and Reason* University of Chicago Press, pp.1-100.

Lakoff, George and Mark Johnson(1999), *Philosopy in the Flesh: The Embodied Mind and its Challenge to Western Thought*. Basic Books, pp.45-59.

Lakoff, George(1993) "The Contemporary Theory of Metaphor," in Andrew Ortony (ed.) *Metaphor and Thought*. (2nd ed.) Cambridge University Press, pp.202-251.

_____(1987) *Women, Fire, and Dangerous Things: What Categories Reveal About the Mind*. University of Chicago Press. (池上嘉彦・河上誓作 他(訳),『認知意味論』, 紀伊国屋書店, 1993), pp.380-415.

일본어 경어표현에 대한 문법적 접근[1]

채성식

1. 들어가며

일본어학, 그 중에서도 일본어 문법에 관심을 갖고 연구를 진행하고자 하는 대학원생의 경우 주제설정의 단계에서부터 수많은 난관에 부딪히고는 한다. 그 배경에는 무엇보다도 문법이라는 학문영역에 대한 그릇된 선입관, 혹은 인식이 자리 잡고 있다고 생각한다. 난해하고 딱딱한 '문법'을 연구하는 이상, 그에 걸맞게 주제도 거창해야 할 것이며, 나아가 문제해결을 위한 고도의 연구방법론도 필수라는 일종의 강박관념이 작용하고 있는지도 모르겠다.

물론 문법의 영역은 실로 광범위하여 보편성을 기반으로 한 언어

---

1   본고는 「일본어의 명사문과 동사문의 경계에 관하여—'お명사문'을 중심으로」(채성식, 2019)에 내용적 첨삭을 하여 작성하였음을 밝힌다.

학이라는 큰 틀을 비롯하여 개별 언어 교유의 문법현상에 이르기까지 다양한 주제와 연구방법론이 존재한다. 그러나 중요한 사실은 체계적, 논리적인 연구방법론은 차치하더라도 실제 연구대상이 우리의 언어생활과 동떨어진 사례일 필요는 전혀 없다는 것이다. 다시 말해 실생활에서 우리가 흔히 쓰고 접하는 사례라면 그 자체로도 훌륭한 연구대상이 될 수 있다는 것이다.

필자는 일본어 관련 전공, 교양수업을 막론하고 학생들의 질문에서 수많은 힌트를 얻곤 한다. 그들의 질문 중 기존의 문법연구에서 다루어지지 않았던, 혹은 크게 주목받지 못했던 사례와 용법에 관한 것은 필자를 적잖이 당혹스럽게 한다. 하지만 이러한 질문을 접할 때마다 문법전공자로서 일말의 의무감과 책임감을 통감하게 된다. 일견 그냥 지나쳐버릴 수도 있는 사소한 언어현상이라도 언어학적, 문법적 견지에서 올바른 지식과 정보를 제공하는 것이야말로 우리 문법전공자의 책무일 것이다.

이에 이하 본고에서는 일본어 모어화자가 일상생활에서 흔히 사용하는 표현임에도 불구하고 국내 일본어교육 현장에서 문법적 접근이 등한시되었던 「お出掛けですか?」와 같은 구문에 대해 고찰하고자 한다.

2. 연구대상 및 주제

본고는 (1)과 같은 '접두사 お[2]+동사 연용형+조동사[3] だ(이하 'お명사문')'에 대한 분석을 토대로 일본어 명사문(名詞文)에서 관찰되는 동사문(動詞文)적 특징에 대해 고찰하고 있다.

(1) a. 本日は何をお求めですか。
　　b. 約束をお忘れですか。

이와 같은 구문형태에 대해 国広(2002)는 존경표현인 'お+동사 연용형+になる(이하, お~になる)'의 형태로 확장이 가능함을 들어 의미적으로는 순수한 동작의 의미를 갖는다고 주장하였다. [4]

2　흔히 미화어(美化語)라고 불리는 일본어의 접두사에는 'お'와 'ご'가 존재하며, 예외는 있으나 원칙적으로는 결합하는 명사의 성질(e.g.和語인가 漢語인가)에 따라 구별되어 사용된다. 동사연용형의 경우 'お'는 和語 유래의 동사인 경우에, 'ご'는 漢語(엄밀히 말해 漢語さ変動詞)유래의 동사의 경우에 접하는 경우가 많다. 단 본고에서는 일본어 동사의 연용형명사(和語動詞連用形名詞)을 중심으로 분석을 진행하는 바, 이하 'お+연용형명사'로 표기를 통일하도록 한다.
　　e.g. お出掛けですか。 vs. ご指摘くださってどうもありがとうございます。

3　주어와 동사 이외의 명사술어를 이어주는 역할을 한다는 측면에서 계사(繫辭, copula)로도 간주할 수 있다. 이에 관해서는 본론에서 상술하도록 한다.

4　'「今日は歩きですか。」これはくだけた雰囲気で軽い気持ちで用いられている。敬語を表したいときは「今日はお歩きですか。」と言うが、両者は丁寧度だけでなく、意味的な違いも含んでいる。「お歩き」の方は「お歩きになるのですか。」とも拡張でき、純粋に動作そのものを表しているが、「歩き」の方は「人間の移動方法にはいくつかの選択肢があるが、その中の一つとしての歩行」という、背後に選択の枠組みを背負った意味を示す'(国広(2002:75))

(2) a. 本日は何をお求めになるのですか。

　　b. 約束をお忘れになっているのですか。

　　이러한 확장가능성은 역으로 'お+동사 연용형'이 형식명사 'の'를 통해 명사화된 'お~になる'와 동등한 문법적 지위가 인정됨을 시사한다고 볼 수 있으며, 이는 본 형식의 명사술어(名詞述語)로서의 구문론적, 형태론적 성격을 적확히 규정하고 있다고 판단된다. 단, 본 형식의 명사술어로서의 제상(諸相)에 관해서는 아래의 두 가지 관점에서 보다 상세한 고찰을 요한다.

(3) a. 일반적인 (동사적) 명사구문과의 구문론적 상위성(相違性)

　　b. 대응하는 동사문과의 의미론적 상위성

　　먼저 (1)의 'お求め'와 'お探し'는 격성분과의 공기관계(共起關係) 및 조동사 'だ'와의 결합을 통해서도 알 수 있듯이 어휘 의미적으로 행위성(i.e.働きかけ性)을 갖는 명사술어(名詞述語)이며, 형식적으로는 전성(轉成)[5]의 과정을 거쳐 파생된 '求め', '探し'등의 연용형명사(連用形名詞)[6]에 접두사 'お'가 전접(前接)한 형태임을 알 수 있다. 이들 연

5　전성(轉成)은 품사가 다른 품사로 전환됨을 의미한다. 용언의 전성의 경우, 연용형명사와 같이 동사의 연용형이 그대로 명사로 전화되는 경우와 형용사와 같이 접미사(i.e.-さ)와의 결합을 통해 명사화되는 것을 가리킨다. 이에 대한 설명과 예시는 본론에서 상술하도록 한다.

6　동사의 활용형 중 하나인 연용형이 어형의 변화 없이 그대로 명사로 전성된 것을 연

용형명사는 단독으로 사용될 경우 공기성분(共起成分)에 대해 동사에 준하는 격부여능력(格付與能力)를 갖지 못하는데 이는 한자명사를 포함한 명사술어문(名詞述語文)의 경우와 대비된다.

(4) a. * 本日は何を求めですか。
   b. * 誰かを探しですか。
(5) a. 今年2月に高校を卒業だね。　　　　　　　(新屋(2003:137))
   b. 社長は今在宅なんでしょう？　　　　　　　(Ibid.)

다음으로 (2)에서 살핀 'お~になる'로의 확장가능성과도 연관되나 'お명사문'은 발화상황에 부합하는 다양한 시제문, 아스텍트문과 의미론적인 대응관계를 이룰 수 있을 뿐만 아니라 부수적 표현과의 공기(共起)를 통하지 않고도 모달리티(modality)적 의미까지 함의(含意)할 수 있다는 점에서 일반적인 동사문과는 그 성질을 달리한다.

(6) a. 本日は何をお求めですか。
   (lit. 本日は何をお求めになりますか)　　　　　　(텐스)
   (lit. * 本日は何をお求めになりましたか)　　　　　(텐스)
   (lit. ? 本日は何をお求めになっていますか)　　　　(아스펙트)
   (lit. 本日は何をお求めになるのですか)　　　　　(모달리티)
   b. 約束をお忘れですか。
   (lit. * 約束をお忘れになりますか)　　　　　　　(텐스)

용형명사라하며, 본 명사류에 대해서는 본론에서 상술하도록 한다.

(lit. 約束をお忘れになりましたか) (텐스·아스펙트)

(lit. 約束をお忘れになっていますか) (아스펙트)

(lit. 約束をお忘れになっているのですか) (모달리티)

이에 본고에서는 'お명사문'의 구문론적·형태론적 특징을 규명함으로써 본 형식이 동사의 명사화라는 단계를 거쳐 파생된 특수한 구문형식임을 지적하는 한편, 이러한 특수성이 상대방과의 직접대면 장면에서 활발히 사용되는 간결한 경어표현으로서의 본 형식의 위상을 뒷받침하는 이론적 근거가 될 수 있음을 밝히고자 한다.

3. 선행연구 개관 및 문제점 도출

新屋(2003)에서는 일본어를 동사중심의 언어로 규정한 종래의 연구에 대한 비판적 견지에서 명사중심으로 파악될 수 있는 이하와 같은 다양한 구문형태가 일본어에 존재함을 밝히고 있다.

(7) 〈표1〉 일본어의 명사문의 종류

	구문형태	예문
1	전형적인 명사문 (典型的名詞文)	○ これはすばらしいアイデアですよ！ ○ 秘書ってのは大変な職業なんだ。
2	형용사적 명사문 (形容詞的名詞文)	○ 彼は太郎と友達だ。 cf.*太郎と友達が遊びに来た。[7] ○ 昨日はこの夏一番の暑さでした。
3	동사적 명사문 (動詞的名詞文)	○ 社長は今在宅なんでしょう？ ○ 注文の品はお決まりですか。
4	의사 분열문 (疑似分裂文)	○ 社長はこの私ですよ。 ○ びっくりしたのはこっちよ！
5	유주어문맥의존문 (有主語文脈依存文)	○ 君は卒業旅行、どこにする？ -俺はアメリカだ。 ○ この頃腰が痛くて。-私は肩なんです。
6	무주어문 (無主語文)	○ 尾島さんからお電話です。 ○ あ、雨だ。
7	문말명사문 (文末名詞文)	○ 君はどうする気だ？ ○ 伸子などはもう絶望的な表情。
8	형식명사(+계사)로 끝나는 문 (形式名詞(+コピュラ)で終わる文)	○ 私をからかうおつもりですか。 ○ 人は一人では生きられないのだ。

(新屋(2003:135-141)을 토대로 필자가 재정리)

新屋은 전형적인 명사문을 시간적 한정성과 정도성을 갖지 않는

---

7 新屋에 따르면 본 예문에서 「こども」와 「友達」는 사물(モノ)이 아닌 속성(i.e.유치함,
 친구사이)의 의미로 해석되며 이러한 의미적 변화가 통사론적인 변용을 초래하므로
 술어명사는 격성분요소로서 기능할 수 없다.

일정한 사물(モノ)로서 주어를 술정(述定)[8]하는 것으로 규정하는 한편, 유형별로 주어를 분리해 그 본질에 대해 서술하는 것이 명사술어의 본래 기능이라고 주장하였다.[9] 나아가 이러한 명사술어에는 상기의 〈표1〉의 '형용사적 명사문'과 '동사적 명사문' 등이 있어 형용사, 동사의 성질·상태, 동작·변화의 의미를 갖는 동시에, 구문론적으로도 격성분과의 공기여부 등의 측면에서 이들과 유사한 문법적 양상을 보인다고 지적하였다.

(8) a. 昨日はこの夏一番の暑さでした。[10]　　　　　(형용사적 명사문)
　　 b. 注文の品はお決まりですか。　　　　　　　(동사적 명사문)

또한 新屋(2014)에서는 본고의 'お명사문'에 해당하는 'お～だ'를 일본어의 명사술어지향성(名詞述語指向性)을 상징하는 주체존경술어형식(主體尊敬述語形式)으로 규정하는 한편, 격지배(格支配) 및 연용수

8　술어가 주어의 개념을 정의하는 것으로 다시 말해 주어의 속성을 술어를 사용하여 귀속(歸屬)시킴을 의미한다.

9　'動詞は本来、時間的プロセスを持つ動きや変化を表し、形容詞は程度性を持つ性質や状態を表すのに対し、名詞は物の名を原型として、モノを表す品詞である。従って、典型的な名詞文は主語を、時間に限定されず、程度性を持たない一定のモノとして述定する。(中略)主語の類別し、その本質を述べるのが、名詞述語本来の機能である。'(新屋(2003:135))

10　'全く形容詞的な意味が名詞として顕現する例もある。(中略)意味的には形容詞文であるにもかかわらず、「若さ」「暑さ」は統語的·形態的には名詞である'(新屋(2003:137))

식(連用修飾) 여부, 텐스성, 시점제약의 완화, 의지성(意思性)함의 여부 등의 측면에서 일반적인 동사문과의 유사성 및 상위성을 지적하고 있다.

(9) a. あの方は重そうに荷物をお持ちだ。　　　　　(격지배)
　　 b. 先生がカラオケで楽しそうに歌をお歌いだ。　(연용수식)
(10) a. 今あの方がお話になっている。　　　　　　(텐스성)
　　 b. 今あの方がお話だ。
(11) a. * 彼は心から友の成功を望みます。　　　　(시점제약)
　　 b. 彼は心から友の成功を望んでいます。
　　 c. 彼は心から友の成功をお望みです。　　　(시점제약완화)
(12) a. ご主人はお出かけになります。　　　　　　(의지성 有)
　　 b. ご主人はお出かけです。　　　　　　　　(의지성 無)

(新屋(2014:74-81), 밑줄은 필자에 의함)

이를 토대로 新屋는 'お〜だ'의 존경어로서의 높은 사용빈도의 원인을 일본어의 명사지향성 외에도 동사문과 차별화된 '간결성(簡潔性)'이라는 형태상의 특징에서 찾고 있다. 더불어 본 형식을 사태내용(事態內容)과 사태생기(事態生起) 여부에만 초점이 맞춰진 독특한 경어표현으로 정의내리는 한편, 실제 대화에서의 장면(場面)적인 뒷받침을 통해 동사에서 관찰되는 다양한 문법형식의 분화(分化)가 불필요한 탈동사화(脫動詞化)의 사례임을 밝히고 있다[11].

---

11 '「お〜だ」は非過去形によって現在を表すものが大半であった。また、時感軸上

이상과 같은 新屋(2003, 2014)의 견해는 'お명사문'의 성립 및 사용 배경에 대해 일본어의 명사지향성이라는 큰 틀 안에서 동사문과의 비교를 통해 접근하고 있다는 점에서 본고에 시사하는 바가 크다고 판단된다.

단, 新屋의 견해 중 몇 가지 사항에 대해서는 재고의 여지가 있다고 판단된다. 일례로 新屋는 'お~だ'를 '~'부분의 명사화 여부에 상관없이 통상적인 명사술어와 상이한 것으로 보고 'お~'의 명사성과 'お'와 'だ'의 결합여부를 중점적으로 부각시키고 있다. 그러나 본고에서는 '~'부분에 들어가는 요소, 즉 연용형명사야말로 본 구문형식의 성립에 있어 핵심적 역할을 담당하는 문법요소임을 주장하고자 한다. 나아가 접두사 'お'와의 결합 역시 핵심요소인 연용형명사의 문법적 특징에 따른 필연적인 결과임을 밝힘으로써 본 형식이 명사문과 동사문의 경계를 이루는 특수한 형태의 존경어표현으로 귀결되는 이론적 근거를 이하 제시하고자 한다.

への位置づけよりも専ら眼前の状況を叙述するという趣のものや、テンスに無関心なものもあった。無標の非過去形で表され、事態内容や事態生起の否認のみに関心を示すものである。(中略)場面の裏付けがあれば、動詞の持つ多用な文末形式の分化はむしろ不要である。脱動詞化こそが「お~だ」の定着を促進しているとも考えられる'(新屋(2014:81))

4. 분석 및 고찰

상기한 바와 같이 新屋(2014:72)는 본고에서 규정하는 'お명사문'에 필적하는 'お~だ'의 명사술어적 성질과 'お~'에 대해 각각 (13), (14)와 같이 규정하고 있다.

> (13) 술어 'お~だ'는 '~'부분의 명사화 여부와 상관없이 통상적인 명사술어와 동일한 것이라고 볼 수 없다. 'お~だ'는 동사연용형을 중핵으로 하는 명사술어형식의 술어, 'お~だ'의 'お'와 'だ'는 양자가 합쳐져서 주체존경술어를 형성하는 요소인 것이다.[12]
>
> (번역 및 밑줄은 필자에 의함)
>
> (14) 'お~'는 'お持ちになる', 'お聞きになる'처럼 'なる'와 ニ격으로 결합하고 'お待ちをいただく', 'お待ちを願います'처럼 'いただく', '願う' 등과는 ヲ격으로 결합한다. 이 점에서 'お~'에도 어느 정도의 명사성은 인정되지 않으면 안된다.[13]
>
> (상동)

상기의 (13), (14)을 근거로 (15)에서 관찰되는 구문 정합성상의 상

---

12 '述語「お~だ」は「~」部分の名詞化いかんにかかわらず、通常の名詞述語と同じものとは言えない。「お~だ」は、動詞連用形を中核とする名詞述語形式の述語、「お~だ」の「お」と「だ」は、両者が相俟って主体尊敬述語を形成する要素なのである。'(新屋(2014:72))

13 '「お~」は、『お待ちになる』「お聞きになる」のように「なる」とニ格で結合し、「お待ちをいただく」「お待ちを願います」のように「いただく」「願う」などをヲ格で結合する。この点で「お~」にもいくぶんかの名詞性は認めなければならない。'(Ibid.)

위성의 배경에 접두사 'お'와 계사(본고에서 말하는 조동사) 'だ'의 결합으로 발현(發現)되는 'お~だ' 고유의 문법적 특징이 있음을 알 수 있다.

> (15) a. * お客さんが待ちだ。
> b. お客さんがお待ちだ。

그러나 이러한 新屋의 주장은 본 구문형식의 본질로서 접두사 'お'와 계사 'だ'의 결합을 지나치게 강조한 나머지 'お'와 결합하는 동사의 연용형에 대한 고찰이 제대로 이루어지지 않고 있다는 문제점을 내포하고 있다. 다시 말해 본 구문형식이 명사문임에도 불구하고 (16)과 같이 연용부사의 수식을 받으며 공기성분과 격관계를 유지할 수 있는 데에는 동사적 성질을 함의(含意)한 동사 연용형이 절대적 역할을 하고 있다고 봐야하기 때문이다.

> (16) a. あの方は重そうに荷物をお持ちだ。
> b. 先生がカラオケで楽しそうに歌をお歌いだ。　　　((9)의 재인용)

결국 본 구문형식의 본질을 명확히 규명하기 위해서는 접두사 'お'와 조동사 'だ'의 조합에 앞서 'お'와 결합하는 동사 연용형에 대한 상세한 고찰이 선행되어야 할 것이며, 이 때 본 구문형식에 있어서의 동사 연용형을 단순한 동사의 활용형 중 하나로 볼 것인가, 아니면 전성의 과정을 거쳐 명사화된 연용형명사로 볼 것인가에 대해서도 명확한 규정이 필요할 것이다. 본 구문형식을 'お~になる'나 'お~する'

등의 존경·겸양표현과 연속선상에 있는 존경표현으로 파악하고자 할 경우, 동사의 연용형으로서의 자리매김도 하나의 선택지는 될 수 있다. 실제로 新屋(2014:79)는 益岡(2009)[14]에서 논해진 행위주체의 행위성을 억제함으로써 자발성이 강조된 경어표현 'お+동사연용형+になる'의 의미특징이 본 구문형식과 평행적임을 지적하는 한편, 본 구문형식은 'する'로 인해 행위성이 함의된 'お+동사연용형+する'로는 치환될 수 없음을 강조하고 있다.

(17) a. あの方が[おいでになる / なっている]。

　　 b. あの方がおいでだ。

(18) a. 私はあの方をお誘いする。

　　 b. * 私はあの方をお誘いだ。

(新屋(2014:80))

그러나 'お～になる'와 'お～する'의 'お～'부분은 각각 '～になる'와 '～する'와의 결합을 통해 일정부분의 동사성(i.e.상태의 변화, 행위성)을 확보하고 있다고 보는 것이 타당할 것이며, 바로 이 점에서 동

14　'尊敬構文の重要な意味的特徴は所与の事態に自発性を付与することにより、さもなければ与えられるであろう行為性を抑制する(背景化する)ことである。事象の発生という意味での自発性を付与することにより、事態の主体である行為者(広義)が背景化されることになる。それが事態の主体に対する敬意につながるものと見られる。'(益岡(2009:10-11))

사성 확보를 위한 구문론적 여건이 여의치 않은[15] 'お명사문'과 이들
을 동일선상에서 비교분석하는 것은 다소 무리가 있다고 판단된다.

(19) a. 私はあなたが好きだ。 (단순 상태)
a'. 私はあなたが好きになった。 ('になる'와의 결합을 통한 동사성 확보)
b. 彼は小学生だ。 (단순 상태)
b'. 彼は小学生になる。 ('になる'와의 결합을 통한 동사성 확보)

여기서 한 가지 더 주목해야할 사실은 본 구문형식에 있어 접두사
'お'가 동사의 연용형과 결합해야 하는 근본적인 원인이 어디에 있느
냐는 것이다. 물론 접두사 'お' 또는 'ご'가 명사와 결합하여 일종의 미
화어(美化語)로서 존경어와 정중어 등의 경어표현으로 다용되고 있
음은 주지의 사실이나, 구문의 정합성을 결정지울 만큼의 강력한 문
법요소로서 작용하지 않음은 (20)의 동사성 명사와의 결합양상에서
도 엿볼 수 있다. 이 경우 'ご'와의 결합유무에 따른 정중도(丁寧度)의
차이는 있을지언정 구문의 정합성에는 하등의 영향을 주지 않는다.
이에 반해 (21)의 '求め'와 '探し'가 (20)의 '卒業', '在宅'와 동등한 구문
론·형태론적 지위를 획득하기 위해서는 'お'와의 결합이 필수적임을
알 수 있다.

---

15 조동사 だ는 서두에서 지적한 바와 같이 주어와 동사 이외의 명사술어를 이어주는
계사(繫辭, copula)에 지나지 않는다.

(20) a. 今年2月に高校を卒業です。　　　　　　　　　((5a)의 재인용)

　　cf. 先日のお客様。仙台の大学院をご卒業です。[16]

　　b. 社長は今在宅なんでしょう？　　　　　　　　　((5b)의 재인용)

　　cf. 藤原氏は今ご在宅なんでしょうか。[17]

(21) a. * 本日は何を求めですか。　　　　　　　　　　((4a)의 재인용)

　　cf. ok 本日は何をお求めですか。

　　b. * 誰かを探しですか。　　　　　　　　　　　　((4b)의 재인용)

　　cf. ok 誰かをお探しですか。

　이에 본고에서는 'お명사문'에 등장하는 동사 연용형을 단순한 동사의 활용형이 아닌 '연용형명사'[18]로 규정함과 동시에 접두사 'お'와의 필수적 결합의 이론적 배경을 연용형명사의 '명사로서의 불완전한 문법적 지위'에서 찾고자 한다.

　'연용형명사'란 동사의 연용형이 전성의 과정을 거쳐 어형의 변화 없이 명사화된 명사를 가리키며, 그간 다수의 선행연구(西尾(1961), 岡村(1995), 国弘(2002), 谷口(2006), 蔡(2009, 2010a, 2010b) 등)를 통해 다각도로 연구가 진행되어 오고 있다. 이들 선행연구에서 제시된 공통된 의견 중에 하나는 품사가 다른 품사로 전환되는 '전성(轉成)'의 과

16　https://www.facebook.com/mariesalon/photos/a.185309528257272/2135 998136521

17　https://context.reverso.net

18　'連用形名詞'(西尾1961), '動詞連用形名詞'(岡村1995), '連用形転成名詞'(国弘2002) 등의 용어로도 불리나 본고에서는 西尾(1961)에 따라 '연용형명사'를 사용하도록 한다.

정을 거쳐 동사에서 명사로 파생된 연용형명사는 명사화(名詞化)의 과정에서 원래 동사가 가졌던 어휘적 의미와는 다르게 해석된다는 점이다.

> (22) a. 彼は話すのが早い。 (=말이 빠르다)
>   b. 彼は話しが早い。 (=이해가 빠르다)
>   (谷口(2006:64), 해석은 필자에 의함)

이와 같은 현상에 대해 岡村(1995)는 동사가 지닌 '행위, 움직임, 작용'의 의미는 '動詞+こと(~하는 것)'이지만, 연용형명사는 이러한 '動詞+こと'가 아닌 행위가 이루어지는 '방식, 상태, 정도(方, 具合, 加減)'를 나타낸다고 하였다[19].

> (23) a. 洗濯物の乾きが早い。
>   = 洗濯物の乾き方が早い。
>   b. 船の揺れが心地好い眠りを誘う。
>   = 船の揺れ具合い(加減)が心地好い眠りを誘う。
>   c. このあたりは川の流れが早い。
>   = このあたりは川の流れ方が早い。
>   (岡村(1985:74-77), 필자에 의한 재구성)

---

19 岡村는 이러한 연용형명사를 '전형적인 연용형명사(典型的連用形名詞)'로 규정하는 한편, '동사+こと'의 의미처럼 행위의 내용을 나타내는 부류는 여기에 포함시키지 않고 있다.

이러한 연용형명사의 의미적 특성은 본 명사의 구문론적 특징에
도 영향을 끼친다. 상기의 岡村의 주장에 따르면 (24b)의 '走り'는 의미
적으로 '달리는 법·모습(走り方)'를 나타내므로 공기하는 형용술어와
의 연어(連語)적 결속성에 의해 (24b,c)처럼 구문의 정합성이 갈린다.

    (24) a. 走ることは体に良い。
        b. 走りがいまいちだ。
        c. * 走りは体に良い。

(岡村(1985:75), 필자에 의한 재구성)

한편 高橋(2011)에서는 상기의 (22b) '彼は話しが早い'와 같은 예문
의 경우, 岡村와 谷口의 견해와는 달리 '이해도가 빠르다'는 의미 외에
도 '말이 빠르다'라는 의미(i.e.動詞+こと의 의미)로도 해석될 수 있음
을 밝히고 있다. 더불어 이 경우 술어형용사('早い')가 연용형명사의
의미결정에 어떠한 영향력을 행사하고 있는 것은 아닌가라는 의견을
피력하고 있는데 이는 바로 위에서 지적한 형용술어의 연어적 결속
성과 연속적이라는 점에서 대단히 흥미롭다.

이상을 종합해보면 연용형명사는 불완전한 의미결정으로 인해 격
성분으로의 사용에 제약을 받거나((24c)), 공기하는 요소에 의해 의미
기능이 결정((22b, 24b))되는 등 형태론적으로는 명사이면서도 일반
적인 명사와는 사뭇 다른 '명사로서의 불완전한 지위'가 노정(露呈)된
다고 볼 수 있다. 따라서 이러한 연용형명사의 명사로서의 불완전성
을 보완할 일종의 구문론적 장치가 필요하다고 볼 수 있는데 본고에

서는 이러한 역할을 수행할 중요한 문법요소로 접두사 'お'를 상정하고자 한다.

일례로 접두사 'お'와 연용형명사의 조합은 앞서 언급한 新屋의 견해와는 달리 'だ'와 공기하지 않더라도 격성분이 되거나 연체수식의 형태로 사용되는 용례를 쉽게 찾을 수 있다. 이 경우 특히 주목할 점은 'お+연용형명사'가 모두 '動詞＋こと'의 의미로 해석되어 공기요소와 격관계(엄밀히 말해 意味的格關係)를 맺고 있고 존경표현의 장면에서 사용되고 있다는 사실이다.

(25) a. お求めの品は「ハラシンカフェ」でもお召し上がりいただけます。[20]

　　　cf. ＊求めの品は「ハラシンカフェ」でもお召し上がりいただけます。

　　b. 開示等のお求めをご本人が行う場合。[21]

　　　cf. ＊開示等の求めをご本人が行う場合。

　　c. お探しのページが見つかりません。[22]

　　　cf. ＊探しのページが見つかりません。

　　d. お探しが長期になってしまいましたが、良いご提案が出来たと思います。[23]

　　　cf. ＊探しが長期になってしまいましたが、良いご提案が出来たと思います。

20　https://www.hnhd.co.jp/oldrireki/oldtopic/tochio/tochio.htm

21　https://tokki.canon/privacy/suspension.html

22　https://www.gov-online.go.jp/etc/404.html

23　https://www.c21-sh.com/voice/1502.html

(26) a. お求めの品は「ハラシンカフェ」でもお召し上がりいただけます。

(lit. 品をお求めになる)。

b. 開示等のお求めをご本人が行う場合。

(lit. 開示等をお求めになる)

c. お探しのページが見つかりません。

(lit. ページをお探しになる)

d. お探しが長期になってしまいましたが、良いご提案が出来たと思います。

(lit. (何かを)お探しになる)

이상을 근거로 연용형명사와 결합하는 접두사 'お'는 아래의 측면에서 연용형명사의 불완전성을 보완하고 있다고 보는 것이 합리적인 추론일 것이다.

(27) a. 연용형명사의 유동적 의미를 '動詞+こと'로 의미론적으로 고정.
   b. a를 통해 공기요소와의 격관계 성립을 구문론적으로 보완.
   c. 상대방의 행위에 대한 의무적 경의(敬意)를 화용론적으로 표시.

여기서 한 가지 유의할 사항은 연용형명사와 결합하는 접두사 'お'는 동사적 명사와 결합하는 접두사 'ご'와는 성격을 달리한다는 점인데, 이는 후자의 경우 단독으로도 동사성을 나타낼 수 있는 동사적 명사와 결합하는 관계로 오로지 (27c)의 수행만을 요구받기 때문이다.

(28) a. 今年2月に高校を卒業です。 ((27a,b)적용 불필요)

　　cf. 先日のお客様。仙台の大学院を<u>ご卒業</u>です。 ((27c)만이 적용)

　　b. 社長は今<u>在宅</u>なんでしょう？ ((27a,b)적용 불필요)

　　cf. 藤原氏は今<u>ご在宅</u>なんでしょうか。 ((27c)만이 적용)

　또한 서두의 경어표현으로서의 자발성과 행위성 측면에서 'お～だ'와 'お～する'의 치환가능성을 부정한 新屋의 주장 역시 (27)에 제시한 연용형명사와 결합하는 접두사 'お'의 문법적 역할을 통해 새롭게 접근할 수 있을 것으로 판단된다.

(29) a. 私はあの方を<u>お誘いする</u>。

　　b. * 私はあの方を<u>お誘いだ</u>。 ((27c)에 저촉)

　다음으로는 위에서 논한 'お'와 연용형명사의 결합이 갖는 문법적 특징에 관한 분석을 바탕으로 'お명사문'의 다양한 동사구문형태와의 의미적 대응관계에 대해 살펴보도록 한다.

(31) a. 本日は何を<u>お求め</u>ですか。

　　(lit. 本日は何を<u>お求め</u>になりますか) (텐스)

　　(lit. * 本日は何を<u>お求め</u>になりましたか) (텐스)

　　(lit. ? 本日は何を<u>お求め</u>になっていますか) (아스펙트)

　　(lit. 本日は何を<u>お求め</u>になるのですか) (모달리티)

　　　　　　　　　　　　　　　　　　　　　　　　　((6)의 재인용)

新屋(2014)는 'お〜だ' 경어표현에 대해 시간성의 문맥의존성, 아스펙트와 시점의 중화(中和), 의지성의 부재(不在) 등을 이유로 행위성이 지극히 억제된 상황서술(況狀敍述)적 표현이라 정의내리고 있다[24].

(32) a. * 彼は心から友の成功を望みます。　　　　(시점제약)
　　 b. 彼は心から友の成功を望んでいます。
　　 c. 彼は心から友の成功をお望みです。　　　(시점제약완화)
(33) a. ご主人はお出かけになります。　　　　　(의지성 有)
　　 b. ご主人はお出かけです。　　　　　　　　(의지성 無)
　　　　　　　　　　　　　　　　　　　　((11)(12)의 재인용)

이러한 'お명사문'의 문맥의존적·상황서술적 성격은 동사술어문에 비해 다양한 텐스·아스펙트 형식 등과 같은 문말형식(文末形式)과의 공기시 많은 제약을 받는 명사술어문의 태생적 한계라고도 볼 수 있으나, 八木(2004)에 제시된 연용형명사의 결과상태해석에 대한 화용론적·수사법(修辭法)적 접근은 주목할 만하다.

八木(2014)는 우선 화용론적 관점에서 발화자와 청자가 명확히 설정되어 있고 이들 사이에 공통이해가 있다고 상정될 수 있는 상황에서는 연용형명사가 결과상태해석의 의미를 나타낼 수 있다고 주장하였다. (34b)에서는 '空いている'한 상황과 '空いていない'한 상황 중 하

---

24 '「お〜だ」は非過去形によって現在を表すものが大半であった。また、時感軸上への位置づけよりも専ら眼前の状況を叙述するという趣のものや、テンスに無関心なものもあった。'(新屋(2014:81))

나라는 양자택일적인 가변성이 화자와 청자 사이의 공통이해로 형성
되어 연용형명사의 결과의미해석으로 이어지고 있다.

> (34) a. * この缶ジュースは空きだ。
>   b.【大学のPCルームで、事務職員が、どのPCが使用可能かを尋ねる教員
>   に対して】
>   「部屋の一番奥のコンピュータが空きです」   (=空いている)
>   (八木(2014:101, 필자에 의한 수정))

　　더불어 수사법적 관점에서는 '시간적인 인과관계의 인접성(隣接
性, adjacency)에 근거한 초점의 이동'을 환유(換喩, metonymy)로 규
정한다면, 화자와 청자 사이에 환유가 성립될 수 있는 발화상황일 경
우 시간적 인접관계에 근거해 변화의 결과 국면(局面)이 초점화될 경
우 연용형명사가 결과상태로 해석된다. (35a)에서는 '今日'에 의해 초
점화되는 '空いた'의 국면은 변화(i.e.空いていない상태에서 空いている
한 상태로의 변화)인데 반해, (35b)에서 초점화되는 부분은 결과상태의
국면이다. (36)에도 동일한 원리가 적용된다.

> (35) a. 203号室が今日空いたよ。   (≠空いている)
>   b. 203号室が現在空きだよ。   (=空いている)
>   (八木(2014:109), 필자에 의한 수정)
> (36) a. 先生はご自宅にお戻りになった。   (=戻っている)
>   b. 先生はお疲れだ。   (=疲れている)
>   (八木(2014:110), 필자에 의한 수정)

이상과 같은 八木의 연용형명사의 결과상태해석에 관한 화용론·수사법적 접근은 연용형명사 자체가 결과상태라는 텐스·아스펙트성을 함의할 수 있다는 가능성과 함께 의미결정이 발화상황과의 조합(照合)을 통해 이루어짐을 시사한다는 점에서 'お명사문'의 문맥의존적·상황서술적 성향에 대한 분석에도 일정부분 원용이 가능할 것으로 판단된다. 'お명사문'의 실제사용용례인 (37)의 대화의 경우, 발화자는 청자(경의의 대상)의 행위를 직접 관찰한 후 질문을 하고 있다는 점에서 발화자와 청자 사이에는 일종의 공통이해관계가 성립하고 있음을 알 수 있다. 따라서 질문을 하는 화자도 답을 하는 청자도 모두 사태의 생기(生起)에 초점을 맞춘 내용을 중심으로 대화를 진행하게 된다. 바로 이러한 점이 상대방과의 직접대면 장면에서 활발히 사용되는 간결한 경어표현으로서의 본 구문형식의 위상을 나타낸다고 판단된다.

(37) A: どこかお出けですか。
　　　B: ええ、ちょっとそこまで。

5. 맺으며

이상 본고에서는 일본어의 'お명사문'을 대상으로 일반적인 동사문과의 유사성과 상위성을 중심으로 그 특징과 경어표현으로서의 위상에 대해 살펴보았다. 특히 본고에서는 연용형명사를 'お명사문'의 문법적 특징을 규정짓는 핵심요소로 간주하여 분석을 진행하였으나,

본 구문형식의 제상을 적확히 파악하기 위해서는 연용형명사에 대한 보다 심도 있는 분석과 고찰이 요구되며, 연구방법론적으로도 구문론, 의미론, 화용론 등의 다양한 견지를 균형 있게 채택한 연구가 이루어져야 할 것으로 생각한다. 지면관계상 이번 연구에서 미처 다루지 못한 본 구문형식과 관련된 다양한 경어표현에 대한 분석 및 고찰은 금후의 과제로 삼고자 한다.

참고문헌

한국문헌

蔡盛植(2009), 「〈名詞〉に潜在する〈動詞性〉について―〈動詞的名詞〉を含む連体修飾表現を中心に―」, 『日本語文學』43, 韓國日本語文學會, 207-231면.

_____(2010a), 「日本語名詞表現을 통해 본 名詞의 動詞性―〈動詞的名詞〉와 〈連用形名詞〉를 중심으로―」, 『日本研究』13, 고려대학교 일본연구센터, 291-310면.

_____(2010b), 「日本語の動詞連用形名詞に関する一考察」, 『日本文化研究』36, 동아시아일본학회, 487-509면.

_____(2019a), 「日本語敬語教育への新たなアプローチ」, 『日本語文學』83, 韓國日本語文學會, 95-110면.

_____(2019b), 「일본어의 명사문과 동사문의 경계에 관하여―'お명사문'을 중심으로―」, 『日本文化研究』49, 동아시아일본학회, 131-149면.

_____(2019c), 「일본어 경어표현에 등장하는 전성명사에 관하여―용언에서 체언으로의 전성을 중심으로―」, 『日本語教育』90, 한국일본어교육학회, 153-164면.

외국문헌

岡村正章(1995), 「「典型的な動詞連用形名詞」に関する考察」, 『上智大学国文学論集』, 上智大学, pp.73-89.

影山太郎(2010), 「動詞の文法から名詞の文法へ」, 『日本語学』29-11, 明治書院, pp.16-23.

国広哲弥(2002), 「連用形名詞の新用法は異常か」, 『言語』39-1, 大修館書店, pp.74-77.

新屋映子(2006),「形容詞派生の名詞「〜さ」を述語とする文の性質」,『日本語の研究』
　　2-4, 日本語学会, pp.33-46.

＿＿＿＿(2014),『日本語の名詞指向性の研究』, ひつじ書房.

沈晨(2013),「日本語連用形名詞の自立性の段階について」,『第4回コーパス日本語学ワ
　　ークショップ予稿集』, 国語国立研究所, pp.151-158.

高橋勝忠(2011),「動詞連用形の名詞化とサ変動詞「する」の関係」,『英語英米文学論輯：
　　京都女子大学大学院文学研究科研究紀要』10, pp.15-33.

谷口秀治(2006),「動詞連用形の用法について」,『大分大学留学生センター紀要』, 大分大
　　学留学生センター編, pp.57-66.

西尾寅弥(1961),「動詞連用形の名詞化に関する一考察」,『国語学』, 明治書院, pp.60-81.

西山佑司(1993),「「NP1のNP2」と"NP2 of NP1"」,『日本語学』10-12, 明治書院, pp.65-
　　71.

＿＿＿＿(2010),「名詞句研究の現状と展望」,『日本語学』29-11, 明治書院, pp.4-14.

益岡隆志(2009),「日本語の尊敬構文と内・外の視点」『「内」と「外」の言語学』, 開拓社.

三喜田光次(2004),「接頭辞「お」を冠した動詞連用形名詞の意味について」,『外国語教
　　育』, 天理大学言語教育研究センター, pp.19-40.

八木健太郎(2014),「連用形名詞の「結果状態解釈」に対する換喩分析」,『中央学院大学
　　人間・自然論叢』38, pp.95-115.

한일 통사론 대조연구의 방법과 의의

1. 서론

우리가 하나의 언어를 연구하기 위해서는 연구 수행 이전에 몇 가지 전제들을 갖고 있을 필요가 있다. 예를 들어 우리가 일본어를 연구하려고 할 때, 우리는 먼저 연구 대상을 명확히 해야 하고 그 대상을 어떤 측면(분야)에서 연구하겠다는 점을 명확히 할 필요가 있다. 다시 말해 그 대상에 대해서 의미적인 연구, 통사적인 연구 혹은 화용론적인 연구 등과 같이 연구 대상을 어떠한 측면에서 연구해 나갈 것인지를 명확히 해야 한다는 것이다. 물론 역량이 된다면 의미적인 연구와 통사적인 연구를 동시에 해 나가는 등의 방법도 있을 것이다. 언어에 대한 연구(특히 일본어학에 대한 연구)를 시작하기 전에 왜 이와 같이 연구의 대상과 분야를 명확히 할 필요가 있는지는 자명해 보이지만, 연구자의 길에 들어서고자 하는 후학들이 일본어학을 연구한다는 것에 대한 개념을 오인할 가능성이 있기에 본고에서는 일본어학을 연구한다는 것에 대한 개념, 특히 일본어와 한국어의 대조연구를 한다는 것에 대한 개념에 대해서 명시해 두고자 한다. 이러한 목적을 위해서 본고에서는 한국어와 일본어의 대조연구를 중심으로 하는 통사론이라는 분야를 구체적인 예로 삼아 대조연구를 하는 이유가 두 언어의 차이점과 공통점을 이해하고 보편적 언어의 규칙을 밝히는 작업이라는 점 그리고 이를 통해 교육과 인간의 언어시스템 규명에 기여하기 위함임을 명시하고자 한다.

일반적으로 한국어와 일본어, 또는 일본어와 한국어를 대조연구하는 작업에서는 두 언어의 차이점과 공통점 모두를 규명해 나가는 작업을 수행한다. 예를 들어 한국어 (1)에 대응하는 일본어가 (2)와 같이 나타난다는 사실을 관찰할 경우,

(1) 타로는 하나코를 좋아한다.
(2) a. 太郎は花子が好きだ。
   b.＊太郎は花子を好きだ。

한국어 (1)과 일본어 (2)의 대조를 통해 한국어와 일본어의 차이점과 공통점을 각각 (3), (4)와 같이 결론지을 수 있다.

(3) 차이점
    한국어 [좋아하다] 앞에 나오는 대격조사 [을/를]은 일본어 [好きだ] 앞에 오는 주격조사 [が]와 대응하여 나타난다.

(4) 공통점

한국어 [좋아하다]와 일본어 [好きだ] 앞에 오는 명사에는 조사가 붙는다.

다만 한국어와 일본어의 대조연구에 있어서 결론 (4)와 같이 두 언어의 공통점에 대해서 관심을 보이는 연구는 많이 찾아볼 수 없다. 그 이유는 한국어와 일본어의 차이점 (3)과 같은 사실은 한국인 일본어 학습자, 또는 일본인 한국어 학습자에게 도움이 되는 반면, 공통점 (4)는 한국어나 일본어에 어떠한 도움을 주는지 알 수 없다고 생각하기 때문이다. 그러나 한국어와 일본어의 공통점 (4)는 우리 인간의 언어 시스템 규명에 기여한다. 즉 (4)를 통해 '인간의 언어시스템은 술어와 연관된 명사 뒤에 조사를 붙인다고 가정할 수 있다. 앞으로 언어를 연구하는 연구자의 길로 들어서고자 하는 후학들은 이와 같은 가정에 대해서 정말 그러한가? 라는 의문을 품어야 할 것이며, 이에 앞서 '인간은 말을 만들고 사용할 수 있는 언어시스템을 갖고 있을 것이다'라는 기본적인 전제를 갖고 있어야 할 것이다.

다시 공통점 (4)로 돌아가서, 공통점 (4)를 통해 우리 인간이 술어와 연관된 명사 뒤에 조사를 붙이는 언어시스템을 갖고 있다고 가정한다면 (5)와 같은 영문은 설명할 수 없다.

(5) Taro likes Hanako.

왜냐하면 (5)의 영문에서는 조사를 찾아볼 수가 없기 때문이다. 그러므로 공통점 (4)는 한국어와 일본어 두 언어(혹은 조사를 갖고 있는 언어)에서만 나타나는 규칙이고 언어 보편성과는 무관한 규칙일 수 있다고 생각할 수 있다.

이하에서는 한국어와 일본어의 공통점((4)포함)들이 인간의 언어 시스템 규명에 기여한다는 사실을, 특히 고찰 수순과 각 수순의 의의에 대해서 지적하면서 소개하도록 하겠다.

2. 표면적 현상에 숨겨져 있는 보편성

1장에서 제시한 한국어 (1), 일본어 (2a), 영어 (5)에 대해서 아래 예문 (7), (8)과 같이 어순 뒤섞기를 할 경우 한국어와 일본어는 (7a, b), (8a, b)와 같이 적격성에 문제가 일어나지 않지만 영어의 경우 (6c)는 (7c), (8c)와 같이 부적격한 문으로 나타난다.

(6) a. 타로는 하나코를 좋아한다. (=(1))

　　b. 太郎は花子が好きだ。(=(2a))

　　c. Taro likes Hanako. (=(5))

(7) a. 타로는 좋아한다 하나코를.

　　b. 太郎は好きだ花子が。

　　c.*Taro Hanako likes.

(8) a. 하나코를 타로는 좋아한다.

　　b. 花子が太郎は好きだ。

　　c.*Hanako likes Taro.

이와 같은 한국어, 일본어, 영어의 어순 뒤섞기 현상에 있어서는 일반적으로 예측되는 수준에서 그 적격성과 부적격성이 유지되고 있는 것으로 보인다. 상호 대응하는 다른 한국어, 일본어, 영어 문장에서도 (6)-(8)과 같은 어순 뒤섞기 현상은 (9)-(11)에서와 같이 동일하게 나타난다.

> (9) a. 학생은 선생님에게 질문을 했다.
>
>   b. 学生は先生に質問をした。
>
>   c. The student asked a question to the teacher
>
> (10) a. 학생은 질문을 했다 선생님에게.
>
>   b. 学生は質問をした先生に。
>
>   c.*The student a question asked to the teacher.
>
> (11) a. 선생님에게 질문을 학생은 했다.
>
>   b. 先生に質問を学生はした。
>
>   c.*To the teacher a question the student asked.

(6)-(11)의 언어 사실로부터 우리는 다음 (12)와 같은 피상적인 분석을 할 수 있다.

> (12) 한국어와 일본어는 구성소(문 요소)들에 대해 서로 위치 변경이 가능하나, 영어는 구성소들의 상호 위치 변경이 불가능하다.

나아가 (12)와 같은 분석을 조금 더 면밀히 관찰하게 되면 다음과 같은 잠정적인 결론에 이를 수 있다.

(13) 명사 뒤에 조사가 붙는 한국어, 일본어와 같은 언어는 구성소들의 위치 변경이 가능하지만, 영어와 같이 조사가 나타나지 않는 언어에서는 위치 변경이 불가능하다.

위의 (13)과 같은 결론은 한국어, 일본어와 영어의 차이를 말해주는 내용이다. 결국 결론 (13)은 대조연구에 있어서 다른 언어의 차이점에 초점을 맞춘 결론이라고 할 수 있다. 이러한 결론은 상술했듯이 언어 교육에 기여할 수 있다. 여기서 우리가 한 발 더 나아가 본질적인 사실을 위한 연구를 추구해 나아가고자 한다면, 서로 다른 언어 간의 대조연구가 갖는 의의를 언어의 공통점으로부터 찾아나갈 필요가 있다.

우리는 (6)-(11)의 언어 사실과 이를 바탕으로 한 (13)의 결론을 토대로 조사가 나타나는 언어와 그렇지 못한 언어가 있음에 착목하여, 조사의 기능에 대해서 먼저 생각해 볼 필요가 있다. 한국어나 일본어의 문법 입문서나 언어학 사전을 통해서 조사의 기능을 명사가 문에서 어떠한 역할을 하는지 나타내는 마커라고 간략하게 정리할 수 있다. 이와 같은 조사의 일반적인 기능을 (13)과 결부시켜 고찰하게 되면 (14)와 같은 보편적인 결론에 이를 수 있게 된다.

(14) 한국어와 일본어 같은 언어에서는 명사가 문의 어떤 위치에 있어도 조사로 인해 해당 명사의 역할을 알 수가 있으므로 위치 변경을 허용하는 반면, 영어와 같이 조사가 없는 언어에서는 명사의 위치를 통해 그 역할을 확인하므로 위치 변화를 자유롭게 허용하지 않는다.

결론 (14)는 문에서 뒤섞기의 유무가 어떻게 이루어지는지에 대한 언어 보편적 사실을 언급하고 있을 뿐만이 아니라, 문에서 명사 구성소의 역할을 나타내기 위한 요소로서 조사와 위치를 이용한다는 인간의 언어시스템에 관한 사실도 함께 지적하고 있다.

3. 보편성을 염두에 둔 통사구조 대조연구 실례

朴(2004)는 일본어의 [V-始める]문과 한국어 [V-시작하다]문을 대상으로 통사론적인 대조연구를 통하여 재구조화 현상이라는 언어 보편적 사실을 제시하였는데, 이와 같은 연구 과정에서 2장에서 언급한 언어 보편적 결과인 (14)도 함께 얽혀 있다는 사실을 확인할 수 있다. 이는 인간의 언어시스템이 모듈로 얽혀 있음을 시사한다. 다만 통사론 분야에서 얽혀 있는 보편성이 의미론 분야의 보편성 혹은 화용론 분야의 보편성과 상호 연관되어 있다고 증명하는 일은 어려운 작업일 수 있기 때문에 연구 분야를 혼동하거나 혼합하여 연구를 진행하는 일은 신중할 필요가 있다. 10여 년 전부터 각 분야별 연관성을 밝혀보고자 하는 시도로 [~인터페이스]와 같은 테마의 연구들을 찾아 볼 수 있는데 그 결과물들이 우리의 언어시스템과 관련하여 얼마만큼의 영향력을 주고 있는지에 대해서는 아직까지 밝혀진 바 없는 것 같다.

본 장에서는 朴(2004)의 사례를 들어 한국어와 일본어의 대조연구를 작업해 가는 과정과 언어 보편성을 염두에 둔 연구 작업의 경우 2장에서 언급한 명사의 뒤섞기와 같은 보편적 규칙들이 연구 테마와는 무관하게 연구가 진행되는 과정 속에서 자연스럽게 얽혀 나타난 다는 사실을 지적하고자 한다.

3.1. 표면에 나타나는 형태적 관찰

朴(2004)는 한국어 [V-시작하다]문과 이와 대응하는 일본어 [V-始め る]문을 대조연구하여 두 언어의 차이점을 밝히는 한편 재구조화 현 상이라는 보편적 현상이 일어나는 통사적 환경을 제시하는 것을 연 구의 목적으로 삼았다. 이러한 연구 목적을 위해 먼저 한국어 [V-시작 하다]문과 일본어 [V-始める]문이 어휘 레벨에서 어떠한 공통점과 차 이점으로 나타나는지를 아래와 같이 살펴보았다.

〈표.1〉 한일 양언어의 어휘적 대응관계 (2004:271)

	自動詞	他動詞	※受身形
開始	始まる：始作되다	始める：始作하다	始められる：始作되다
繼續	続く：繼續되다	続ける：繼續하다	続けられる：繼續되다
終了	終わる：끝나다	終える：끝내다	終えられる：끝나다
	自動詞	他動詞	※受身形
開始	開始する：開始되다	開始する：開始하다	開始される：開始되다
繼續	継続する：繼續되다	継続する：繼續하다	継続される：繼續되다
終了	終了する：終了되다	終了する：終了하다	終了される：終了되다

표1을 통해 한국어와 일본어 어휘는 1대 1의 대응관계로 나타난다는 사실과 함께, 어휘의 형태적인 측면에서 일본어는 고유어로 나타나는 반면 한국어는 [한자+고유어(되다/하다)]와 고유어(끝나다/끝내다)로 나타나는 차이를 보인다는 사실을 관찰할 수 있다. 또한 양 언어 모두 한자를 사용하여 개시, 계속, 종료를 나타낼 수 있는 반면 일본어의 경우는 자·타동사의 형태적 대립을 보이지 않는다는 사실을 관찰할 수 있다.

표1의 분석에서 알 수 있듯이, 어휘 레벨에서의 대조연구는 두 언어가 형태적으로 어떠한 공통점과 차이점을 갖고 있는지에 대해서는 지적할 수 있는 반면, 이것이 인간의 언어시스템에 어떻게 영향을 미칠 수 있는지에 대해서는 시사해 주는 바를 찾기 어려워 보인다. 그럼에도 불구하고 朴(2004)에서 어휘 레벨의 형태적인 공통점과 차이점을 개략적으로 명시한 이유는 어휘적인 대응 관계를 갖고 있다는 사실이 전제되어야 문 레벨에서 두 언어의 대등한 대조연구가 가능하기 때문이다. 이러한 어휘 레벨에서 나타나는 형태적인 공통점과 차이점의 인식을 통해 한국어 [시작하다]문과 일본어 [始める]문이 (15)-(17)과 같이 동일하게 대응하여 나타난다는 사실을 어려움 없이 받아들일 수 있게 된다.

(15) a. 철수가 공부를 시작했다.

　　b. 太郎が勉強を始めた。

(16) a. 어머니가 케익을 만드는 일을 시작했다.

b. *母がケーキを作ることを始めた。*

(17) a. [어머니가 [[PRO 케익을 만드는]일]을 始作했다]

b. [*母が* [PRO ケーキを作る]こと]を始めた] (2004:271)[1]

(15)는 단문의 [시작하다]문과 [始める]문을 보여주고 있으며, (16)은 보문소 [일/こと]로 내포문을 표시하고 있는 복문이다. (17)은 (16)의 통사구조를 보여주고 있다. 복문인 (16)이 보여주고 있는 [시작하다/始める]문과 아래의 (18)의 대비되는 현상을 통해 한일 두 언어의 동사 [시작하다]와 [始める]는 내포절에 대격을 부여해야 한다(혹은 대격과 연결되어 있다)는 제약이 있음을 알 수 있다.

(18) a.*어머니가 케익을 만드는 일Ø 始作했다.

b.**母がケーキを作ることØ始めた。*

(18)에서도 알 수 있듯이 한일 양 언어의 동사 [시작하다]와 [始める]가 본동사로 기능하는 경우 내포절에 가시적인 대격을 부여하지 않으면 모두 부적격한 문으로 나타나고 있다. 이는 동사와 목적격 혹은 주격이 상호 연결되어 있다는 보편적인 언어 사실이 [시작하다]문과 [始める]문의 통사구조와 상호 연관되어 있음을 보여준다.

한편 동사 [시작하다]와 [始める]에는 위와 같이 본동사로서 기능하

---

1 3장에서 사용되고 있는 내용들과 모든 예문들은 朴(2004)를 그대로 인용하고 있다. 이하 인용 표시를 생략함.

는 문을 이루는 경우 이외에 보조동사로서 기능하는 복문 유형이 있다(이하 이러한 [始める]문을 [V-始める]문, [시작하다]문을 [V-시작하다]문으로 표시함). 이러한 일본어의 [V-始める]문은 (19), (20)에서 알 수 있듯이 한국어로는 두 개의 [V-시작하다]문으로 나타낼 수 있다.

(19) a. ライオンがウサギを食べ始めた。
b. 사자가 토끼를 먹기Ø 시작했다.
c. 사자가 토끼를 먹기를 시작했다.
(20) a. 金子さんが鐘をつき始めた。
b. 카네코씨가 종을 치기Ø 시작했다.
c. 카네코씨가 종을 치기를 시작했다.

(19b), (20b)와 (19c), (20c)의 차이는 동사 [始める]와 [시작하다]의 보부(補部)([V], [V-기]) 뒤에 대격이 나타나는지 여부에 있다.[2] 이에 따라 [V-始める]문과 [V-시작하다]문의 대응관계는 아래의 (21)과 같이 나타낼 수 있다.[3]

---

2 [V-기-시작하다]문이 [V-기-를-시작하다]문에 나타나는 대격 생략문이 아니라는 사실은 시간 부사를 나타내는 표현이 동일한 위치에서 서로 다른 통사현상을 보인다는 점에서도 알 수 있다.
·*사자가 토끼를 먹-기 아침부터 시작했다.
· 사자가 토끼를 먹-기-를 아침부터 시작했다.
3 이하, (19b-20b)와 같은 유형을 [V-기-시작하다]문, (19c-20c)와 같은 유형을 [V-기-를-시작하다]문이라고 함.

(21) [V-始める]문 ⟨ a. [V-기-시작하다]문
b. [V-기-를-시작하다]문

또한 [V-始める]문과 [V-시작하다]문은 다음과 같은 차이를 보이고 있다. 먼저 [V-始める]문은 (22)와 같이 V와 [始める] 사이에 [こと·の]나 대격이 나타나도록 허용하지 않는다.

(22) a.*ライオンがウサギを食べを始めた。
b.*ライオンがウサギを食べこと始めた。

한편 [V-시작하다]문은 (23)에서 보여주고 있는 바와 같이 V와 [시작하다] 사이에 [기]가 나타나는 것이 의무적이며, 대격은 나타나는 경우와 나타나지 않는 경우가 있다. (23a)는 V와 [시작하다] 사이에 [기]가 의무적이라는 사실을 보여주는 현상이며, (23b)와 (23c)는 V와 [시작하다] 사이에 대격이 나타나는 경우와 그렇지 않은 경우를 보여주는 현상이다.

(23) a.*사자가 토끼를 먹-Ø-시작했다.
b. 사자가 토끼를 먹-기-시작했다.
c. 사자가 토끼를 먹-기-를 시작했다.

3.2. 선행연구의 검토와 문제제기

朴(2004)에서는 3.1.절에서와 같이 한국어와 일본어가 표면적으로 보여주는 형태적인 차이를 관찰, 제시한 다음 [V-始める]문, [V-시작하다]문과 관련한 선행연구를 검토하고 연구의 필요성을 보여주는 문제제기를 아래와 같이 하였다.

통사론 연구의 측면에서 일본어의 [V-始める]문과 한국어의 [V-시작하다]문의 선행연구를 살펴보면 이들 구문들이 컨트롤구조인지 혹은 상승구조인지를 언급한 (24)와 같은 통사구조를 제시하고 있다(影山(1993), 久野(1983), Shibatani(1973), 박(1984)).

(24) a. [NPi[PROi VP]始める/시작하다] (컨트롤구조)
　　 b.[NPi[ti VP] 始める/시작하다] (상승구조)

다시 말해 [V-始める]문과 [V-시작하다]문은 복문구조 안에서도 그 통사구조의 특징이 다른 문임을 제시하고 있다고 하겠다.

한편 [V-始める]문과 [V-시작하다]문은 위의 (24)와 같은 복문구조 외에도 다른 레벨에서는 복문이 아닌 단문으로서의 기능을 하는 통사구조를 보인다는 사실을 관찰할 수 있다.

보문소가 명시되어 있는 [こと]절의 내포문을 갖는 [始める]문과 [V-始める]문을 대비시켜 보면 두 구문의 차이점과 더불어 [V-始める]문이 통사적으로 단문의 기능을 수행하고 있음을 명확히 알 수 있다.

(25) 太郎がボールを投げることを始めた。

　　a. 太郎に(よって)ボールが投げられること(が始まった/*を始めた)。

　　(cf.*太郎に(よって)ボールを投げられること(が始まった/*を始めた))

　　b. 太郎に(よって)ボールを投げることが始められた。

　　c.*太郎に(よって)ボールが投げることが始められた。

(26) 太郎がボールを投げ始めた。

　　a. 太郎に(よって)ボールが投げられ始めた。

　　(cf.*太郎に(よって)ボールを投げられ始めた)

　　b.*太郎に(よって)ボールを投げ始められた。

　　c. 太郎に(よって)ボールが投げ始められた。

(27) ライオンがウサギを食べることを始めた。

　　a. ライオンに(よって)ウサギが食べられること(が始まった/*を始めた)。

　　(cf.*ライオンに(よって)ウサギを食べられること(が始まった/*を始めた))

　　b. ライオンに(よって)ウサギを食べることが始められた。

　　c.*ライオンに(よって)ウサギが食べることが始められた。

(28) ライオンがウサギを食べ始めた。

　　a. ライオンに(よって)ウサギが食べられ始めた。

　　(cf.*ライオンに(よって)ウサギを食べられ始めた)

　　b.*ライオンに(よって)ウサギを食べ始められた。

　　c. ライオンに(よって)ウサギが食べ始められた。

[こと]절을 내포하고 있는 [始める]문인 (25)와 [V-始める]문 (26)은 기본적으로는 선행연구에서 제시한 (24)와 같은 복문구조이므로 수

동형태 [られ]가 내포동사에 나타나게 되면 내포절의 목적어가 주격으로 바뀌는 격교체 현상이 나타난다. 예문 (25a)와 (26a)는 이러한 예상이 틀리지 않음을 보여주고 있다. 그러나 수동형태 [られ]가 [始める]에 나타나는 경우에는 [こと]절을 갖는 [始める]문과 [V-始める]문에서 서로 다른 통사현상을 보인다.

수동형태 [られ]가 [始める]에 나타나는 경우, [こと]절을 포함하는 [始める]문은 (25b)와 같이 내포목적어에 대격이 그대로 유지되는 경우에 한해 적격문으로 나타난다. 반면 내포목적어에 대격이 유지되지 않는 경우는 (25c)와 같이 부적격문으로 나타난다. 이와 같은 사실은 내포절이 하나의 섬과 같은 독립적인 범위를 갖고 있음을 보여주고 있다. 한편 [V-始める]문은 [こと]절을 갖는 [始める]문과는 달리 내포목적어의 대격이 주격으로 격교체가 일어나야만 적격한 문으로 나타난다. (26b)와 같이 내포목적어에 대격이 유지되는 경우는 부적격한 문으로 나타나지만, 격교체가 이루어져 주격으로 나타나는 (26c)는 적격한 문으로 나타난다. 즉 이 경우의 내포절은 하나의 섬과 같이 독립된 범위를 갖고 있지 않음을 알 수 있다. (26c)와 같은 [V-始める]문이 장거리수동화를 허용한다는 사실은 [V-始める]문이 다른 레벨에 있어서 단문으로서의 기능을 한다는 사실을 지지해준다. 예문 (27), (28)도 (25), (26)과 동일하게 설명된다.

한국어 [V-시작하다]문에 있어서도 복문의 일반적인 원칙에 반하는 단문의 기능을 보이는 현상을 관찰할 수 있다.

(29) 영희는 철수가 무언가를 먹었다고 생각했다.

　　a. 영희는 [철수가 아무것도 먹지 않았다고] 생각했다.

　　b.*영희는 [철수가 아무것도 먹었다고] 생각하지 않았다.

(30) a. [영희는 아무것도 먹-기] 시작하지 않았다.

　　b. [아무도 사과를 먹-기] 시작하지 않았다.

예문 (29)는 내포절이 [+Tense]의 속성을 갖고 보문소 [고]로 표시되는 복문이다. 이와 같은 복문에 동일절 요소 조건(clause-mate-requirement)을 적용해 보면 예상대로 (29a)는 적격문, (29b)는 비적격문으로 나타난다. 그러나 [V-기-시작하다]문인 (30)에 이러한 동일절 요소 조건을 적용해 보면 (30a), (30b)의 적격성으로부터 동일절 요소 조건이 적용되지 않음을 알 수 있다. 이러한 현상 역시 상술한 [V-始める]문과 마찬가지로 [V-기-시작하다]문이 다른 레벨에 있어서 단문의 모습을 보이고 있음을 지지해주는 현상이라고 할 수 있다.

이상과 같이 [V-始める]문과 [V-시작하다]문이 보여주는 단문으로서의 모습은 이들 구문에 재구조화 현상이 일어난다는 가정을 함으로써 설명할 수 있는 사실들이다.[4]

朴(2004)에서는 위와 같은 통사론 연구에 있어서의 [V-始める]문과 [V-시작하다]문과 관련된 선행연구와 선행연구에서는 다루지 않았던

---

4 재구조화 현상은 새로운 현상이 아닌 이미 몇몇 로망스계 언어에서 관찰되어 오고 있는 현상이다. 다만 한국어와 일본어와 같은 비로망스계 언어에서는 재구조화 현상과 이러한 재구조화 현상이 일어나는 구조적 환경에 대해 별로 언급되고 있지 않은 것이 현 실정이다.

현상에 대해 문제제기를 한 후 이러한 문제를 해결하기 위해 재구조
화 현상에 대한 통사적인 증거들을 아래 3.3.절과 같이 제시해 나간다.

3.3. 보편적 언어 현상을 제시하기 위한 통사적 증거

Rizzi(1978)에 따르면 문에서 재구조화가 일어날 때에는 내포동사
와 주절동사가 하나의 복합동사(complex-verb)로서 재분석된다.[5] 이
는 두 개의 주요부(핵)가 하나의 주요부로 된다는 점을 지적하고 있는
것으로 구조적으로는 복문이 단문이 된다는 사실을 의미한다.[6]

이와 같은 Rizzi(1978)의 생각을 따르면, 기저구조에서의 복문구조
와 재구조화된 단문구조를 각각 (31a), (31b)과 같이 가정할 수 있다.

5　Roberts(1997)에 따르면 재구조화에서 나타나는 복합동사(complex-verb)는 재구조
　화 현상의 결과물이며, 어휘레벨에서 형성되는 복합동사가 Spell-Out 되는 현상은
　아니다. 이는 하나의 주요부로부터 형태적으로 두 개 이상의 어가 실현되는 일이 없
　다는 제약에 의한 것이다. 즉 재구조화 현상으로 나타나는 복합동사는 통사적 요인
　으로 나타나는 요소로 어휘 레벨에서 형성되는 것이 아님을 의미한다.

6　이와 같은 분석은 재구조화가 통사적 현상임을 의미한다.

(31) XP/YP=절, X=주요부(핵)(V2)、Y=주요부(핵)(V1)

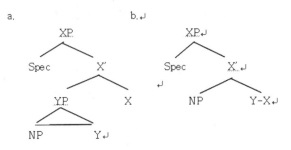

3.3.1. [V-始める]문의 재구조화 현상 증거

[V-始める]에서 재구조화 현상이 나타난다는 사실을 증명하기 위한 통사 현상으로 장거리 수동화 현상과 존경어법 현상을 들 수 있다.

일반적으로 수동화 현상은 하나의 절 안에서 나타나는 현상이다.

〈수동화 현상〉

(32) ライオンがウサギを食べ始めた。
　　 a.*ライオンに(よって)ウサギを食べ始められた。
　　 b. ライオンに(よって)ウサギが食べ始められた。

(33) 母がケーキを作ることを始めた。
　　 a. 母によってケーキを作ることが始められた。
　　 b.*母によってケーキが作ることが始められた。

예문 (33)이 나타내고 있는 사실은 수동형태 [られ]가 주절동사에 나타날 경우 속성을 취하는 보문소 [こと]로 표시되는 [+Tense]의 내

포절은 어떠한 영향도 받지 않는다는 것이다. 즉 이러한 복문의 내포
절은 일종의 섬(독립된 범위)을 이루고 있다고 생각할 수 있다. 그러나
3.1절의 예문 (19)의 [V-始める]문에 수동형태 [られ]가 주절동사 [始め
る]에 나타나는 경우에는 내포목적어에 주격이 나타나는 (32b)만 적
격한 문이 된다. 즉 [V-始める]문은 장거리 수동화 현상을 허용하고
있음을 알 수 있다. 이처럼 장거리 수동화 현상을 허용하는 [V-始め
る]문인 (32b)가 의미하는 사실은 (32b)가 단문으로서 기능하고 있다
는 것이다. 그러므로 (32b)의 현상은 (32)의 [V-始める]문에 다음 (34)
와 같은 재구조화가 일어났다고 생각함으로써 설명될 수 있다.

(34) ライオンがウサギを食べ始めた。
　　a. [s ライオンが [s (ライオンが) ウサギを食べ] 始めた]
　　b. [s [ライオン]が [Np ウサギ]を [y-x 食べ始めた]]

(34a)가 (34b)와 같은 재구조화를 거친다고 한다면 (32a)의 부적격
성과 (32b)의 적격성에 대해서는 다음과 같이 설명할 수 있다.

(35) a. [s [ライオン]が [ウサギ]を [食べ始めた]] (=(34b))
　　b. [ウサギ]が [ライオン]に(よって) [食べ始められた]
　　　 (cf. ライオンに(よって)ウサギが食べ始められた。(=(32b))
　　c.*[ライオン]に(よって) [ウサギ]を [食べ始められた]
　　　 (cf.*ライオンに(よって)ウサギを食べ始められた。(=(32a))

재구조화가 일어난 (35a)에 수동화가 적용되면 (32b)(=(35b))의 적

격성과 (32a)(=(35b))의 부적격성으로 나타낼 수 있다. 그러므로 (32)의 [V-始める]문은 재구조화 현상이 일어난 증거로서 제시될 수 있다.

다음은 존경어법(Honorification) 현상을 통해 [V-始める]문에 재구조화 현상이 나타난다는 사실을 제시해 보도록 하겠다.

久野(1983)가 지적하고 있듯이 [V-始める]문에는 적어도 (36), (37)과 같은 두 개의 존경어법이 가능하다.

> (36) 田中先生が日記を書き始めた。
> a. 田中先生が日記をお書きになり始めた。
> b. 田中先生が日記をお書き始めになった。
> (37) 田中先生が(坂道を)歩き始めた。
> a. 田中先生が(坂道を)お歩きになり始めた。
> b. 田中先生が(坂道を)お歩き始めになった。

久野(1983)는 [V-始める]문에 대한 이와 같은 두 개의 존경어법 현상은 [V-始める]문의 기저구조(자동사구조와 타동사구조)를 뒷받침하는 사실이라고 지적하고 있다. 그러나 존경어법 현상은 久野(1983)가 지적하고 있는 심층구조에 대한 증거라고는 할 수 없다. 왜냐하면 존경어법 현상은 (38)과 같이 수동문에서도 나타날 수 있기 때문이다.

> (38) a. 田中先生が(理事会に)お呼ばれになった。
> b. おじいさんが(深夜突然)病院にお運ばれになった。

전형적인 수동문이 심층구조에서 생성되는 문이 아니라고 한다면, (38)에 나타나는 주어와 존경형태의 일치관계는 표면적인 것이라고 할 수 있다.[7] 그러므로 (36b)와 (37b)의 표면구조는 각각 (39a), (39b)와 같은 단문구조를 상정할 수 밖에 없다.

(39) a. [田中先生が][日記を][お書き始めになった]
  (cf. 田中先生が日記をお書き始めになった。(=(36b))
  b. [田中先生が][坂道を][お歩き始めになった]
  (cf. 田中先生が(坂道を)お歩き始めになった。(=37b))

이처럼 존경어법 현상이 표면적인 현상이라고 한다면 (39)에서 보여주고 있는 존경어법 현상은 (36)과 (37)이 재구조화된 다음에 나타나는 사실이라고 생각할 수 있다. 그러므로 (36b), (37b)는 모두 (40)과 같은 재구조화가 일어난 구문이라고 할 수 있다.

(40)[[田中先生が[(田中先生が) 日記を読み]始めた]]
  →[s[田中先生]が[Np 日記]を[y-x 読み始めた]]
  cf. [田中先生]が[日記]を[お[読み始め]になった](=36b)
  [田中先生]が[坂道]を[お[歩き始め]になった](=37b)

[V-始める]문에 대한 이와 같은 주장은 아래의 (41), (42)가 보여주

---

7 이와 같은 사실은 존경어 형태와 주어의 일치는 심층구조와는 연관지을 수 없고, 심층구조와 표면구조의 일치관계는 구별되어야 함을 보여주고 있다.

는 두 구문의 대비로부터 경험적으로 지지받는다.

(41) a. 田中先生はチョムスキーの本しかお読み始めにならなかった。

b. ??田中先生はチョムスキーの本しかお読みになり始めなかった。

(42) a. 田中先生は漫画しかお描き始めにならなかった。

b. ??田中先生は漫画しかお描きになり始めなかった。

예문 (41)과 (42)는 존경어법 현상과 NPI(Negative Polarity Items) 현상을 겹치게 해 본 결과이다.

NPI 현상는 NPI와 부정어의 일치에 관한 현상이다. 이와 같은 NPI 현상은 일본어에 있어서는 [しか]와 같은 NPI와 부정어가 동일 절 내에서 일치 관계를 갖는 것을 요구한다. NPI와 부정어 사이의 이와 같은 제약을 생각하면, 존경어 형태가 [V-始める] 전체에 걸리는 [おV始めになる]문과 존경어 형태가 [V-始める]의 V까지만 걸치는 [おVになり始める]문의 NPI 현상을 비교함으로써 [おV始めになる]문과 [おVになり始める]문에 나타나는 절의 범위를 확인할 수 있다. 따라서 예문 (41)과 (42)에서 관찰할 수 있는 (41a)-(42a)와 (41b)-(42b)의 허용도의 차이는 [おV始めになる]문이 하나의 절로서 기능하고 있음을 보여주는 반면, [おVになり始める]문은 하나의 절로서 기능하기 어렵다는 사실을 의미한다고 할 수 있다.

이상과 같이 (41)과 (42) 사이에 존재하는 대비현상은 [おV始めになる]문에는 재구조화 현상이 일어나지만, [おVになり始める]문에는 재구조화 현상이 일어나지 않는다는 주장을 지지해준다.

3.3.2. [V-시작하다]문의 재구조화 현상 증거

본 절에서는 한국어 [V-시작하다]문에 나타나는 NPI 현상과 어구 삽입 현상을 들어 [V-시작하다]문에 재구조화 현상이 나타난다는 사실을 제시한다. 먼저 한국어에 나타나는 NPI 현상이다.

언급했듯이 NPI(Negative Polarity Item) 현상이란 기본적으로 동일절 내에서 부정극성어와 부정어가 존재하는지 여부를 묻는 현상이라고 할 수 있다(cf.시 1997). 예를 들어 (43a)는 동일절 안에서 부정어 [안]이 NPI [아무것도]를 허가하고 있으므로 적격한 문으로 나타나지만, (43b-c)에서는 부정어 [안]과 NPI [아무것도, 아무도]가 동일절 안에 존재하고 있지 않으므로 부적격한 문으로 나타난다고 설명할 수 있다.

> (43) a. 철수는[영희가 아무것도 안 먹었다고]생각한다.
> b.*철수는[영희가 아무것도 먹었다고]생각하지 않는다.
> c.*아무도[영희가 빵을 안 먹었다고]생각한다.　　　　　(=시(1997))

이러한 NPI 현상은 [V-기-시작하다]문과 [V-기-를-시작하다]문의 대비에서도 동일하게 나타난다.

> (44) a. 영희는[아무것도 먹기]시작하지 않았다.
> b.*영희는[아무것도 먹기를]시작하지 않았다.
> (45) a. 영희는[아무것도 사기]시작하지 않았다.
> b.*영희는[아무것도 사기를]시작하지 않았다.

[V-기-를-시작하다]문 (44b)와 (45b)의 부적격성은 동일절 안에서 NPI와 부정사가 일치(조응)하지 않는다는 사실로부터 예측할 수 있다. 그러나 [V-기-시작하다]문 (44a)와 (45a)는 NPI와 부정사가 동일절 안에서 일치관계를 갖고 있지 않음에도 불구하고 적격한 문으로 나타나고 있다.

이와 같은 사실은 [V-기-시작하다]문이 단문으로서 기능하고 있음을 지지하고 있는 현상이며, [V-기-시작하다]문에서 (46)과 같은 재구조화 현상이 일어났음을 지지해준다고 할 수 있다.

(46)[영희는[아무것도 먹기]시작하지 않았다]]
　　→[s[영희]는[Np무언가]를[y-x 먹기 시작했다]
　　cf.[영희]는[아무것도][먹기 시작하지 않았다](=31a)
(47)[영희는[아무것도 사기]시작하지 않았다]]
　　→[s[영희]는[Np무언가]를[y-x 사기 시작했다]
　　cf.[영희]는[아무것도][사기 시작하지 않았다](=32a)

[V-기-시작하다]문에서 재구조화가 일어난다는 사실은 어구 삽입 (parenthetic elements) 현상을 통해서도 지지받을 수 있다.

어나 구의 삽입 현상은 [V-기-시작하다]문과 [V-기-를-시작하다]문에서 다음과 같은 차이를 보인다.

(48) a. 비가, 너도 알다시피, 내리기(를) 시작했다.
　　 b.*비가 내리기, 너도 알다시피, 시작했다.

c. 비가 내리기를, 너도 알다시피, 시작했다.

(49) a. 사자가, 너도 알다시피, 토끼를 먹기(를) 시작했다.

b. 사자가 토끼를, 너도 알다시피, 먹기(를) 시작했다.

c.*사자가 토끼를 먹기, 너도 알다시피, 시작했다.

d. 사자가 토끼를 먹기를, 너도 알다시피, 시작했다.

문 수식 부사구 [너도 알다시피]가 삽입 가능한 구문상에서의 위치를 살펴보면 (48b-c)와 (49c-d)가 보여주는 것처럼 [V-기-시작하다]문과 [V-기-를-시작하다]문에서 차이를 보인다. (48b)와 (49c)의 부적격성은 V와 [시작하다]가 [V-시작하다]의 형태를 이루고 있음을 보여주는 현상이라고 생각할 수 있는 반면, (48c)와 (49d)의 적격성은 V와 [시작하다]가 각각 독립하여 기능하고 있음을 보여주는 현상이라고 생각할 수 있다. 이와 같은 사실로부터 [V-기-시작하다]문에는 재구조화가 일어나고 있으며, [V-기-를-시작하다]문에는 재구조화현상이 일어나지 않고 있음을 보여준다고 할 수 있다.

朴(2004)은 이상과 같이 [V-始める]문과 [V-시작하다]문에 재구조화 현상이 나타난다는 사실을 제시하고, 3.4.절에서와 같이 이러한 재구조화 현상의 과정을 정리하고 재구조화 현상이 일어나는 통사적 제약(환경)을 제시하고 있다.

3.4. 재구조화 현상을 위한 통사적 환경

지금까지 [V-始める]문과 [V-시작하다]문에서 재구조화가 일어나 이들 문이 단문으로서 기능하고 있음을 살펴보고, 재구조화 현상에 대한 증거를 제시하였다. 이와 같은 사실들에 대해서 다음과 같이 정리할 수 있다.

> (50) a. [V-始める]문은 재구조화가 일어나는 경우와 재구조화가 일어나지 않은 경우가 있다. 전자는 (32b), (36b), (37b), (41a), (42a)로부터 지지받으며, 후자는 (32a), (36a), (37a), (41b), (42b)로부터 지지받는다.
>
> b. [V-시작하다]문의 경우 [V-기-시작하다]문에서는 재구조화 현상이 일어나지만, [V-기-를-시작하다]문에서는 재구조화 현상이 일어나지 않는다. 전자는 (44a), (45a), (48b), (49c)로부터 지지받으며, 후자는 (44b), (45b), (48c), (49d)로부터 지지받는다.

(50)에서 눈여겨보아야 할 사실은 (50b) [V-시작하다]문에서 내포절에 대격이 나타나는 경우는 재구조화가 일어나지 않음을 보여주고 있다는 점이다. (50b)와 같은 고찰을 확장하게 되면, 재구조화 현상이 일어나는 통사적 환경을 다음과 같이 제시할 수 있다.

> (51) 내포절에 대격이 나타나는 복문구조에서는 재구조화 현상이 일어나지 않는다.

(51)이 의미하는 바는 복문에 있어서 주절동사의 보부에 나타나는 대격은 재구조화를 막는다는 사실이다. 이러한 사실을 조금 더 확장한다면, 대격이 나타나는 문에서는 재구조화 현상이 일어나지 않는다고 예측할 수 있다.

4. 결론

3장 朴(2004)의 연구를 실례로 통사론 분야에서 한국어와 일본어의 대조연구를 하는 방법론과 수순을 소개하면서 각 수순에 대한 의의를 지적하고, 결과적으로 인간의 언어시스템에 대한 고찰 결과를 제시하는 과정을 소개하였다. 특히 3장 (51)의 결론은 우리 인간의 언어시스템에서는 복문에 대격이 나타나는 경우 단문으로서 기능하지 못한다는 사실을 시사한다.

朴(2004)에서 알 수 있는 또 하나의 흥미로운 사실은 본 논문의 2장에서 언급한 대격이 나타나는지의 여부와 어순 뒤섞기가 상호 연관되어 있다는 사실을 여기에서도 다시 한 번 찾아볼 수 있다는 점이다. 이미 위에서 살펴본 바와 같이 일본어 [V-始める]문은 아래의 (52)와 같이 한국어 [V-기-시작하다]문과 [V-기[8]-을/를-시작하다]문으로 대응하여 나타난다.

---

8 많은 한국어 연구에 있어서 [기]는 명사화소로서 다루어지고 있으나, 여기서는 내포절을 표시하고 있다는 사실에 근거하여 보문소로 간주함.

(52) a. 太郎がメールを送り始めた。

　　 b. 타로가 메일을 보내기 시작했다.

　　 c. 타로가 메일을 보내기를 시작했다.

위의 (52)에서 1장에서 언급한 (52b)가 (52c)의 [을/를] 생략문일 가능성은 없는지에 대해서 다음과 같이 설명할 수 있다.

(53) a.*메일을 보내기 타로가 시작했다.

　　 b. 메일을 보내기를 타로가 시작했다.

(52b)가 (52c)의 생략문이라면 복원가능성 원리에 따라서 (53a)의 부적격성과 (53b)의 적격성과 같은 대비현상이 나타날 수 없다. 그러므로 (52a)-(52c) 구조는 각각 (54a)-(54c)로 생각할 수 있다.

(54) a. [s 太郎が [s 太郎がメールを送り] 始めた]

　　 b. [s 타로가 [s 타로가 메일을 보내]기 시작했다]

　　 c. [s 타로가 [s 타로가 메일을 보내]기를 시작했다]

또한 (54a)는 [*メールを送り太郎が始めた]와 같은 뒤섞기가 불가능하므로 (53a) [V-기-시작하다]문과 동일한 현상이라고 생각할 수 있다. 즉 (52)는 (54)와 같은 심층구조를 갖고 있다고 생각할 수 있다. 참고로 朴(2004)에서는 언급하지 않았으나 또 다른 통사 현상을 통해서 한국어 [V-기-시작하다]문과 [V-기-를-시작하다]문이 각기 다른 특징을 갖는 복문구조라는 사실을 명시할 수 있다.

(55) a. 원숭이도 나무에서 떨어지기 시작할 때가 됐지.

   → 관용표현의 의미해석도 나타남.

   b. [s 원숭이도i [s ti 나무에서 떨어지]기 시작할] 때가 됐지.

(56) a. 원숭이도 나무에서 떨어지기를 시작할 때가 됐지.

   → 문자 그대로의 의미해석이 나타남.

   b. [s 원숭이도i [s PROi 나무에서 떨어지]기를 시작할] 때가 됐지.

(57) a. 猿も木から落ち始める頃だろう。

   → 문자 그대로의 의미해석이 나타남.

   b. [s 猿iも [s PROi 木から落ち] 始める] 頃だろう。

(55)-(57)은 심층구조와 심층구조의 특징으로 나타나는 문의 통사
현상을 보여주고 있다. 다시 말해 (55a)에서는 [원숭이가 나무에서 떨어
진다]라는 관용표현이 [전문가도 실수할 때도 있다]와 같은 관용적인 의
미로 나타나기 때문에 (55b)와 같은 통사구조(상승구조)라고 할 수 있
는 반면, (56a), (57a)에서는 [원숭이가 나무에서 떨어진다]라는 관용표현
이 관용적인 의미가 아닌 문자 그대로의 의미로 나타나기 때문에 각
각 (56b), (57b)와 같은 통사구조(컨트롤구조)임을 확인할 수 있다.

이상 본고에서는 한국어와 일본어의 대조연구를 중심으로 하는
통사론이라는 분야에서 두 언어의 차이점과 공통점을 밝히고, 교육
과 우리의 언어시스템 규명에 기여할 수 있는 방법론과 수순을 朴
(2004)를 통해서 살펴보았다. 또한 대격 유무와 뒤섞기 현상과 같은
보편적인 언어 현상들이 고찰의 대상과는 무관해 보이는 [V-始める]
문과 [V-시작하다]문의 대조연구에 있어서도 상호 관련되어 있음을
살펴보았다.

참고문헌

한국문헌

朴塘一(2004), 「「V1-始める」文と「V1-始作hada」文の比較考察―再構造化現象を中心に―」, 『日語日文學研究』50, 韓國日語日文學會.

시정곤(1997), 「국어의 부정극어 허가조건」, 『언어』22-3, 한국언어학회, 471-497면.

Choe, H, S(1988), 「Restructuring in Korean」, 『語學研究』24-4, 서울대 어학연구소, 505-538면.

외국문헌

安藤貞雄(2000), 『生成文法用語辞典―チョムスキー理論の最新情報―』, 大修館書店.

小川芳樹(1999), 「日本語アスペクト動詞の自動性·他動性」, 黒田成幸·中村捷(編), 『ことばの核と周縁』, くろしお出版, pp.201-243.

影山太郎(1993), 『文法と語形成』, ひつじ書房.

久野 暲(1983), 「敬語の文法」, 『新日本文法研究』, 大修館書店, pp.5-36.

Burzio, L(1986), Restructuring Constructions, *Italian syntax*, Dordrecht: Reidel, pp.322-394.

Chomsky, N(1981), *Lectures on Government and Binding*, Dordrecht: Foris.

Fukuchi,H(1982), Restructuring and a Concept of Syntactic Transformation, *Gengo Kenkyu*, pp.65-90.

Goodall, G(1987), *Restructuring, Parallell Structures in Syntax*, Cambridge University. Press, pp.139-164.

Judith, A and Perlmutter, D(1976), Clause reduction in Spanish, In H. Thompson,

K. Whistler, V. Edge, J. Jaeger, R. Javkin, M. Petruck, C. Smeall and R. D.Van Valin Jr(eds.), *Proceedings of the Second Annual Meeting of the Berkeley Linguistic Society(BLS2)*, Berkeley, CA: Berkeley Linguistic Society, pp.1-30.

Kuno, S(1976), Subject Raising, In M. Shibatani(ed.), *Syntax and Semantics 5: Japanese Generativer Grammar*, New York: Academic Press, pp.17-49.

Miyagawa, S(1986), Restructuring in Japanese, In Takashi Imai and Mamoru Saito(eds.), *Issues in Japanese Linguistics*, Foris, pp.273-300.

Nishigauchi, T(1993), Long Distance Passive, In N. Hasegawa(ed.), *Japanese Syntax in Comparative Grammar : Linguistics Workshop Series 2*, Kurosio Publishers, pp.79-114.

Perlmutter, D(1970), The Two Verbs Begin, In *Reading in English Trasformational Grammar*, Jacob and Rosenbaum(eds.), Massachusetts: Ginn, pp.107-119.

Radford, Andrew(2004), *Minimalist Syntax: Exploring the Structure of English*, Cambridge University Press.

Rizzi, L(1978), A Restructuring Rule in Italian Syntax, In S.J.Keyser(ed.), *Recent Transformational Studies in European Language*, Cambridge, Mass.: MIT Press, pp.113-158.

Roberts, I(1997), Restructuring, Head Movement and Locality, *Linguistic Inquiry 28*, pp.423-460.

Shibatani, M(1973), Where Morphology and Syntax Clashi:A Case in Japanese Aspectual Verbs, *Gengo Kenkyu 64*, pp.65-96.

Wurmbrand, S(2001), Infinitives Restructuring and Clause Structure, *Studies in Generative Grammar 55*, Mouton de Gruyter, Berlin.

코퍼스 일본어 어휘 연구와 방법론

장원재

1. 어휘와 어휘론의 정의

    a. "일본어 고등학교 국어 교과서의 어휘수는 4000단어로…"
    b. "유감이란 어휘는 중국이나 한국의 고전에서는…"

위의 문장은 일본어 어휘를 다루는 논문이나 학술적인 서적에서 자주 접하는 문맥 및 내용으로 '어휘'의 용어의 의미를 잘못 사용한 예이다. 이를 올바르게 고치면 다음과 같다.

    a'. "일본어 고등학교 국어 교과서의 어휘량(단어수)은(는) 4000단어로…"
    b'. "유감이란 단어는 중국이나 한국의 고전에서는…"

'어휘'는 어떠한 기준에 의해서 모은(모인) 단어들의 유기적인 집합(체)이므로 a의 예는 '고등학교', '국어'라는 기준에 의해 모은 단어들이므로 그 '어휘'의 '수'는 1개이며 카운트하는 의미가 없다. 아마도 원 저자는 그 '어휘'에 속하는 단어의 수의 의미로 말한 것이므로 '단어수'나 '어휘'의 총량의 의미인 '어휘량'의 용어가 적합할 것이다. 그러면 b의 예도 자연스럽게 이해가 된다. '유감'이라는 단어는 1개의 단어이므로 '어휘'가 아님을 말이다.

위의 정의에 따르면 어휘론은 단어들의 유기적인 집합(체)에 대한 체계, 분포, 특징, 구성 등을 명확히 밝히는 연구 분야로 해석할 수 있으며, b에서 예시한 단어 연구는 엄밀히 정의하면 여기에는 포함되지 않는다. 다만 단어의 연구(語史·語誌 연구)는 일본어 어휘 연구의 고전적인 분야로 오랫동안 꾸준히 연구되어진 중요한 한 분야로서 성과가 상당히 축적되어 있고 어휘론이라면 관용적으로 이를 포함하여 정의한다.

2. 단어, 어휘의 연구 분야

어휘의 연구에는 2가지 측면이 있다. 하나는 질적인 측면이고, 다른 하나는 양적 측면이다.

질적인 측면은 어휘를 구성하는 단어(요소)가 어떻게 체계를 갖추고 있는가에 대한 측면을 본 것으로 '어휘체계론'이라고도 한다. 일본어학 개설서에 자주 예시로 드는 친족 어휘, 색채 어휘, 지시 어휘 등으로 대칭되는 그림이나 표의 형식으로 나타낼 수 있는 것들이다. 이는 소량의 어휘만을 체계화할 수 있기에 어휘 분야를 음운 분야나 문법 분야에 비해 열린 체계라고 하거나, 체계가 약하다고도 한다.

양적인 측면은 어휘조사를 통해 얻어진 단어의 다양한 통계 정보를 이용하여 어휘의 계량적 특징을 본 것으로 '계량어휘론'이라고도 한다. 어휘의 보편적 계량적 특징으로 유명한 사용빈도와 빈도순위의 합은 일정하다는 Zipf법칙, 문장의 종류와 품사 간의 법칙인 가바시마(樺島) 법칙, 사용빈도와 개별어수의 분포(L자 분포) 등의 연구 성과가 있다. 또한 조사대상인 언어작품에 따른 특징을 파악함은 물론이고 어휘의 분류방법에 따른 품사, 어종, 의미(분야), 기원(出自)의 특징, 그리고 단어가 사용되는 문장(문체), 사용법(位相)의 특징, 나아가 단어와 단어의 결합관계(어구성)의 특징도 계량적인 측면에서 다양한 연구 주제를 다루고 있다.

한편 단어 연구는 주로 2개 이상 단어의 의미, 용법에 대한 유사점과 차이점을 밝히는 유의어(반대어 포함) 연구와 단어사 연구로 대별될 것 같다. 전자는 「あがる」-「のぼる」나 「予想」-「予測」-「予期」와 같은 동일 어종끼리의 전형적인 유의어 연구는 물론, 「やど」-「旅館」-「ホテル」와 같이 어종의 특성과 관련성이 있는 연구(원어와 번역어)도 포함된다. 후자는 1개 단어 또는 몇 개 단어에 대해 고대(경우에 따라서는 근대)부터 현대까지 통시적(역사적)인 관점에서 의미, 용법의 변화와 그 변화 요인 및 배경을 밝히는 연구이다.

단어의 통시적 관점의 연구와 함께 어휘(단어의 집합)에 대한 통시적인 관점의 어휘사 연구도 간과해서는 안 된다. 음운사, 문법사 등과 함께 일본어사 연구의 중요한 한 분야이기 때문이다. 해당 시기의 어느 기준에 의해 모은 단어들을 시대별로 조사해야 함으로 수작업으로는 손쉽게 접근하기 어려운 대상이었으나, 대량의 코퍼스 구축(전자자료, 데이터베이스, 자세한 것은 다음 절 참조)으로 데이터의 입수가 수월해졌으며 다양하고 새로운 연구 영역의 개척이 이루어지고 있는 분야이다.

아래는 일본어 어휘 연구에 참고할 만한 개설서와 연구서를 간단한 코멘트와 함께 제시한다.

○ 일본어 어휘 연구 개설서 및 연구서

秋元美晴(2002),『よくわかる語彙』, アルク : 일본어교사를 위한 어휘 개설서로 중요한 부분이 잘 정리되어 있음. 그러나 2002년 출판으로 데이터가 오래되었거나 몇몇 오류가 보임.

沖森卓也·木村義之·田中牧郎·陳力衛·前田直子(2011),『図解日本の語彙』, 三省堂 : 책 제목에서 알 수 있듯이「図解」(그림, 표)로 쉽게 설명되어 있음. 최신자료 반영.

田中章夫(1978),『国語語彙論』, 明治書院 : 일본어 어휘 연구서의 고전.

佐藤喜代治編(1982),『講座日本語の語彙』, 明治書院 : 고대의 어휘부터 현대의 어휘까지를 망라한 어휘 연구 강좌물의 고전

飛田良文·佐藤武義編(2019),『シリーズ日本語の語彙』, 朝倉書店 : 고대 어휘부터 현대 어휘까지를 망라한 어휘 연

구 강좌물의 최신판

○ 그 외의 일본어학 강좌물의 어휘, 의미를 다룬 시리즈는 아래와 같음.

宮地裕(1989), 『講座日本語と日本語教育』, 明治書院

北原保雄監修(2002), 『朝倉日本語講座』, 朝倉書店

飛田良文編(2002), 『現代日本語講座』, 明治書院

安部清哉 외(2009), 『シリーズ日本語史』, 岩波書店

沖森卓也(2012), 『日本語ライブラリー』, 朝倉書店

3. 코퍼스 활용에서 코퍼스일본어학으로

앞서 설명한 단어 및 어휘의 연구는 코퍼스 활용 및 구축 이후 대량의 데이터를 기반으로 통계 기법을 구사하여 기존의 연구 결과 검증 및 새로운 연구 영역의 개발이 진행되고 있으며, 연구방향 또한 다양화되고 있다. 본 절에서는 코퍼스의 개념과 코퍼스 활용 및 구축의 역사, 그리고 현황에 대해 간단히 정리하도록 한다[1].

코퍼스(corpus)의 정의는 라틴어(몸)에서 유래된 영어로 '자료(집)'를 의미하고, 이는 20세기 후반에 컴퓨터의 개발과 보급으로 '어떤 특정자료가 전자화되어 기계가독형(machine-readable form)인 자료의 집합체'(코퍼스의 넓은 의미)가 된다. 예를 들면 나츠메소세키의 작품 전집을 전자화한 것이 넓은 의미의 코퍼스임인 셈이다.

---

1 일본어 코퍼스에 대한 자세한 사항은 장원재(2014)를 참조.

나츠메소세키의 전자화 자료를 대상으로 조사한 결과가 특정 작가의 특성을 파악하는 것이라면 나름 의미가 있으나, 대부분의 언어 연구는 해당 언어의 보편적인 체계 및 기능을 파악하기 위함이기에 특정 소설 작품이나 특정 문체 및 장르만이 아닌 해당 언어의 모집단을 기준으로 구축한 표본 자료가 필요하게 된다. 코퍼스언어학의 효시라고 불리는 Brown코퍼스가 그것으로 현재 일반화된 좁은 의미의 '다양한 문체와 장르 등을 고려하여 균형 있게 디자인(설계)된 대규모 기계가독형식의 자료의 집합체'가 된다.

일본어의 코퍼스 활용 및 구축의 역사는 영어는 물론 타 언어(한국어, 중국어 등)에 비해 비교적 늦은 편이었다. 1990년 초반 이후 아사히 신문사의 天声人語와 사설 데이터를 시작으로 각 신문사의 신문데이터(넓은 의미의 코퍼스)를 이용하기 시작하여, 2000년 이후에는 1990년대 후반의 경향을 이어 다양한 장르의 코퍼스들이 출현하게 된다. 이 시기 이후에 주목할 것은 일본 국립국어연구소를 중심으로 한 좁은 의미의 코퍼스들이 구축된 것이다. 그중 현대 일본어를 모집단으로 정교하게 디자인된 글말 균형코퍼스인 『현대 일본어 글말 균형코퍼스(現代日本語書き言葉均衡コーパス)』(Balanced Corpus of Contemporary Written Japanese, 이하 BCCWJ, 2011)를 꼽을 수 있다.

BCCWJ를 계기로 '일본어 코퍼스 활용'(넓은 의미)에서 '코퍼스일본어학[2]의 정착'(좁은 의미)이 되었다고 해도 과언이 아니다. 2020년

---

2 '언어학'에 대해 개별 언어인 일본어가 연구대상인 학문을 '일본어학'이라 칭하는

11월 1일 현재 BCCWJ를 활용한 논문은 1361편[3]에 이르는 정도가 되었기 때문이다.

BCCWJ 이후 국립국어연구소가 중심이 되어 다양한 코퍼스가 구축되었고, 현재도 진행 중에 있다. 주된 코퍼스는 다음과 같다.

- 일본어 입말 코퍼스(日本語話し言葉コーパス, CSJ): 661시간 분량, 약 750만 단어, 다양한 부가정보와 함께 음성 정보 제공. 단 강연 및 낭독이 대부분을 차지하고 자연담화는 적음.
- 일본어 일상회화 코퍼스(日本語日常会話コーパス, CEJC): 영상 포함 일상회화 입말 코퍼스. 2021년 구축예정. 현재 50시간 분량 모니터판 공개 중.
- 일본어 웹코퍼스(国語研日本語ウエブコーパス, NWJC): 일본어 웹문서를 모집단으로 100억 단어 규모. BCCWJ(1억 단어) 규모에서는 나타나지 않는 소수의 예를 찾을 수 있음.
- 일본어 역사코퍼스(日本語歴史コーパス, CHJ): 고대 만엽집부터 중고, 중세, 근세, 근대(1940년대)에 이르는 역사코퍼스. 2020년 3월 기준으로 1891만 단어 구축[4]. 『太陽コーパス』포함. 현재 구축 진행중.
- 중국어·한국어 모국어화자의 일본어학습자 종단 발화코퍼스(C-JAS): 일본어 학습자 6명을 대상으로 3년간 종단 조사를 실시. 데이터량은 약 46.5시간, 단어수는 약 57만 단어.

것과 같이 '코퍼스언어학'에 대해 일본어가 연구대상인 학문을 '코퍼스일본어학'으로 사용하고 있음.

3 일본 국립국어연구소 코퍼스 개발센터 BCCWJ의 "BCCWJ를 이용한 연구업적 일람"(https://pj.ninjal.ac.jp/corpus_center/bccwj/list.html) 참조.

4 일본어 역사코퍼스 단어 통계 홈페이지: https://pj.ninjal.ac.jp/corpus_center/chj/chj-wc.html

- 다언어 모국어 일본어 학습자 횡단 코퍼스(I-JAS): 12언어 모국어학습자 1000명을 대상으로 입말과 글말 데이터를 수집. 레벨별, 모국어별, 기능별, 학습환경별 비교 분석 가능.

또한 코퍼스 활용 및 코퍼스일본어학에 관심이 있다면 아래 서적을 참조하기 바란다.

- 장원재(2014), 『코퍼스를 활용한 일본어연구와 일본어교육연구』, 한국문화사: 필자의 코퍼스일본어학 개설서
- 石川慎一郎(2012), 『ベーシックコーパス言語学』, ひつじ書房: 영어코퍼스와 일본어코퍼스의 연구사례를 풍부하게 소개한 본격적인 코퍼스언어학 개설서[5]
- 荻野綱男·田野村忠温編(2011), 『講座ITと日本語研究』, 明治書院: 일본어학 코퍼스 활용 개설서의 첫 강좌물
- 前田喜久雄(2013~19), 『講座日本語コーパス』, 浅倉書店: 코퍼스일본어학의 첫 강좌물, 현대일본어균형코퍼스(BCCWJ) 프로젝트 연구 결과물
- 近藤泰弘·田中牧郎·小木曾智信(2015), 『コーパスと日本語史研究』, ひつじ書房: 일본 통시코퍼스(CHJ) 프로젝트의 첫 성과물(논문집),
- 李 在鎬외(2012), 『日本語教育のためのコーパス調査入門』, くろしお出版: 일본어 코퍼스 활용 입문서, 초급용

---

5 코퍼스언어학의 전문서적으로는 『概説コーパス言語学 手法·理論·実践』(Tony McEnery, Andrew Hardie著, 石川慎一郎訳, ひつじ書房)이 유익함.

- 迫田久美子외(2020), 『I-JAS入門』, くろしお出版: 학습자코퍼스 I-JAS의 활용법 및 연구 성과물
- 山内博之監修(2016), 『ニーズを踏まえた語彙シラバス』, くろしお出版: 일본어의 다양한 코퍼스를 기반으로 하여 어휘 실러버스를 검토한 연구서적

4. 코퍼스 기반 어휘 연구의 방법

어휘 연구를 수행하기 위해서는 경우에 따라 약간 다를 수 있으나 대략 아래의 절차를 따른다.

a.테마 설정→b.선행연구 검토→c.언어자료 수집 및 구축→d.가공→e.검색→f.집계 및 분석→g.고찰

위의 절차에서 a, b[6], g는 연구자 개인이 해결해 할 문제이고, 코퍼스 활용함에 있어서 주의해야 할 과정은 c, d, e, f일 것이다.

c. 언어자료 수집 및 활용:

'언어자료'를 여기서는 '코퍼스'로 대치하여 생각한다. 연구 테마에 적절한 코퍼스가 존재하는지를 코퍼스 리스트 및 코퍼스 연구 사

---

6 코퍼스를 활용한 선행연구에 대해서는 장원재(2014), 荻野綱男・田野村忠温編(2011) 『講座ITと日本語研究 コーパスの作成と活用5』, 국립국어연구소 코퍼스개발센터 각 코퍼스 홈페이지, 코퍼스 개발 성과보고서 등을 참조.

례 등을 참조하여 확인한다.

▶ 해당 코퍼스 무→연구자가 직접 구축해야 함(코퍼스 설계, 양, 전자
화 방법, 부가정보 등의 코퍼스 구축 방법은 코퍼스 입문서, 전문 서적을 참조)

▶ 해당 코퍼스 유→코퍼스 구축 범위와 방법, 부가 정보를 확인하
여 새로이 정보 부착 또는 가공 여부 결정, 그리고 검색 도구의 검색
방법과 주의사항 확인

d. 가공 ≒ e. 검색:

BCCWJ와 같이 원문 전체를 제공하지 않고[7] 검색 도구(쇼나곤少
納言, 추나곤中納言)를 통해 예문을 추출하는 방법은 검색 도구를 충분
히 이해하고, 추출한 예문을 연구자의 연구목적에 맞게 에디터나 엑
셀로 가공한다.

▶ 검색 도구: BCCWJ를 검색할 수 있는 도구는 쇼나곤(少納言),
추나곤(中納言), 다이나곤(大納言)이 있다. 다이나곤은 국립국어연구
소 코퍼스 관리자 및 연구소 소원, 그리고 허락된 사용자만이 사용할
수 있고, 쇼나곤은 회원 가입 없이 자유롭게 이용 가능하나 문자열 검
색만이 가능하고, 검색 결과는 500건만으로 제한된다. 다운로드도 불

---

7 BCCWJ의 원문이 담긴 DVD판을 유료로 제공하고 있으나 검색 툴이 제공되어 있
   지 않아 데이터를 사용하기에는 약간의 번잡함과 수고가 필요하다. 특별한 연구테
   마가 아닌 이상 추나곤으로 검색하는 것이 편리하다.

가능하다. 따라서 연구용으로는 추나곤을 사용하는 것이 일반적이다. 추나곤은 BCCWJ뿐만 아니라 타 코퍼스인 일본어 웹코퍼스(NWJC), 일본어 역사코퍼스(CHJ), I-JAS 등도 검색할 수 있기에 기본적인 기능을 알아두면 편리하다.

추나곤의 기본적인 검색 방법에 대해서는 연구소의 코퍼스 개발센터 홈페이지의 추나곤 매뉴얼과 튜토리얼 비디오[8]를 참조 바란다. 한 가지 주의해야 할 점은 추나곤은 코퍼스를 검색하는 도구이지 코퍼스가 아님을 명확히 인지하고, 논문에 인용할 경우는 코퍼스명과 추나곤의 버전[9]을 명시하는 것이 알기 쉽다. 원 데이터의 수정이 있을 수 있기 때문이다. 그리고 동일한 BCCWJ를 사용하여 명사, 동사의 문법적 특성이나 공기관계를 검색할 수 있는 NINJAL-LWP[10] 시스템도 BCCWJ의 DVD판 공개데이터(2011)를 사용하고 있기에 원 데이터의 수정이 가해진 추나곤의 결과와는 다를 수 있으므로 주의가 필요하다.

▶ 가공 도구: 추나곤의 경우 출력형식이 csv(comma-separated values)파일 형식, 즉 필드를 쉼표()로 구분한 텍스트 파일형식[11]이므

---

8 https://pj.ninjal.ac.jp/corpus_center/chu-00.html, https://pj.ninjal.ac.jp/corpus_center/tutorial.html, 장원재(2014)도 자세하게 소개하고 있음.

9 2020년 11월 현재, 추나곤 2.4.5버전으로 2020년 2월 갱신자료이다.

10 https://nlb.ninjal.ac.jp/

11 csv파일은 더블 클릭하면 엑셀이 열리도록 되어 있기 때문에 에디터로 열기를 할 때에는 에디터 아이콘에 드래그 앤드 드롭하거나 에디터에서 불러와야 한다.

로 엑셀로도 에디터로도 열기를 하여 가공할 수 있다. 엑셀은 기능면에서 익숙하고, 작업하기가 편하기 때문에 소량의 데이터와 부가정보를 가공하기에는 좋으나, 대량의 데이터를 취급하기에는 무리가 있다[12]. 향후 대량의 데이터를 다룰 가능성이 많이 있기 때문에 아무래도 에디터를 사용할 필요가 있다. 필자는 오랫동안 히데마루(秀ま る) 에디터[13]를 애용해 왔는데 그 이유는 확장성에 있다. 즉 어휘 연구에 유용한 매크로를 많이 제공하고 있기 때문이다[14]. 그러나 최근에는 csv형식의 빅데이터 처리에 따라 편리성과 (초)고속성에 특화된 Emeditor[15]를 사용하고 있다. 엑셀처럼 손쉽게 셀 복사 기능을 갖추면서도 정규표현(Regular Expression)을 사용한 고도의 필터 기능을 탑재하고 있어 빅데이터를 간단하게 가공, 추출, 치환할 수 있다.

f.처리(집계):

원문(raw 데이터)은 입수할 수 없고, 추나곤과 같은 콘코던서를 통해 지정된 예문만을 추출할 경우는 원하는 정보를 엑셀이나 에디터

---

12 셀 복사 기능의 편리함과 필터 기능을 통해 조건에 맞게 검색, 추출, 치환할 수 있음은 엑셀의 강점으로 꼽을 수 있으나, 제한된 와일드카드 문자 사용(?, *)과 최대 행수 제한(엑셀 2016 버전의 경우 1,048,576행)으로 빅 데이터를 다루기에는 한계가 있다.

13 https://hide.maruo.co.jp/index.html

14 히데마루 홈페이지의 매크로 라이브러리에 사용자들이 만든 매크로가 많다.

15 Emeditor(https://ko.emeditor.com/): 현재 v20.2.2을 사용할 수 있으며, 기능은 홈페이지 및 유튜브 참조.

로 가공하고 엑셀의 피벗테이블 기능을 이용하면 간단하게 집계 가능하다. 그러나 raw 데이터를 형태소분석기로 분석하여 각 단어의 빈도정보를 이용한 어떤 계량적인 특성을 파악하는 것이라면 언어연구용 분석 도구 및 통계처리가 필요하다.

▶ 형태소분석[16]

형태소분석기는 분석엔진과 분석사전으로 이루어져 있는데 현재 윈도즈용으로서 널리 이용되는 것으로는 표1과 같다.

〈표1〉 형태소분석기의 분석엔진과 분석사전

분석엔진	분석사전	실행프로그램(GUI판)[17]
JUMAN	JUMAN사전	-
차센(茶筅)	IPADic	Wincha
	Unidic	차마메(茶まめ)
Mecab(메카부)	IPADic	-
	Unidic	차마메(茶まめ)

---

16 장원재(2014:90-91)에서 인용.

17 GUI는 Graphical User Interface(그래픽 사용자 인터페이스)의 약자로 간단하게 말하면 마우스로 프로그램을 조작할 수 있는 메뉴 기반의 인터페이스이다. 이전 도스 창(명령프롬프트)에서 키보드로 명령어를 입력하는 인터페이스는 명령어를 외워야 하며 컴퓨터 초보자에게는 쉽지 않다. 표1의 「-」는 GUI판이 개발되어 있지 않다는 의미다.

형태소분석기의 분석사전은 첫째로 益岡·田窪의 문법체계(마스오카·다쿠보益岡·田窪, 1989)를 확장한 것이 JUMAN 사전이며, 둘째로 RWC데이터베이스[18]에 품사를 부착하기 위해 정보처리진흥사업협회(IPA)가 설정한 품사체계가 IPA 사전이며 이를 대폭 수정, 개량을 거듭한 것이 Unidic이다. 이에 각 사전에 따라 형태소 단위 및 품사 설정에 약간의 차이가 보이는데 아래는 『마음』의 앞부분인 「私はその人を常に先生と呼んでいた。だからここでもただ先生と書くだけで本名は打ち明けない。」를 분석한 예이다.

---

18 신정보처리개발기구(新情報処理開発機構, RWCP)가 공개한 데이터베이스로 백서, 보고서, 신문, 사전을 수작업과 프로그램으로 형태소분석을 하였다. 데이터는 http://www.jaist.ac.jp/project/NLP_Portal/doc/LR/lr-cat-j.html#jp:rwc-94-1를 참조.

解析結果

表示方法：3列簡易　2列通常　1列詳細　非表示

IPA辞書

表層文字	組成情報	種類
	BOS/EOS	BOS
私	名詞	0
は	助詞	0
その	連体詞	0
人	名詞	0
を	助詞	0
常に	副詞	0
先生	名詞	0
と	助詞	0
呼ん	動詞	0
で	助詞	0
い	動詞	0
た	助動詞	0
。	記号	0
だから	接続詞	0
ここ	名詞	0
でも	助詞	0
ただ	接続詞	0
先生	名詞	0
と	助詞	0
書く	動詞	0
だけ	助詞	0
で	助詞	0
本名	名詞	0
は	助詞	0
打ち明け	動詞	0
ない	助動詞	0
。	記号	0
	BOS/EOS	EOS

UniDic現代語版

表層文字	組成情報	種類
	BOS/EOS	BOS
私	代名詞	0
は	助詞	0
その	連体詞	0
人	名詞	0
を	助詞	0
常	名詞	0
に	助詞	0
先生	名詞	0
と	助詞	0
呼ん	動詞	0
で	助詞	0
い	動詞	0
た	助動詞	0
。	補助記号	0
だ	助動詞	0
から	助詞	0
ここ	代名詞	0
で	助詞	0
も	助詞	0
ただ	副詞	0
先生	名詞	0
と	助詞	0
書く	動詞	0
だけ	助詞	0
で	助詞	0
本名	名詞	0
は	助詞	0
打ち明け	動詞	0
ない	助動詞	0
。	補助記号	0
	BOS/EOS	EOS

JUMAN辞書

表層文字	組成情報	種類
	BOS/EOS	BOS
私	名詞	0
は	助詞	0
その	指示詞	0
人	名詞	0
を	助詞	0
常に	形容詞	0
先生	名詞	0
と	助詞	0
呼んで	動詞	0
いた	接尾辞	0
。	特殊	0
だから	接続詞	0
ここ	指示詞	0
でも	助詞	0
ただ	連体詞	0
先生	名詞	0
と	助詞	0
書く	動詞	0
だけ	助詞	0
で	助詞	0
本名	名詞	0
は	助詞	0
打ち明け	動詞	0
ない	接尾辞	0
。	特殊	0
	BOS/EOS	EOS

〈그림1〉각 형태소분석 사전에 따른 형태소분석 결과

위의 예를 살펴보면 사전에 따라 형태소 분할 단위 및 품사 분류가 다름을 알 수 있다. 형태소 분할 길이는 Unidic이 타 사전에 비해 비교적 짧고(常/に、だ/から), 품사 분류(私: 名詞, 代名詞, その: 連体詞, 指示詞 등)도 사전마다 약간 다르다. 이 이외에도 「実際の利益、実際そうする」의 명사 또는 부사 설정, 「困難」의 명사 또는 형용동사 설정, 접두사·접미사의 품사설정, 조사·조동사의 범위 설정 등 품사체계에 따라 다를 수 있으므로 이러한 차이점을 인지한 후에 사용해야 한다.

▶ 통계처리 및 프로그래밍

raw코퍼스에서 위의 형태소분석기를 이용하여 각 단어의 빈도 정보는 물론 다양한 부가정보를 얻을 수 있게 된다. 빈도 정보와 부가 정보를 통해 통계적인 수법으로 다양한 계량적 특성을 파악하게 되는데, 이 때 필요한 것이 통계 지식과 프로그래밍 지식이다. 물론 연구 목적에 맞는 적절한 분석 기능이 탑재된 분석 도구가 있다면 이를 이용해도 된다[19]. 그러나 진행하고자 하는 연구에 적합한 연구 방법 및 분석 수법이 이들 분석 도구들로 커버할 수 없음은 말할 필요도 없다.

---

19 대표적인 도구가 KH coder이다. KH coder는 텍스트 데이터의 계량적 분석이 가능한 고기능 분석 도구로 지속적인 업데이트와 관리가 이루어지고 있으며, 사용법이 자세하게 소개되어 있다. 각 단어의 질적, 양적 사용법을 알 수 있도록 KWIC콘코던스 기능은 물론 콜로케이션 통계, 고빈도단어 추출 기능이 있으며 공기네트워크, 판별분석, 클러스터분석 등 통계 분석이 가능하다.

대량의 코퍼스가 구축되기 이전에는 데이터 입수(데이터 작성)에 많은 시간과 노력을 들였던 반면 구축된 이후에는 공개된 데이터를 어떻게 추출, 가공하고 어떤 방법으로 분석할 것인지가 무엇보다 더 중요하게 되었다. 따라서 향후 연구자가 데이터를 원하는 방법으로 자유자재로 가공할 수 있고, 이를 통계적으로 분석하기 위해서는 프로그래밍과 통계 지식이 필요하다. 더욱이 새로운 연구 방법과 연구 영역 개발, 그리고 타 분야와의 융합적 연구에는 필수불가결의 지식과 능력이 된다. 필자가 일본 국립국어연구소의 통시코퍼스 구축 프로젝트(「通時コーパスの構築と日本語史研究の新展開」)에 참여하면서 이미 젊은 학문 후속세대들은 어떤 분야의 전공이든 기본적으로 갖추어야 할 지식이어야 함을 새삼 느끼곤 한다.

- 파이썬: 언어연구에서 사용된 프로그래밍 언어는 필자의 얕은 지식으로는 AWK→Perl→Ruby·python으로 변화되었음. 현재 파이썬은 라이브러리를 통한 확장성이 풍부해 상당한 범위의 것을 처리 가능함.
  淺尾仁彦(2013), 『言語研究のためのプログラミング入門: pythonを活用したテキスト処理』, 開拓社: 언어연구용 첫 파이썬 입문서[20]
- 통계처리는 통계에 특화되어 있는 R프로그래밍 언어도 있으나 파이썬 패키지로 통계 처리도 가능하며, 오래전부터 인문·사회과학에서 애용된 SPSS(통계 프로그램)를 사용해도 됨. 입문서가 많음.

---

20 첫 프로그래밍 입문이라면 일반적인 파이썬 입문서를 공부하고 난 후 공부하는 것

- 통계 입문서: 통계학 입문서는 예를 들 수 없을 정도로 많으나 언어연구에 초점을 맞춘 입문서는 아래 3권임. 참고로 필자는 대학원생 시절 『統計の はなし』大村平著로 입문.

  石川愼一郎외(2010), 『言語研究のための統計入門』, くろしお出版: 언어연 구를 위한 첫 통계학 입문서, 영어와 일본어 연구사례가 풍부함. 통계를 처음 접하는 입문자는 다소 어려울 수도 있음.

  金明哲(2009), 『テキストデータの統計科学入門』, 岩波書店: 수식이 많아 약간 난이도를 느낄 수도 있음. 石川愼一郎외(2010)를 먼저 공부하고 읽 을 것.

  島田めぐみ・野口裕之(2017), 『日本語教育のためのはじめての統計分析』, ひ つじ書房: 일본어교육을 위한 통계학 입문서로 연구사례가 일본어교육 학임. 검정에 대한 해설이 많은 분량을 차지.

5. 코퍼스 기반 어휘 연구의 사례

일본어학 연구에 코퍼스 구축과 활용이 일반화됨에 따라 코퍼스 일본어학이 점차로 정착되기 시작하였고, 코퍼스 이용에 따른 일본 어(어휘) 연구법도 타 학문과의 융합을 통해 다양한 방법으로 개발, 모색하고 있다. 본 절에서는 지면 제약과 필자의 지식 부족으로 필자 의 관심분야이면서 어휘의 연구 범위에서도 소개한 [단어]-[통시], [어 휘]-[계량](통시)과 관련하여 코퍼스의 이점을 통해 기존의 방법보다는 보다 효율적이면서 새로운 연구가 가능한 연구 사례의 일례를 소개

이 좋을 수도 있음. 초등학교 코딩교육 의무화로 알기 쉬운 파이썬 입문서 많음.

하기로 한다.

5.1. 단어사 연구: 1語 10年에서 1語 1年으로

단어사(어사) 연구는 앞서 소개하였듯이 어휘 연구의 고전적인 분야로 많은 연구 성과가 축적되어 있다. 『日本国語大辞典』(小学館)의 '語誌'란의 기술도 그 성과의 일부분이고, 佐藤喜代治編(1982)의 『語彙研究文献語別目録』, 『近代漢語研究文献目録』(李漢燮, 東京堂出版), 『明治のことば辞典』(惣郷正明, 東京堂出版), 『幕末・明治初期漢語辞典』(佐藤享, 明治書院) 등의 각 단어에 대한 용례 사전 및 연구 목록도 연구 성과의 축적물이다. 그리고 1단어에 대한 역사를 책 1권으로 기술한 『一語の辞典シリーズ』(三省堂)는 일본어 단어사 연구의 깊이를 엿볼 수 있다.

단어사를 연구하는 연구자들끼리는 '1단어 10년'이란 말이 있었다. 즉 1단어의 역사를 연구하는 데에는 10년이란 세월이 걸린다는 의미로 단어사 연구의 무게를 짐작할 수 있다. 위에서 소개한 『一語の辞典シリーズ』를 읽다보면 그러한 과정을 통해 얻어진 결과물임을 어떠한 의심 없이 자연스레 납득할 수 있게 된다. 그러나 이러한 연구 상황은 (좁은 의미의)코퍼스 구축이 진행됨과 동시에 언어 자료(사전)를 데이터베이스화하거나 그림파일, pdf파일 형식으로 무료로 제공하는 등의 언어자원(言語資源)의 공유화가 확장됨에 따라 언제 어디서나 손쉽게 데이터에 접근할 수 있게 되었다. 단어사 연구가 '1단어

1년'으로 가능해진 이유이다. 여기서 근대어 단어사 연구에 필요한 데이터베이스 목록의 일부분을 소개한다.

▶ 중국 문헌:

근대 이전의 용례 유무 검토를 통해 '出自(기원)'를 파악하기 위해서는 우선 『大漢和辞典』『漢語大詞典』의 표제어 유무를 확인한다. 단 이들 자료의 한계(근대어 및 근대 문헌의 부족[21])로 인해 그 이외의 다양한 자료를 확인해야 하는 절차가 필요하다. 시간을 요하는 작업이나 현재는 근대 이전 문헌에 대해서는 『四庫全書』 등[22]의 괄목할 한만 대규모 데이터베이스화가 진행되고 있어 간단히 용례 유무를 확인할 수 있게 되었다.

근대 이전에 중국 문헌의 용례가 없다는 것을 확인하면 다음 단계로 근대 이후 중국의 서양 선교사들이 조어한 번역어를 검토할 필요가 있다. 일본의 번역어 유입 및 형성에 중요한 역활을 했기 때문이다. 아래의 주요 사전을 포함하여 24세트 英華·華英사전을 中央研究院近代史研究所의 英華字典 사이트[23]에서 영어 및 중국어를 검색할 수 있게

---

21 陳力衛(2019), 『近代知の翻訳と伝播―漢語を媒介に』, 三省堂의 「第三部　第1章 近代漢語の出自と語史記述」를 참조.

22 『文淵閣四庫全書電子版』 : http://www.cckf.org/zh/sino/00123
中央研究院漢籍 : http://hanji.sinica.edu.tw/
語料庫在線 : http://corpus.zhonghuayuwen.org/index.aspx

23 http://mhdb.mh.sinica.edu.tw/dictionary/index.php

되었다. 필자가 대학원 시절의 연구 환경과는 차원이 다르게 되었다.

①モリソン馬礼遜(R.Morrison)：A DICTIONARY OF THE CHINE
LANGUAGE. PARTIII、1822

②ウィリアムス衛三畏(W.Williams)：An English and Chinese Vocabulary
in the Court Dialect 1844

③メドハースト麦都思(W.H.Medhust)：English and Chinese Dictionary
1847-48

④ロブシャイト羅存徳(W.Lobscheid)：English and Chinese Dictionary,
with Punti and Mandarin Pronunciation 1866-69

▶ 일본 문헌:

근대 이전의 일본어 용례 유무를 확인해야 할 첫 번째 사전으로는
『日本国語大辞典』(第2版)으로 현재 JapanKnowledge 데이터베이스[24]
에 수록되어 간단히 검색할 수 있으나 문제는 이 사전의 용례가 문학
작품 중심(문예중심주의)으로 채집되었다[25]는 데에 있다. 따라서 이 사
전의 용례만으로는 중국의 그것과 비교하여 첫 용례의 연도(初出年)
를 비교하기 어려우니 주의가 필요하다. 근대 이전 자료는 기구축된
코퍼스나 데이터베이스가 상당량 구축되어 있기에 이를 활용하여 용
례를 검색하면 된다.

근대 이후에는 『和蘭字彙』 등의 난학(蘭学)계열 사전, 『An English

---

24 https://japanknowledge.com/
25 陳力衛(2011),「近代日本の漢語とその出自」,『日本語学』30-8.

and Japanese and Japanese and English vocabulary(メドハース
ト)』, 『英和対訳袖珍辞書』로 시작하는 영화, 화영사전은 이미 색인집은
물론 각 대학 도서관이나 일본국회도서관 디지털콜렉션[26]에서 영인본
을 제공하고 있다. 화영(和英)사전 중에는 『和英語林集成 初版、再販、3
版』을 전자화하여 「明治学院大学図書館　デジタルアーカイブス」[27]에서
표제어 및 설명어를 검색할 수도 있다.

　이상의 대역 사전류의 번역어 검토와 함께 아래의 각종 데이터베
이스를 통해 보다 정밀하고 상세한 단어사 기술이 이전보다는 어렵
지 않게 되었다. 연구자의 능력에 따라서는 1語 1年이내의 연구가 가
능한 까닭이다.

　　雑誌記事索引：http://info.zassaku-plus.com/
　　ヨミダス歴史館：https://database.yomiuri.co.jp/about/
　　　rekishikan/
　　神戸大学新聞記事文庫：http://www.lib.kobe-u.ac.jp/sinbun/
　　　gaiyou2.html
　　故事類苑(메이지 정부에 의해 출판된 백과사전, 1896-1914)：http://
　　　base1.nijl.ac.jp/~kojiruien/
　　聞蔵：https://database.asahi.com/index.shtml

26　https://dl.ndl.go.jp/

27　http://www.meijigakuin.ac.jp/mgda/waei/search/

5.2. 어휘(사) 연구: 부분어휘에서 전체어휘로

대량의, 코퍼스를 대상으로 단어의 집합체인 어휘의 계량적 연구는 코퍼스일본어학에서 가장 괄목할만한 성장을 이루고 있다고 해도 좋을 것 같다. 물론 1950년대 이후 다양한 자료의 어휘조사를 통해 어휘의 중요한 면면들이 밝혀져 왔지만, 최근 형태소분석기의 정밀함과 타 분야와의 융합 연구가 더해져 조사대상의 모든 어휘를 망라하여 비교 분석하는 연구들이 보이고 있다. 필자 자신 근대 한일 어휘의 상이점과 유사점을 기술하는 데에 있어서 매우 흥미로운 연구 방법이라고 생각한다.

그림2의 계열비교모델을 소개해 본다. 이 모델은 동일 또는 유사 내용인 s1자료의 어휘(단어 집합)와 s2자료의 어휘(단어 집합)를 매핑(mapping)하여 그 차이를 정리하는 것으로 '1.0'은 s1에만, '3.0'은 s2에만 존재하는 단어이며, '2.2'는 s1과 s2의 동일 단어, '2.1f(X)2.3'은 비동일 단어(2.1: s1, 2.3: s2)가 된다.

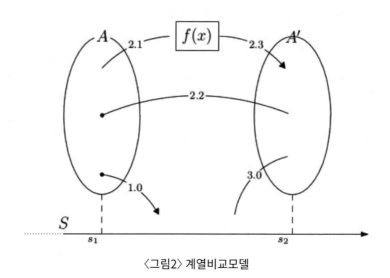

〈그림2〉계열비교모델

　예를 들어[28] 田中·山本(2014)는 동일 내용이면서 문체가 다른 『今昔物語』와 『宇治拾遺物語』의 단어 정렬 병렬코퍼스를 구축하여 문체에 따른 특징적인 어휘를 망라하고 추출하여 앞선 연구에서 지적되지 않은 새로운 사항을 기술한 논문의 예로서 상당히 흥미롭다. 또한 北﨑(2015)는 동일 내용이면서 서사연도가 다른 교겐(狂言)의 虎明本(1642)과 虎寛本(1792)의 단어 정렬 병렬코퍼스에서 언어의 역사적 변천 과정에 대한 연구를 기대할 수 있으며, 단어 자동 정렬 연구(s1과 s2의 단어 매핑)도 진행하고 있다.

　위의 연구사례는 동일 언어의 문체와 서사연도가 다른 계열을 비

28　장원재(2019:48)에서 인용.

교한 것으로 이를 확장하면 s1과 s2를 각각 일본어와 한국어로 2개 언어 간의 비교도 가능하다. 어종 간의 비교와 더불어 한자어의 경우는 동형, 이형으로 구분하여 차이점을 추출해 낼 수 있다. 이에 필자는 19세기 말 이후 문학 작품을 포함하여 계몽서, 역사서, 과학서, 교과서 등의 한일 대역자료 리스트를 작성하고(장원재2015), 이중 몇몇의 대역 자료는 문장 대응 병렬코퍼스를 구축한 적이 있다(장원재 2019a), 현재는 정렬 단위를 문장 대응에서 단어 대응으로 매핑하여 병렬코퍼스를 구축 중에 있으며, '근대' '한일'의 '어휘'의 차이점을 망라하여 기술하는 것을 목표로 연구하고 있다. 단, 2개 언어 간에는 단어 대응 정렬에 대한 기술이 (더욱이 한일 근대어의 경우는) 충분하지 않아 연구를 진행하는 데에 어려움이 적지 않다. 이 또한 새로운 연구 영역의 개발에 있어서 커다란 과제이기도 하다.

6. 어휘 연구 후속세대들에게 바라면서

전자기기의 발달과 보급에 따라 (한자를)쓰는 시대에서 선택하는 시대로 변화한 것처럼 코퍼스의 구축과 공유에 따라 (새로운)자료의 수집에서 (기구축된)자료의 가공과 분석에 많은 시간과 노력을 기울이는 시대로 변화하고 있다. 게다가 '일본어', '어휘'의 분야에만 국한된 연구에서 타 언어, 타 분야와의 융합 연구를 통해 기존의 연구와는 다른 새로운 연구 방법과 성과가 요구되어지고 있다.

이에 부응하기 위해서는 코퍼스에 대한 기초지식과 구축 이론은 물론이거니와 앞서 설명한 "프로그래밍" 기술과 "통계" 지식이 반드시 필요하다. 2019년부터 초등학교 코딩교육이 의무화됨에 따라 머지않아 필수적, 교양적인 지식이 될 가능성이 높다. 선진국에서는 이미 대학 교양교육에 필수과목 중에 하나로서 데이터사이언스 과목을 들고 있기 때문이다. 이 기술과 지식 습득에 노력을 아끼지 말길 바란다.

본고는 일본어 어휘연구에 관심이 있거나 입문하는 젊은 후속 연구자를 대상으로 어휘(연구)의 정의에서 코퍼스 구축과 활용, 그리고 연구 방법과 그 사례에 이르는 내용을 매우 극히 개설적이면서 일부분의 연구만을 예로 들어 기술하였다. 혹시 이글을 읽고 좀 더 어휘연구에 대해 자세하게 알고 싶거나 흥미를 느끼게 된다면 본 내용에서 제시한 필자의 코멘트를 참고로 입문서, 개설서, 연구서를 읽어 보기 바란다.

어휘는 사회, 문화를 비추는 거울이다! 그 거울을 통해 재미있고 흥미로운 세계를 알아가는 것도 나쁘지 않다.

참고문헌<small>(본문에서 제시한 것은 제외)</small>

한국문헌

장원재(2015), 「근대 한일 대역코퍼스 구축 구상에 대한 연구」, 『일본연구』64.

장원재(2019a), 「근대 한일 양국의 자순도치 한자어의 비교 연구—병렬코퍼스를 이용하여—」, 『일본어문학』85.

장원재(2019b), 「병렬코퍼스 활용과 근대 한일 어휘 대조연구의 확장」, 『비교일본학』46.

외국문헌

相澤正生(2013), 『現代日本語の動態研究』, おうふう.

岸本秀樹(2019), 『レキシコン研究の新たなアプローチ』, くろしお出版.

北﨑勇帆(2015), 「動的計画法を用いた狂言台本の語の対応付」, 『じんもんこん』2015 論文集.

大木一夫(2019), 『ガイドブック日本語史調査法』, ひつじ書房.

田中牧郎(2013), 『近代書き言葉はこうしてできた』, 岩波書店.

田中牧郎·山本啓史(2014), 「『今昔物語集』と『宇治拾遺物語』の同文説話における語の対応：語の文体的価値の記述」, 『日本語の研究』10-1.

陳力衛(2019), 『近代知の翻訳と伝播：漢語を媒介に』, 三省堂.

日本語学会(2018), 『日本語学大辞典』, 東京堂出版.

일본어 코퍼스 현황과 활용 소고

윤영민

1. 들어가며

주지와 같이 코퍼스(corpus, 말뭉치)는 문어(文語), 구어(口語)를 대규모의 전자 파일 형태로 모아 놓은 언어 자원 가운데 하나이다. 코퍼스의 시작은 1964년 브라운대학의 코퍼스(Brown corpus)를 최초로 보고 있다. 이후 인구어권에서는 1980년대 코빌드 프로젝트(COBILD project), 1994년 BNC 코퍼스(British National Corpus)[1] 등과 같은 영어 코퍼스의 구축이 꾸준하게 이루어졌으며, 다양한 형태소 분석 및 검색 툴과 함께 연구와 교육에 활용되고 있다.

한국에서의 본격적인 코퍼스 구축은 국가 말뭉치 프로젝트인 '21세기 세종계획'을 들 수 있다. 이 프로젝트는 문화관광부와 국립국

---

1 http://www.natcorp.ox.ac.uk/

어원이 연세대, 고려대, 울산대 등 각 대학과 연계하여 1998년부터 2007년까지 '국어 기초자료'와 '국어 특수자료'의 두 가지 영역으로 작성하였으며 현재는 학습자, 수어, 일상 대화, 어휘 의미, 개체명 분석, 상호 참조 해결, 웹 말뭉치 등 그 범위와 종류가 더욱 다양하다.

한편, 코퍼스는 기존의 '구축을 통한 시드데이터(seed data) 확보'와 '활용 가능성에 대한 다양한 시도' 단계를 거쳐 ICT 기술과 AI의 발달, 4차 산업혁명의 도래와 함께 용이해진 시드데이터의 수집 및 구축 환경의 변화에 견인되어 자동 번역, 문서 요약, 음성 인식, 내비게이션 정보 등과 같은 '실생활의 적용'으로 변화하는 추세를 보이고 있다. 그러나 이와 같은 기술을 실현하기 위해서는 음성 처리, 네트워킹, 텍스트·데이터 마이닝 등과 같은 언어 자원 분석 기법이나 코딩, 프로그래밍 등과 같은 전산언어학적, 공학적 기술이 접목되어야 한다.

이에 이 글은 확보된 언어 자원의 활용에 있어서 앞서 언급한 빅데이터 분석 플랫폼 등에 익숙하지 않은 일본 관련 연구자와 교육계 종사자를 대상으로 일본 내 공개된 주요 범용 코퍼스를 소개하고 간단한 용례 검색과 가공 예를 보임으로써 연구와 교육 현장에서 언어 자원을 어떻게 활용할 수 있는지 소개하는 데 목적을 두고자 한다.

2. 일본의 주요 코퍼스

일본에서 코퍼스 구축, 특히 국가 차원의 대규모 범용 코퍼스의 필요성이 대두된 것은 한국의 21세기 세종계획 3단계(2004-2007) 시기와 유사하다. 이전까지 일본어 코퍼스의 구축 형태는 개인, 대학 연구 기관, 출판사, 언론사 등 다양한 구축처에 의해 필요와 목적에 따라 이루어지고 있었다. 한 예로 2000년대 초반 중대형 사전을 간행한 출판사와 샤프, 카시오 등의 협업을 통해 일어난 갑작스러운 전자사전 붐은 대규모 언어 자료의 상업적 활용과 시장성을 증명한 사례라 할 수 있을 것이다.

한편, 1960년대부터 2000년대 초반까지의 코퍼스는 구축하는 언어 자원에 따라 '문어(文語) 코퍼스'와 '구어(口語) 코퍼스'로 나누는 것이 일반적이었다. 그러나 2000년대 중후반부터 최근까지 자연언어처리(NLP)의 획기적인 발전 및 인공지능(AI)의 개발과 함께 영상 자료를 구축한 '멀티미디어 코퍼스'나 인간의 발화와 섞여서 발현되는 몸짓, 손짓, 얼굴 표정 등과 같은 비언어적 요소를 함께 담은 '다면자료 코퍼스' 등과 같은 다양한 코퍼스가 구축되었다. 다만, 이들 코퍼스는 범용 목적이 아닌 특수목적 코퍼스로 일반 공개는 제한적인 것이 사실이다.

한편 일본은 'EDR 코퍼스(1986-1994)'[2]를 통해 1980년대부터 코

---

2   Electronic Dictionary Research corpus

퍼스 구축을 해 왔으며 개인 또는 연구 기관, 산업계 등에서 그 목적에 따라 산발적으로 결과물을 공개, 유통해 왔다. 특히 공적 기관을 통한 본격적인 구축과 공유는 일본국립국어연구소 중심으로 이루어지고 있다. 일본국립국어연구소를 통해 범용(汎用) 목적으로 공개된 '문어 코퍼스'와 '구어 코퍼스'는 2004년에 공개한 '日本語話し言葉コーパス(CSJ)' 및 2005년 '太陽コーパス'를 추가한 '近代語のコーパス(CMJ)'와 2006년부터 2011년까지 구축, 공개한 '現代日本語書き言葉均衡コーパス(BCCWJ)', '日本語歴史コーパス(CHJ)' 및 '国語研ウェブコーパス(NWJC)' 등 공시, 통시를 아우르는 모니터 코퍼스 등이 있다.

〈표1〉 주요 범용 일본어 코퍼스

분류	코퍼스	구축	공개처
문어 코퍼스	EDR日本語コーパス	(株)日本電子化辞典研究所	http://hayashibe.jp/tr/corpus/edr/japanese
	朝日新聞記事データ (学術·研究用)	朝日新聞社	http://www.asahi.com/information/cd/gakujutsu.html
	読売新聞CD-ROM/DVD	読売新聞社	https://www.yomiuri.co.jp/database/cdrom/
	日本経済新聞データ	日本経済新聞社	http://www.nikkei.co.jp/nikkeiinfo/digital/database.html
	新潮文庫100冊	新潮社	http://wind.cafe.coocan.jp/s100.htm

	小松佐京コーパス	総合研究大学院大学	http://www.jinbun-db.com/database/archives/540
	青空文庫インターネット電子図書館	青空文庫	http://www.aozora.gr.jp/
	現代日本語書き言葉均衡コーパス(BCCWJ)	国立国語研究所	http://pj.ninjal.ac.jp/corpus_center/bccwj/
	国語研ウェブコーパス(NWJC)		http://pj.ninjal.ac.jp/corpus_center/nwjc/
	外国人学習者の日本語誤用例集		http://db4.ninjal.ac.jp/teramuradb/
문어 코퍼스	KYコーパス	山内博之	http://www.opi.jp/shiryo/ky_corp.html
	日本語学習者による日本語作文と, その母語訳との対訳データベース	国立国語研究所	http://shachi.org/resources/3382?ln=jpn http://mmsrv.ninjal.ac.jp/essay/
	奈良時代編(I 万葉集 / II 宣命)		http://pj.ninjal.ac.jp/corpus_center/chj/nara.html
	平安時代編		http://pj.ninjal.ac.jp/corpus_center/chj/heian.html
	鎌倉時代編(I 説話·随筆 / II 日記·紀行)		http://pj.ninjal.ac.jp/corpus_center/chj/kamakura.html
	室町時代編(I 狂言 / II キリシタン資料)		http://pj.ninjal.ac.jp/corpus_center/chj/muromachi.html

문어 코퍼스	江戸時代編 (Ⅰ洒落本 / Ⅱ人情本 / Ⅲ近松浄瑠璃)		http://pj.ninjal.ac.jp/corpus_ center/chj/edo.html
	明治・大正編 (Ⅰ雑誌 / Ⅱ教科書 / Ⅲ明治初期口語資料)		http://pj.ninjal.ac.jp/corpus_ center/chj/meiji_taisho.html
	和歌集編		http://pj.ninjal.ac.jp/corpus_ center/chj/wakashu.html
	太陽コーパス		http://pj.ninjal.ac.jp/corpus_ center/cmj/taiyou/
	近代女性雑誌コーパス (女学雑誌, 女学世界, 婦人倶楽部)		http://pj.ninjal.ac.jp/corpus_ center/cmj/woman-mag/
	名六雑誌コーパス		http://pj.ninjal.ac.jp/corpus_ center/cmj/meiroku/
	国民の友コーパス		http://pj.ninjal.ac.jp/corpus_ center/cmj/kokumin/
구어 코퍼스	名大会話コーパス	大曽美恵子・ 国立国語研究所	http://pj.ninjal.ac.jp/ conversation/nuc.html
	BTSによる 多言語話し言葉コーパス -日本語会話1, 2	東京外国語大学 大学院地域文化 研究科・国立国語 研究所	http://www.tufs.ac.jp/ts/ personal/usamiken/corpora. htm
	BTSJ日本語自然会話 コーパス	国立国語研究所	https://ninjal-usamilab.info/ lab/btsj_corpus/

구어 코퍼스	日本語話し言葉コーパス (CSJ)		http://pj.ninjal.ac.jp/ corpus_center/csj/
	日本語諸方言コーパス (COJADS)		http://www2.ninjal. ac.jp/cojads/index. html?targ=data
	日本語学習者会話 データベース (縦断調査)		https://mmsrv.ninjal. ac.jp/judan_db/
	インタビュウ形式の日本語 会話データベース (上村コーパス)	上村隆一	CD-ROM

한편, 상기 〈표1〉에서 정리한 일본어 코퍼스는 가운데 특히, 일본 국립국어연구소에서 공개 중인 코퍼스는 '쇼나곤(少納言)', '주나곤(中納言)', '본텐(梵天)' 등과 같은 검색 프로그램을 제공하고 있다. 그리고 '메카브(MeCab)', '주만(JUMAN)', '차센(ChaSen)' 등과 같은 일본어 형태소 분석기와 텍스트 에디터를 함께 활용하여 이용자의 목적에 맞는 2차 가공 역시 가능하다.

〈표2〉 일본어 코퍼스 범용 툴

분류	툴	개발	공개처
용례 검색	少納言	国立国語研究所	http://shonagon.ninjal.ac.jp/
	中納言		http://chunagon.ninjal.ac.jp/
	茶漉	パデュー大学先端技術 言語学習研究所	http://telldev.cla.purdue.edu/ chakoshi/manual.html http://telldev.cla.purdue.edu/ chakoshi/public.html
	寺村誤用例集 データベース	国立国語研究所	https://db4.ninjal.ac.jp/ teramuradb/db/
	国立国会図書館 国会会議録検索 システム	国立国語研究所	http://kokkai.ndl.go.jp/
	梵天	国立国語研究所	http://pj.ninjal.ac.jp/corpus_ center/nwjc/subscription. html
형태소 분석	MeCab	京都大学情報学研究科・ 日本電信電話株式会社 コミュニケーション科学基礎研究所	http://taku910.github.io/ mecab/
	JUMAN	京都大学黒橋・褚・河原研究室	http://nlp.ist.i.kyoto-u.ac.jp/ index.php?JUMAN
	ChaSen	奈良先端科学奇術大学院大学 松本研究室	http://chasen-legacy.osdn.jp/
	JUMAN++	京都大学黒橋・褚・河原研究室	http://nlp.ist.i.kyoto-u.ac.jp/ index.php?JUMAN++

3. 코퍼스 활용의 일례

3.1. 형태소 분석

형태소 분석은 원시 코퍼스를 주석 코퍼스로 만들 때 거치는 과정 가운데 하나이며 자연언어 처리의 근간이 된다. 이 '형태소(morpheme)' 는 주지와 같이 의미를 가진 가장 작은 단위로 이를 분석한다는 것은 '학교-명사'와 같이 단어에 대한 품사 정보를 제공하는 것이라고 할 수 있다. 문법적, 관계적 범위에 따라 '단단위(單單位)', '장단위(長單位)' 분석 등과 같이 구분[3]되며, 아래 〈표3〉에서 정리한 바와 같이 일반적으로 단단위의 표제어, 품사 정보, 세부 품사와 속성, 표기, 읽기 등의 정보를 제공한다.

〈표3〉 범용 형태소 분석기의 제공 정보 개괄

표제어	품사	세부 품사	세부 품사 속성	표제어 원형	표제어 읽기	표제어 발음
先生	名詞	一般	*	先生	センセイ	センセー
私	名詞	代名詞	一般	私	ワタシ	ワタシ

정확한 형태소 분석은 어느 대문호가 즐겨 쓴 표현이나 문체적 특성을 파악하거나 어휘의 출현 시기, 관련 어휘 간의 경합 양상 고찰

---

3 私は/ユンです/。: 장 단위(구)
私はユンです。/　始めまして。: 장 단위(문장)
私/は/ユン/です/。: 단 단위(단어)

등과 같은 연구적인 관점뿐만 아니라 데이터 마이닝 또는 문자, 음성 인식의 정확도를 높여 머신러닝(Machine Learning)의 품질 향상을 도모하는 근본적인 정보가 된다.

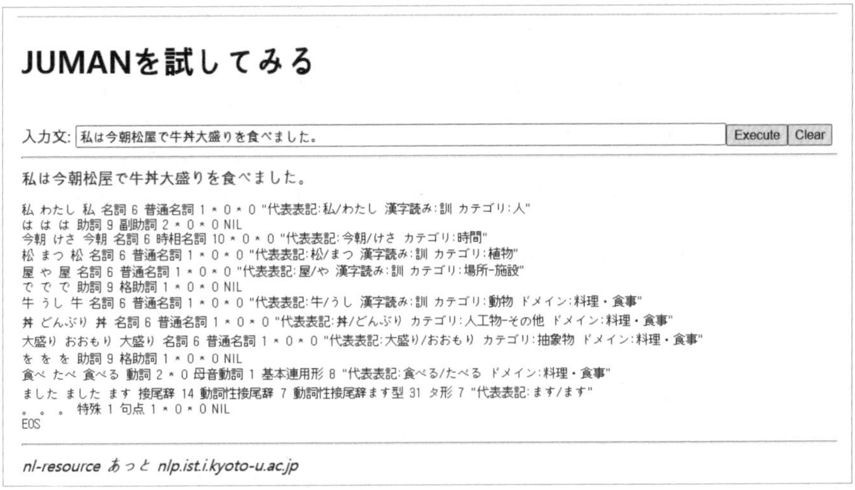

<〈그림1〉 형태소 분석 결과 일례(JUMAN)>

더하여 〈그림2〉에서 제시한 'JUMAN++'는 Recurrent Neural Network Language Model(RNNLM) 언어모델을 이용한 형태소 분석기로 수록 사전 외의 정보를 미지어(未知語)로 처리하는 기존 'JUMAN' 등과는 달리 위키피디아(Wikipedia)와 연동시켰으며, 격관계와 수식, 호응 관계 정보를 격자(lattice) 구조화하여 제공하고 있다.

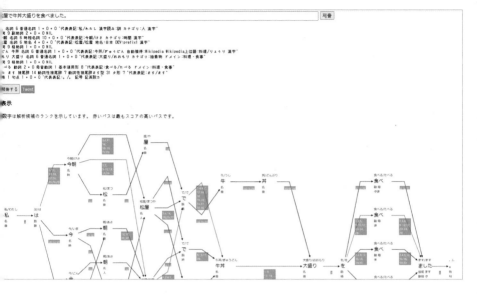

〈그림2〉형태소 분석 결과 일례(JUMAN++)

그럼, 실제 텍스트 분석을 시도해 보자. 메이지(明治)기 문호인 나쓰메 소세키(夏目漱石)의 작품은 몇 개의 문단과 문장인지, 품사 구성은 어떻게 나타나는지를 포착해야 할 경우를 상정하였으며, 원문을 그대로 입력하였다는 조건하에 『こころ』 '상편'을 대상으로 해 보았다. 활용한 형태소 분석기는 'MeCab'이다.

우선, 'MeCab'는 'JUMAN', 'ChaSen' 등과 함께 많이 활용되고 있는 일본어 형태소 분석기로 IPA 품사 체계 기반[4]이다. CMD에서 관리자 권한으로 실행하고 최초 설치 시 인코딩 지정을 해야 하는 불편함은 있으나, 신속하고 품질 또한 정확하다. 그리고 대부분의 형

---

4 https://hayashibe.jp/tr/mecab/dictionary/ipadic

태소 분석기와 마찬가지로 텍스트 에디터뿐만 아니라 엑셀과 같은 스프레드시트(spread sheet) 툴과도 용이하게 호환되어 확장성 역시 좋다.

아래 〈표4〉는 유니코드(UTF-8)로 인코딩해 둔『こころ』'상편' 원시 코퍼스를 형태 주석 코퍼스로 작성[5]한 일부이다.

〈표4〉『こころ』'상편' 원문과 형태소 분석 결과(일부)

원문
上　先生と私 一 私はその人を常に先生と呼んでいた。だからここでもただ先生と書くだけで本名は 打ち明けない。これは世間を憚かる遠慮というよりも、その方が私にとって自然だか らである。私はその人の記憶を呼び起すごとに、すぐ「先生」といいたくなる。筆を執 っても心持は同じ事である。よそよそしい頭文字などはとても使う気にならない。 (중략)
형태소 분석 결과
上, 名詞, 一般, *, *, *, *, 上, ウエ, ウエ 　, 記号, 空白, *, *, *, *, 　, 　, 　 先生, 名詞, 一般, *, *, *, *, 先生, センセイ, センセイ と, 助詞, 並立助詞, *, *, *, *, と, ト, ト

5　필자의 컴퓨팅 환경에서는 다음과 같이 명령어를 입력하였다.
　c:₩Program Files (x86)₩MeCab₩bin〉mecab kokoro01.txt -o kokoro01tagged. txt

私, 名詞, 代名詞, 一般, *, *, *, 私, ワタシ, ワタシ
EOS
私, 名詞, 代名詞, 一般, *, *, *, 私, ワタシ, ワタシ
は, 助詞, 係助詞, *, *, *, *, は, ハ, ワ
その, 連体詞, *, *, *, *, *, その, ソノ, ソノ
人, 名詞, 一般, *, *, *, *, 人, ヒト, ヒト
を, 助詞, 格助詞, 一般, *, *, *, を, ヲ, ヲ
常に, 副詞, 一般, *, *, *, *, 常に, ツネニ, ツネニ
先生, 名詞, 一般, *, *, *, *, 先生, センセイ, センセイ
と, 助詞, 格助詞, 一般, *, *, *, と, ト, ト
呼ん, 動詞, 自立, *, *, 五段・バ行, 連用タ接続, 呼ぶ, ヨン, ヨン
で, 助詞, 接続助詞, *, *, *, *, で, デ, デ
い, 動詞, 非自立, *, *, 一段, 連用形, いる, イ, イ
た, 助動詞, *, *, *, 特殊・タ, 基本形, た, タ, タ
。, 記号, 句点, *, *, *, *, 。, 。, 。
だから, 接続詞, *, *, *, *, *, だから, ダカラ, ダカラ
ここ, 名詞, 代名詞, 一般, *, *, *, ここ, ココ, ココ
でも, 助詞, 副助詞, *, *, *, *, でも, デモ, デモ
ただ, 接続詞, *, *, *, *, *, ただ, タダ, タダ
先生, 名詞, 一般, *, *, *, *, 先生, センセイ, センセイ
と, 助詞, 格助詞, 引用, *, *, *, と, ト, ト
書く, 動詞, 自立, *, *, 五段・カ行イ音便, 基本形, 書く, カク, カク
だけ, 助詞, 副助詞, *, *, *, *, だけ, ダケ, ダケ
で, 助詞, 格助詞, 一般, *, *, *, で, デ, デ
本名, 名詞, 一般, *, *, *, *, 本名, ホンミョウ, ホンミョー
は, 助詞, 係助詞, *, *, *, *, は, ハ, ワ
打ち明け, 動詞, 自立, *, *, 一段, 未然形, 打ち明ける, ウチアケ, ウチアケ
ない, 助動詞, *, *, *, 特殊・ナイ, 基本形, ない, ナイ, ナイ
。, 記号, 句点, *, *, *, *, 。, 。, 。

これ, 名詞, 代名詞, 一般, *, *, *, これ, コレ, コレ
は, 助詞, 係助詞, *, *, *, *, は, ハ, ワ
世間, 名詞, 一般, *, *, *, *, 世間, セケン, セケン
を, 助詞, 格助詞, 一般, *, *, *, を, ヲ, ヲ
憚, 名詞, 一般, *, *, *, *, *
かる, 動詞, 自立, *, *, 五段・ラ行, 基本形, かる, カル, カル
遠慮, 名詞, サ変接続, *, *, *, *, 遠慮, エンリョ, エンリョ
と, 助詞, 格助詞, 引用, *, *, *, と, ト, ト
いう, 動詞, 自立, *, *, 五段・ワ行促音便, 基本形, いう, イウ, イウ
より, 助詞, 格助詞, 一般, *, *, *, より, ヨリ, ヨリ
も, 助詞, 係助詞, *, *, *, *, も, モ, モ
、, 記号, 読点, *, *, *, *, 、, 、, 、
その, 連体詞, *, *, *, *, *, その, ソノ, ソノ
方, 名詞, 非自立, 一般, *, *, *, 方, ホウ, ホー
が, 助詞, 格助詞, 一般, *, *, *, が, ガ, ガ
私, 名詞, 代名詞, 一般, *, *, *, 私, ワタシ, ワタシ
にとって, 助詞, 格助詞, 連語, *, *, *, にとって, ニトッテ, ニトッテ
自然, 名詞, 形容動詞語幹, *, *, *, *, 自然, シゼン, シゼン
だ, 助動詞, *, *, *, 特殊・ダ, 基本形, だ, ダ, ダ
から, 助詞, 接続助詞, *, *, *, *, から, カラ, カラ
で, 助動詞, *, *, *, 特殊・ダ, 連用形, だ, デ, デ
ある, 助動詞, *, *, *, 五段・ラ行アル, 基本形, ある, アル, アル
。, 記号, 句点, *, *, *, *, 。, 。, 。
私, 名詞, 代名詞, 一般, *, *, *, 私, ワタシ, ワタシ
は, 助詞, 係助詞, *, *, *, *, は, ハ, ワ
その, 連体詞, *, *, *, *, *, その, ソノ, ソノ
人, 名詞, 一般, *, *, *, *, 人, ヒト, ヒト
の, 助詞, 連体化, *, *, *, *, の, ノ, ノ

記憶, 名詞, サ変接続, *, *, *, *, 記憶, キオク, キオク

を, 助詞, 格助詞, 一般, *, *, *, を, ヲ, ヲ

呼び, 動詞, 自立, *, *, 五段・バ行, 連用形, 呼ぶ, ヨビ, ヨビ

起す, 動詞, 自立, *, *, 五段・サ行, 基本形, 起す, オコス, オコス

ごと, 名詞, 非自立, 副詞可能, *, *, *, ごと, ゴト, ゴト

に, 助詞, 格助詞, 一般, *, *, *, に, ニ, ニ

、, 記号, 読点, *, *, *, *, 、, 、, 、

すぐ, 副詞, 助詞類接続, *, *, *, *, すぐ, スグ, スグ

「, 記号, 括弧開, *, *, *, *, 「, 「, 「

先生, 名詞, 一般, *, *, *, *, 先生, センセイ, センセイ

」, 記号, 括弧閉, *, *, *, *, 」, 」, 」

と, 助詞, 格助詞, 引用, *, *, *, と, ト, ト

いい, 動詞, 自立, *, *, 五段・ワ行促音便, 連用形, いう, イイ, イイ

たく, 助動詞, *, *, *, 特殊・タイ, 連用テ接続, たい, タク, タク

なる, 動詞, 自立, *, *, 五段・ラ行, 基本形, なる, ナル, ナル

。, 記号, 句点, *, *, *, *, 。, 。, 。

筆, 名詞, 一般, *, *, *, *, 筆, フデ, フデ

を, 助詞, 格助詞, 一般, *, *, *, を, ヲ, ヲ

執っ, 動詞, 自立, *, *, 五段・ラ行, 連用タ接続, 執る, トッ, トッ

て, 助詞, 接続助詞, *, *, *, *, て, テ, テ

も, 助詞, 係助詞, *, *, *, *, も, モ, モ

心持, 名詞, 一般, *, *, *, *, 心持, ココロモチ, ココロモチ

は, 助詞, 係助詞, *, *, *, *, は, ハ, ワ

同じ, 連体詞, *, *, *, *, *, 同じ, オナジ, オナジ

事, 名詞, 非自立, 一般, *, *, *, 事, コト, コト

で, 助動詞, *, *, *, 特殊・ダ, 連用形, だ, デ, デ

ある, 助動詞, *, *, *, 五段・ラ行アル, 基本形, ある, アル, アル

。, 記号, 句点, *, *, *, *, 。, 。, 。

よそよそしい, 形容詞, 自立, *, *, 形容詞・イ段, 基本形, よそよそしい, ヨソヨソシイ, ヨソヨソシイ

頭文字, 名詞, 一般, *, *, *, *, 頭文字, カシラモジ, カシラモジ

など, 助詞, 副助詞, *, *, *, *, など, ナド, ナド

は, 助詞, 係助詞, *, *, *, *, は, ハ, ワ

とても, 副詞, 助詞類接続, *, *, *, *, とても, トテモ, トテモ

使う, 動詞, 自立, *, *, 五段・ワ行促音便, 基本形, 使う, ツカウ, ツカウ

気, 名詞, 非自立, 一般, *, *, *, 気, キ, キ

に, 助詞, 格助詞, 一般, *, *, *, に, ニ, ニ

なら, 動詞, 自立, *, *, 五段・ラ行, 未然形, なる, ナラ, ナラ

ない, 助動詞, *, *, *, 特殊・ナイ, 基本形, ない, ナイ, ナイ

。, 記号, 句点, *, *, *, *, 。, 。, 。

EOS

(중략)

〈표4〉를 통해 보았듯이 다섯 행에 불과한 일부 제시 원문의 형태소 분석 결과는 상당한 정보를 포함하고 있다. 'MeCab'과 같은 IPA 체계 기반의 형태소 분석 정보는 각각 '표제어', '품사', '구분', '속성1', '속성2', '활용형(ctype)', '활용형(cform)', '원형', '읽기', '발음'의 열 개 항목이며, 각 항목에 정보가 없거나 해당되지 않을 경우 '*'로 출력된다. 이를 엑셀로 가공해 본 것이 〈그림3〉이다.

표제어	품사	구분	속성1	속성2	활용형(ctype)	활용형(cform)	원형	읽기	발음
上	名詞	一般	*	*	*	*	上	ウエ	ウエ
	記号	空白							
先生	名詞	一般	*	*	*	*	先生	センセイ	センセイ
と	助詞	並立助詞	*	*	*	*	と	ト	ト
私	名詞	代名詞	一般	*	*	*	私	ワタシ	ワタシ
EOS									
一	名詞	數	*	*	*	*	一	イチ	イチ
EOS									
私	名詞	代名詞	一般	*	*	*	私	ワタシ	ワタシ
は	助詞	係助詞	*	*	*	*	は	ハ	ワ
その	連体詞	*	*	*	*	*	その	ソノ	ソノ
人	名詞	一般	*	*	*	*	人	ヒト	ヒト
を	助詞	格助詞	一般	*	*	*	を	ヲ	ヲ
常に	副詞	一般	*	*	*	*	常に	ツネニ	ツネニ
先生	名詞	一般	*	*	*	*	先生	センセイ	センセイ
と	助詞	格助詞	一般	*	*	*	と	ト	ト
呼ん	動詞	自立	*	*	五段・バ行	連用タ接続	呼ぶ	ヨン	ヨン
で	助詞	接続助詞	*	*	*	*	で	デ	デ
い	動詞	非自立	*	*	一段	連用形	いる	イ	イ
た	助動詞	*	*	*	特殊・タ	基本形	た	タ	タ
。	記号	句点	*	*	*	*	。	。	。
だから	接続詞	*	*	*	*	*	だから	ダカラ	ダカラ
ここ	名詞	代名詞	一般	*	*	*	ここ	ココ	ココ
でも	助詞	副助詞	*	*	*	*	でも	デモ	デモ
ただ	接続詞	*	*	*	*	*	ただ	タダ	タダ
先生	名詞	一般	*	*	*	*	先生	センセイ	センセイ
と	助詞	格助詞	引用	*	*	*	と	ト	ト
書く	動詞	自立	*	*	五段・カ行促音便	基本形	書く	カク	カク
だけ	助詞	副助詞	*	*	*	*	だけ	ダケ	ダケ
で	助詞	格助詞	一般	*	*	*	で	デ	デ
本名	名詞	一般	*	*	*	*	本名	ホンミョウ	ホンミョウ
は	助詞	係助詞	*	*	*	*	は	ハ	ワ

형태소 결과 | EOS삭제

〈그림3〉『こころ』 '상편' 형태소 분석 결과 가공예

살펴본 결과『こころ』 '상편'은 총 666개 단락의 1,468개 문장이었으며, 품사별 구성은 명사, 필러(filler, フィラー)포함 간투조사, 감동사, 문장기호, 동사, 연체사, 부사, 접두사, 접속사, 조동사, 조사, 형용사와 같았다. 품사별 출현 양상을 보면 조사(9,420), 명사(8,542), 동사(4,535), 조동사(3,829), 문장기호(3,404), 부사(1,056), 형용사(509), 연체사(426), 접속사(355), 접두사(87), 감동사(41), 간투조사(6)의 순이었다.

사용된 문장기호(3,404)는 마침표와 쉼표가 각각 1,468, 1,010으로 가장 많았고, 여는 괄호와 닫는 괄호가 각각 430, 말줄임표 32, 이음표시(ー) 15, 물음표 9, 반복(々) 7, 공백 3 등과 같았다. 이를 통해 마침표 기준 총 1,468문장 중 458문장을 제외한 거의 모든 문장에서 쉼표가 사용된 정황을 포착할 수 있었으며, 이는 상대적으로 복문 구조가 많다는 것을 의미하는 것임을 알 수 있다. 여는 괄호와 닫는 괄호가 각각 430개로 나타났는데 종류는 각괄호('「', '」')였으며, 모두 등장인물 간의 대화에 사용된 것이었다.

접두사와 비교하여 IPA의 분류 체계상 용언의 부속 성분으로 규정하는 접미사가 594개 출현하였는데 이를 통해 明治기에 확산된 조어법(word formation) 가운데 접미 파생어휘가 관찰될 확률이 많을 것으로 판단된다. 조사의 사용 또한 현저하게 많은 것으로 보아 문장 속에서 주어 또는 목적어가 되는 체언과의 격관계 설정에 조사를 중요한 장치로 두고 있는 것이 아닌가 생각된다.

보조용언인 조동사가 동사, 형용사 등과 같은 본용언보다 많이 출현한 양상도 흥미로운데 이는 8,542회로 두 번째로 많은 품사인 명사와도 관련이 있는 것으로 보인다. 실제로 조동사의 용법 대부분이 단정의 'だ'[6]와 그 정중형 'です'였다는 것은 이와 같은 경향성을 어느 정도 뒷받침해 주는 것이라고 할 수 있다. 다만, 지금까지의 기술은 형태소 분석을 통해 나타난 현상의 해석이며, 어디까지나 관견일 뿐이므로 일반화와 타당성의 검증을 위해서는 반드시 텍스트 마이닝 등과 같은 구체적인 기법이 연계되어야 한다.

---

6 文語인 'なり'와 혼용되며 현대 일본어의 과도기적 일례가 보이기는 하지만, 이 글에서는 조동사의 용법에 착목하여 모두 '단정'으로 하였다.

3.2. 용례 검색

3.2.1. 中納言

코퍼스를 활용하는 주된 목적으로 용이한 용례 검색을 들 수 있다. 특히 범용 코퍼스는 대부분 검색 툴과 함께 공개가 되는데, 이번에 소개하는 일본 국립국어연구소의 '中納言' 또한 일본 국립국어연구소에서 제공하는 웹 기반 코퍼스 검색 프로그램으로 일본 국립국어연구소가 구축한 모든 코퍼스의 용례 검색이 가능하다.

〈그림4〉 '中納言' 초기 화면

'中納言'은 국내외 일본 관련 연구자들이 적지 않게 이용하고 있으며, 간단한 이용 신청을 통해 활용이 가능하다. '문자열검색'에 쾌적하며, UI상에는 500여 건의 검색 결과가 제시되지만, 용례 검색 결과를 다운로드 받으면 전체 결과가 엑셀 형식으로 제공된다. 따라서

LEFT, RIGHT, CONCATENATE 등과 같은 기본적인 함수를 함께 사용하면 이용자의 목적에 맞는 2차 가공이 수월하게 가능하다.

그럼 '中納言'을 활용한 용례 검색의 일례를 들어보자. 앞서 형태소 분석을 통해서는 작품의 문체적 성향과 출현 품사의 종류에 착목하여 살펴보았다면, 이번에는 '中納言'의 문자열 검색 기능을 살려서 '彼女'의 출현 시기와 사용 양상을 종합적으로 포착하여 보고자 한다.

주지와 같이 '彼女'는 明治기 영어 'She'의 번역어로 이 '彼女'의 등장으로 인해 그동안 성별에 관계없이 사용되어왔던 '彼'는 남성, '彼女'는 여성을 지칭하는 3인칭 대명사로 구분되어지기 시작하였다.

'彼女'에 대한 보다 자세한 성립 배경, 출현 및 사용 양상은 『日本国語大辞典』(2001)를 통해서도 볼 수 있다.

> 一語の代名詞としての「かのじょ」は、明治二十年代頃から徐々に使われるようになったが、広く一般に普及したのは大正以降である。

또, 히다 요시후미(飛多良文(2002:82))[7]에서는 '彼女'의 성립 배경과 초출에 대한 설명을 확인할 수 있다.

> じつは「彼」と「女」を使った漢字表記は、すでに江戸時代にあった。そのもっとも早い例としては、ヘンデレッキ・ドウフや吉雄永保らが訳したオランダ語の辞書「道訳法児馬」(文化十二年)がある。

---

7 飛多良文(2002),『明治生まれの日本語』, 淡交社, pp.80-89.

이를 정리하면, '彼女'의 표기는 에도(江戸)기부터 존재하였고, 이를 'She'의 번역어로 도입한 것은 明治기였으며, 정착이 된 시기는 다이쇼(大正)기라는 것이 된다. 실제로 飛多良文(2002:82)의 언급을 확인하기 위해 일본 국립국어연구소의 역사 자료 코퍼스 중 江戸기 자료를 검색해 본 결과, '彼女' 형태의 출현은 샤레본(洒落本)을 통한 총 8예였다. 읽는 방법은 'あいつ', 'きやつ', 'かのをんな', 'てき' 등과 같아서 'かのじょ'와는 사뭇 다른 양상을 보였다.

한편, 일본 국립국어연구소의 역사 자료 코퍼스 중 근현대기 잡지 코퍼스 6종을 중심으로 '彼[女]'와 같이 검색해 보았다.[8] 그 결과 江戸기 洒落本의 8예를 더하여 '彼女' 형태는 총 2,168예 출현하였다. 그러나 이 가운데 후리가나(振り仮名)를 알 수 있는 예는 1,929예였는데, 이는 239예의 '彼女'에 대한 읽기가 불명확하다는 것을 의미한다.

〈표5〉 일본 국립국어연구소 역사 자료 코퍼스 중 근현대기 일본 잡지 6종

잡지명	구축 정보
太陽	1895, 1901, 1909, 1917, 1925년 간행 통상호(通常號) 전문
女学雑誌	1894, 1895년 간행본 31권
女学世界	1909년 간행본 6권
婦人倶楽部	1925년 간행본 3권

---

8 '中納言'은 간단한 정규식(regular expression print) 검색을 제공한다. '[ ]'는 문자(character)의 범위(class)를 지정하며 특히 용언의 모든 활용형을 검색할 때 사용하기도 한다. 예를 들어 규칙 활용 '슻う'에 대한 모든 활용형을 검색할 경우 '슻[わいうえお]'와 같이 그룹화하면 된다.

明六雜誌	1874-1875년 간행본 전문
国民之友	1887-1888년 간행본 총36호 전문

振り仮名 정보가 부가된 '彼女' 1,929예를 바탕으로 'かのじょ' 형태의 振り仮名를 살펴본 결과 'かのじよ', 'かのぢよ', 'カノヂヨ'의 세 가지였으며, 총 1,718예로 조사되었다. 문체별로 보면 문어체 28회, 구어체 1,690회로 대부분이 구어체에서 쓰이고 있었으며, 초출은 1895년에 간행된 『太陽』제9호를 통한 'かのぢよ'였다.

振り仮名별로 나누어 보면 'かのぢよ'가 1,713예, 99.71%로 1895년부터 1925년까지 꾸준하게 사용되며 현저하게 많았고, 'かのじよ' 4예, 0.23%, 'カノヂヨ' 1예, 0.06%로 나타났다. 특히 현대가나사용법(現代仮名遣い)에서의 표기인 'かのじよ'는 1895년 간행 『女学雑誌』제4호와 제10호 이후 나타나지 않았다. 이는 '彼女' 하나의 형태가 다양한 振り仮名를 가지고 있었다는 것을 의미하는 것이기도 하다.

〈표6〉 '彼女(かのぢよ·かのじよ·カノヂヨ)' 출현 및 문체적 양상

유형	かのぢよ	かのじよ	カノヂヨ	합계	문체	
					문어체	구어체
출현수	1,713	4	1	1,718	28	1,690
빈도	99.71	0.23	0.06	100	1.63	98.37
시기	1895~1925	1895	1925			

한편, 'かのじょ', 'かのぢょ', 'カノヂヨ' 이외의 '彼女' 관련 振り仮名
는 앞서 洒落本에서의 'あいつ', 'きやつ', 'かのをんな', 'てき' 및 'あの',
'かれ', 'あのひと' 등 적지 않은 경향이 관찰되었다. 이는 잡지 데이터
의 최종 수집 기간인 大正 말기 1925년까지 보이는 것이며 결국 'かの
じょ'로의 정착은 昭和기에도 이루어지고 있었음이 관찰되었다. 이는
바꾸어 말하면, '彼女 = かのじょ'로의 정착은 그리 오래되지 않은 최
근의 일이었다고 할 수 있을 것이다.

3.2.2. 텍스트 에디터

한편, 코퍼스는 우리가 생산하고 있는 현재의 언어 표현에 대
한 사용 양상에 대한 포착에도 유용한 시드데이터가 될 수 있
다. 작년 말과 올해 초 갑작스럽게 확산된 '코로나바이러스감염
증-19(COVID-19)'는 전세계적으로 막대한 인명과 재산의 피해를 가
져왔다. 무엇보다 감염병 시국이 진정되더라도 우리가 익숙했던 이
전 삶의 패턴으로는 돌아가기 어렵다는 예측과 지적은 이른바 '포스
트 코로나'에 대한 준비와 대처를 서두르게 하고 있다.

그렇다면, 매스컴에서는 '코로나바이러스감염증-19(COVID-19)'
와 관련한 보도에 어떠한 표현을 사용하고 있을까? 이를 용례 검색의
측면에서 살펴본다면, 우선 관련 보도 텍스트를 수집하는 것이 필요
하고 이렇게 수합된 텍스트들은 '나만의 코퍼스'가 된다. 이 '나만의
코퍼스'에 대한 용례 검색에 활용할 수 있는 툴은 텍스트 에디터(text

editor)가 있다.

텍스트 에디터는 '.txt' 확장자이며 다양한 프로그래밍 언어의 코딩 등을 작성할 수 있다. '秀丸エディタ', 'EmEditor', 'UltraEdit' 등과 같은 범용 툴이 있으며, 정규식을 적절하게 적용하면 더욱 정교한 용례 검색이 가능하다는 장점이 있다.

'秀丸エディタ'를 예로 들어보자. '秀丸エディタ'는 텍스트 에디터 가운데 하나로 홈페이지를 통해 손쉽게 입수할 수 있으며, 'EmEditor' 등과 함께 대표적인 유닉스 기반 프로그램이다. 손쉽게 쓸 수 있는 대표적인 패턴은 대괄호 '[', ']', 하이픈 '-', 소괄호 '(', ')', 마침표 '.', 플러스 '+', 별표 '*'[9] 등이다.

대괄호 '[', ']'는 [ ] 안에 있는 문자 중 어느 하나를 검색하는 것으로 예를 들어 '[중대]학교'와 같은 조건은 '중학교', ''대학교'가 함께 출력된다.

하이픈 '-'은 문자의 코드 범위를 지정한다. 예를 들어 '[1-5]'와 같은 조건이라면 각각 '1', '2', '3', '4', '5'와 같이 출력이 된다.

소괄호 '(', ')'는 문자열의 패턴을 그룹화한다. 보통 '|'와 함께 사용하여 'or' 검색에 사용되는 대표적인 정규식 조건이라고 할 수 있다. '(국내|해외)여행'이라면 '국내여행', '해외여행'이 함께 출력된다.

마침표 '.'는 개행을 제외한 임의의 한 개 문자를 검색한다. 'A.B'와 같은 조건은 상기 '|'가 'or'였던 것과는 달리 'and' 검색이 이루어지

---

9 애스터리스크(asterisk)

며, 'A=B'와 같으므로 이음동의어 검색에 효과적으로 활용할 수 있다.

연산기호 플러스 '+'는 플러스 앞의 문자를 1회 이상 반복하는 것으로 예를 들어 '가+'에 대한 결과는 '가가', '가가가', '가가가가' 등과 같다.

별표 '*'는 알고리즘상에서 '주석'을 나타내지만, 정규식 조건에서는 '모든'을 의미한다. 윈도 작업표시줄의 검색에서도 '*.pdf', '*.hwp' 등 '*.확장자'와 같이 입력하여 특정 확장자의 모든 파일을 찾는데 시간을 절약할 수 있다. 문자열 검색에서 예를 들어 '비민주*' 또는 '*민주'라면, '비민주적', '비민주화', '비민주주의', '비민주주의적', '탈민주', '비민주', '박민주' 등과 같은 결과가 출력된다.

이 외에도 정규식의 각 패턴들은 함께 조합하여 보다 정확한 검색 결과의 출력에 응용할 수 있다. 한 예로 역슬래시 'W'와 소괄호 '(,)'를 조합하여 '(가)(나)W1'과 같은 조건을 주면, '가나가'와 같은 형태가 출력된다. '(가)(나)W2'와 같다면 검색 결과는 '가나나' 형태가 될 것이다.

<표7> 텍스트 에디터의 정규식 예

패턴 및 기능	한국어	일본어
[ ]	[중대]학교	[小中]学
[ ] 안에 있는 문자 중 어느 하나를 검색함	'중학교', '대학교'	'小学', '中学'
-	[1-5]	

하이픈으로 문자 코드 범위를 지정함	'1', '2', '3', '4', '5'	
( )	(국내|해외)여행	(大学|高校)受験
문자열 패턴을 '|'로 구분하여 그룹화함	'국내여행', '해외여행'	'大学受験', '高校受験'
.	A.B	
개행을 제외한 임의의 한 개 문자	'A와B', 'A&B'	'AとB', 'A＝B'
+	가가+	ああ+
플러스 앞 문자를 1회 이상 반복	'가가', '가가가', '가가가가' 등	'ああ', 'あああ', 'ああああ' 등
*	비민주* 또는 *민주	非民主* 또는 *民主
'모든'	'비민주적', '비민주화', '비민주주의', '비민주주의적', '비민주주의적인' 또는 '탈민주', '비민주', '최민주' 등	'非民主的', '非民主化', '非民主主義', '非民主主義的', '非民主主義的な' 또는 '脱民主', '非民主' 등
₩1	(가)(나)₩1	(あ)(い)₩1
( )로 그룹화한 첫 번째 패턴을 지정함	'가나가'폼 검색	'あいあ'폼 검색
₩2	(가)(나)₩2	(あ)(い)₩2
( )로 그룹화한 두 번째 패턴을 지정함	'가나나'폼 검색	'あいい'폼 검색

다시 '나만의 코퍼스'로 돌아와서 매스컴에 나타난 '코로나바이러스감염증-19(COVID-19)' 관련 기사에 나타난 표현 양상의 일례를 살펴보자. 필자가 주의 깊게 관찰한 것은 접미사 파생어 조어(word formation) 양상이었다. 단어 형성의 여러 가지 방법 가운데 특히 접

사 파생법은 어기(語基, root)에 접사가 접속되어 다양한 어휘화, 문법화를 실현하는 가장 효율적인 조어법 중 하나라고 하겠다.

'코로나바이러스감염증-19(COVID-19)' 관련 국내 매스컴에서 사용된 접사 파생어 표현 중 적지 않게 접한 것은 '중국발 확산', '세계적 유행', '선제적 대응', '적극적 검사', '공격적 방역', '백신 국산화 추진' 등과 같은 표현을 들 수 있다. 이와 관련한 일본 매스컴을 살펴보고자 필자는 'NHKオンライン'[10]을 통해 2020년 8월 25일 기준 관련 기사 57개를 수합하고 유니코드 텍스트 파일로 가공하여 '秀丸エディタ'의 'grep(global regular expression print)'으로 2음절 어기의 '的' 파생어를 검색해 보았다. 아래는 정규식 조건이다.

정규식 조건: [^]{0,2}的

위의 정규식은 ''的' 앞의 최대 2자 중심으로 어기를 찾되, 여기에 해당하지 않는 경우는 제외한다.'와 같다. 이를 확장하면 아래 어기의 수를 조절한 '특정 접두사+어기+접미사' 형태의 파생어휘도 용이하게 검색할 수 있다.

정규식 조건: 非.{0,2}的 또는 非.{0,2}[性|化]的

아래 〈그림6〉은 'NHKオンライン'의 8월 25일 자 57개 기사를 대

---

10 https://www.nhk.or.jp/

상으로 '2자 어기 的 파생어'를 검색한 '秀丸エディタ'의 결과와 엑셀로 2차 가공한 화면의 일부이다.

〈그림6〉 '2자 어기 的 파생어' 검색 결과 및 엑셀 가공예

정규식 '[ㅅ]{0,2}的' 조건을 통해 수집된 '的' 파생어는 총 91개의 스트링에서 전체어수(述べ語数) 53개, 개별어수(異なり語数) 99개로 나타났다. 전체어수 기준 '的' 파생어는 다음과 같다.

強権的, 開放的, 個人的, 結果的, 決定的, 継続的, 科学的, 具体的, 国際的, 軍事的, 基本的, 段階的, 挑発的, 独裁者的, 独裁的, 論理的, 理想的, 理性的, 反民主的, 反政府的, 専門的, 体力的, 比較的, 非民主的, 批判的, 社会的, 生産的, 世界的, 楽観的, 優先的, 意欲的, 人道的, 印象的, 一般的, 一時的, 積極的, 全国的, 戦略的, 絶望的, 定期的, 精力的, 精神的, 主観的, 中心的, 徹底的, 最終的, 追加的, 衝撃的, 平和的, 爆発的, 献身的, 現実的, 効率的

이에 엑셀로 가공한 2차 가공 파일에서 'LEFT 함수'를 사용하여 어기부만 분리하여 가장 많이 출현한 어기를 살펴본 결과 '積極' 9회, '世界' 6회, '優先' 및 '全国' 각각 5회 등의 순이었다. 전체 어기는 아래와 같으며, 괄호 내 숫자는 출현 횟수이다.

① 함수식: '=LEFT(A1, LEN(A1)-1)'

② 어기: 積極(9), 世界(6), 優先(5), 全国(5), 強権(3), 科学(3), 具体(3), 国際(3), 比較(3), 平和(3), 効率(3), 決定(2), 継続(2), 基本(2), 段階(2), 理想(2), 生産(2), 楽観(2), 戦略(2), 精神(2), 徹底(2), 現実(2), 開放(1), 個人(1), 結果(1), 軍事(1), 挑発(1), 独裁者(1), 独裁(1), 論理(1), 理性(1), 反民主(1), 反政府(1), 専門(1), 体力(1), 非民主(1), 批判(1), 社会(1), 意欲(1), 人道(1), 印象(1), 一般(1), 一時(1), 絶望(1), 定期(1), 精力(1), 主観(1), 中心(1), 最終(1), 追加(1), 衝撃(1), 爆発(1),

献身(1)

③ '積極', '世界', '優先', '全国'의 유형:

積極(9)

16.txt(12)[11]: 中国の習近平国家主席は、中国がワクチンを開発すれば途上国
に積極的に提供する考えを示していて、

19.txt(131): 一方の民主党も中国に厳しく、特に人権問題には積極的だ。

20.txt(41): ポンペイオ長官は4月だけで90回以上、国内外のメディアのイン
タビューを積極的に受け、

20.txt(65): 大統領選挙と同時に実施される連邦議会選挙でも共和党の候補者
たちが中国カードを積極的に活用している。

38.txt(4): 東京都は新型コロナウイルスの (중략) 宿泊療養施設の積極的な活
用を求める意見が

38.txt(12): 無症状や軽症の人たちを対象に、宿泊療養施設の積極的な活用を

45.txt(14): 積極的に助成金を活用して雇用の維持につなげてほしい」と話し
ています。

48.txt(33): 次の日の朝でも間に合う仕事は積極的に翌朝に繰り越すことで

50.txt(8): そのうえで、医療施設や高齢者施設での積極的な検査を通じて、

世界(5)

18.txt(4): 世界的に人気の動画共有アプリ「ＴｉＫＴｏＫ」を運営する中国の
ＩＴ企業が、

44.txt(4): WHO＝世界保健機関のテドロス事務局長は、新型コロナウイルス

---

11 16번 텍스트 파일의 12행

のワクチンの世界的な争奪戦に

44.txt(8): これについてWHOのテドロス事務局長は24日、(중략) 各国が自
国のためのワクチン確保に走り、世界的な争奪戦

52.txt(175): さっき言ったように、(중략) MERSも世界的な大流行にはなっ
ていない。

52.txt(182): 新型コロナウイルスがパンデミック(世界的大流行)を引き起こ
す危険性について (중략) 現実的に考えていた専門家は、世界的
にもそんなに多くはなかったと思います。

優先(5)

16.txt(4): 中国の李克強首相は、(중략) 中国が新型コロナウイルスのワクチ
ンの開発に成功すれば、優先的に提供する意向を

16.txt(10): そして李首相は、(중략) メコン川流域各国に優先的に提供する」
と

27.txt(6): 新型コロナウイルス対策を検討する政府の分科会が (중략) 基礎疾
患がある人などに優先的に接種するとした政府の案が

27.txt(20): 案では、優先的に接種する対象を、

29.txt(22): 21日の分科会では、(중략) 医療従事者などから優先的に接種する
とした方針が

全国(5)

29.txt(4): 21日行われた新型コロナウイルス対策の (중략) 専門家は、全国的
には今回の感染拡大は

29.txt(6): 全国的には7月下旬がピーク

29.txt(13): それによりますと全国的には、今回の感染拡大で7月27日から29
日にかけて

29.txt(30): 新型コロナウイルスの重症者について、(중략) ただ、全国的な感
　　　　　 染状況を評価するためには、

32.txt(8): 全国的にも、東京でも新たな感染者数の推移はピークを迎えている
　　　　　 ようにも見えるが、

4. 나오며

지금까지 일본 국내를 중심으로 구축, 공개된 코퍼스의 현황과
'형태소 분석기', '中納言', '텍스트 에디터' 등을 활용한 간단한 일본
어 용례 검색과 가공의 일례를 보였다. 이를 통해 코퍼스는 빅데이터
의 자원으로서 웹, 고전, 현대어, 블로그, 사회관계망서비스, 방언, 공
통어 또는 의미역, 무형대용, 상호 참조, 수어 등 다양한 유형과 목적
에 따라 더욱 세분화되고 있다는 것을 알았다.

1990년대 말, 2000년대 초 한일 양국에서 코퍼스 구축과 활용의
필요성이 대두된 이래 20여 년이 지나 지금은 차고 넘치는 언어 자원
의 시대가 되었다. 그리고 이 언어 자원의 활용 목적은 학습, 교육, 연
구뿐만이 아닌 AI와 결합한 의료, 여행, 쇼핑 등과 같은 이른바 생활
전반으로 확장되었으며, 이에 따른 특수 목적 코퍼스의 구축과 공개
또한 활발히 이루어지고 있는 것이 사실이다.

이와 같은 추세 속에서 우리들은 양질의 학제 간 연구와 교육 패
러다임의 선도를 위해서라도 언어 자원을 효율적으로 다루고 관리하
는 방법과 능력을 모색하지 않으면 안 될 것이다.

참고 문헌

한국문헌

송미령(2004), 「현대 일본어의 3인칭 대명사 「彼·彼女」」에 관한 고찰—현대 한국어
와의 용법 대조를 중심으로—」, 『日語日文學硏究』第51輯, 한국일어일
문학회, 305-324면.

윤영민·송재영(2018), 「현대 한일어 3인칭 여성 대명사 '그녀'와 '피녀(彼女)' 연
구」, 『일본어교육연구』제46집, 한국일어교육학회. 89-106면.

윤영민(2018), 「말뭉치 구축·활용의 흐름과 현재의 동향—일본의 사례를 중심으로—」,
『언어사실과 관점』 45, 연세대학교 언어정보연구원, 54면.

이강민(2020), 「한국의 일본어 연구: 동향과 과제」, 『日本硏究論叢』제51호, 現代日本
學會, 255-271면.

장원재(2014), 『코퍼스를 활용한 일본어연구와 일본어교육연구』, 한국문화사.

한중선(2012), 「韓國語 女性 三人稱代名詞 「그녀」 成立過程 考察—일본어 「彼女」의
번역을 중심으로—」, 『일본연구』제54호, 491-510면.

외국문헌

国立国語研究所編(2005), 『雑誌『太陽』による確立期現代語の研究』, 博聞舘新社.

小西 光(2017), 「近代口語文翻訳小説コーパス構築の概要と計量的分析」, 『国立国語研
究所』11, pp.37-61.

小学館(2001), 『日本國語大辭典』, 小学館.

田中牧郎(2013), 「『明六雑誌コーパス』『太陽コーパス』から見る近代語彙」, 『国立国語研
究所』4(4): pp.18-27.

近藤明日子(2018), 「明治·大正期の文語文における一人称代名詞の通時的変化 :『日本語

歴史コーパス 明治・大正編Ⅰ雑誌』と『東洋学芸雑誌』を用いた分析」,『国立国語研究所』14, pp.73-88.

飛多良文(2002),『明治生まれの日本語』, 淡交社, pp.80-89.

前川喜久雄(2012),「「コーパスアノテーションの基礎研究」および「コーパス日本語学の創成」」,『国立国語研究所』3(3), pp.63-83.

YASUKO OBANA(2003), "THE USE OF KARE/KANOJO IN JAPANESE SOCIETY TODAY", *New Aealand Journal of Asian Studies*, 5, 1, 139-155면.

참고 누리집

국사편찬위원회 한국사데이터베이스 http://db.history.go.kr/

国立国語研究所コーパス検索アプリケーション中納言 https://chunagon.ninjal.ac.jp/

NHKオンライン https://www.nhk.or.jp/

국내 화용론·사회언어학 분야의 연구방법론
—2018년~2020년 연구를 중심으로—

이은미

1. 들어가며

한국과 일본은 국제화시대의 도래와 함께 대중문화의 개방으로 인하여, 국가차원을 넘어 개인 차원에서의 교류도 활발해지고 있다. 상대국의 드라마, 영화나 음악, 게임 등 대중문화가 인기를 끌면서 한국어와 일본어에 대한 관심도 점점 높아져 가고 있으며, 한국인과 일본인이 직접 만나서 대화하거나, 인터넷을 통해 정보를 교환하는 일도 증가하고 있다. 그러나 이문화 커뮤니케이션에 있어서는 서로가 자국문화에 근거한 언어행동을 무의식적 또는 습관적으로 행하기 쉽기 때문에 자국문화와 상대 문화의 차이에 대해 인식하지 않으면 미스커뮤니케이션이 발생할 가능성이 높다. 따라서 문화배경을 달리하는 양국인의 커뮤니케이션이 원활히 이루어지기 위해서는 그 나라의 문화적 특징에 근거한 양국인의 언어행동을 통찰할 필요가 있다. 이러한 배경 하에 최근 들어 국내 일본어학 연구 동향을 보면 화용론과 사회언어학 분야 연구가 활발하게 이루어지고 있음을 알 수 있다[1].

화용론은 이론 언어학의 제 분야 중에서 발화(utterance)[2]의 효력이 발생하는 메카니즘을 탐구하는 영역이다[3]. 화용론 연구는 구어를 대상으로 하고 있으며, 단어나 문 레벨을 넘어 담화의 흐름(문맥) 속에 나타난 대화 참가자들의 상호작용 및 실제 언어운용에 중점을 두고 있다고 할 수 있는데, 대화상의 함의나 폴라이트니스(politeness) 관점에서 언어행동 관련 연구가 활발하게 이루어지고 있다. 한편, 사회언어학은 사회 안에서 살아가는 인간, 혹은 그 집단과의 관계에서 언어현상 혹은 언어운용을 파악하려는 학문분야[4]로 응용언어학에 속한다. 언어변종, 언어행동, 언어생활, 언어접촉, 언어변화, 언어의식, 언어습득, 언어정책을 세부영역으로 하고 있는데, 최근 들어 언어행동 관련 연구가 질적·양적 모두 두각을 나타내고 있다[5]. 화용론과 사

---

1 洪珉杓(2019)에서는 약 25년 간(1994년~2018년)의 화용론·사회언어학 연구의 연도별 추이를 제시하고 있는데, 화용론·사회언어학 분야 연구는 2000년부터 점차적으로 늘어나서 2015년~2016년에는 122편, 2017~2018년에는 110편에 달하고 있다.

2 구어에서 화자가 소리내어 말하는 음연쇄체로 담화(discourse)를 구성하는 최소의 단위(近藤·小森 2012:150)로 대인 커뮤니케이션의 특정 발화 상황 속에서 문을 소리내어 말함으로써 특정적이고 구체적인 의미를 전달한다(山岡他 2018: 8)(필자번역).

3 山岡政紀·牧原功·小野正樹(2018),『日本語語用論入門』,明治書院, p.8.

4 真田信治(2013),『社会言語学』, 桜楓社, p.9(필자번역).

5 高木千恵(2013),「社会言語·言語生活」,『日本語の研究』12-3, 日本語学会, p.91(필자번역).

회언어학을 비교하면 화용론은 앞서 언급하였듯이 이론언어학의 한 분야로, 언어사용자와 언어와의 1회적, 우연적 관계를 기술하려고 하는 것인데 비해 사회언어학은 응용언어학에 속하며 사회와 언어의 관계를 체계적·일반적으로 기술하려고 하는 것이다[6]. 이처럼 화용론과 사회언어학은 엄밀히 말하면 언어학에서 다른 영역이며, 연구 대상과 기술 방식에도 차이가 있지만, 화용론이 언어문화의 차이도 다루고 있으며, 양자 모두 언어사용이나 언어행동을 주요 관심 분야로 삼고 있다는 점에서 화용론과 사회언어학은 다른 언어학 분야에 비해 매우 인접한 분야라고 할 수 있다. 최근 들어 이 두 분야(화용론과 사회언어학)의 주요 연구 대상인 언어사용이나 언어행동, 커뮤니케이션 전략 관련 연구가 활발하게 이루어지고 있는데, 이러한 연구들이 실제로 어떻게 이루어지고 있는지 연구방법을 살펴보는 것은 화용론과 사회언어학 분야를 이해하는데 유용하게 작용할 수 있을 것으로 판단된다.

이에, 본고에서는 2018년~2020년 최근 3년간 국내 일본어 관련 연구 학회에서 발행한 연속간행물에 게재된 화용론[7]과 사회언어학 분야 논문의 연구 방법론을 분석 자료를 중심으로 양적·질적 조사를 통해 파악하고자 한다. 이를 통해, 화용론과 사회언어학 분야 연구의

---

6 山岡政紀·牧原功·小野正樹, 위의 책, pp.22-23(필자번역).

7 'Pragmatics'가 일본에서는 '語用論'으로 번역되어 사용되고 있으며, 한국에서도 '어용론'으로 사용되기도 한다.

특징을 파악하고, 향후 관련 연구를 수행하는데 있어 다양한 측면에서 유용한 시사점을 제공할 수 있기를 기대한다.

2. 조사개요

본고에서는 한국연구재단 학문분야 중분류 중 '일본어와 문학'으로 분류된 18개의 등재학술지를 대상으로 2018년 1월~2020년 11월까지 게재된 화용론과 사회언어학 분야 논문 158편을 분석하였다. 구체적으로는 해당 기간 동안 18개의 등재학술지에 게재된 모든 일본어학 관련 논문의 논문테마와 논문에 기재된 연구 분야[8] 및 주제어 등을 참고로 화용론과 사회언어학 분야 논문을 선별하였다. 〈표1〉은 본고의 분석 대상인 화용론과 사회언어학 분야 논문 수를 조사대상 학술지별로 정리한 것이다.

---

8 한국연구재단의 학문분야 중분류 중 '일본어와 문학'의 소분류(연구 분야)는 '음성학', '음운론', '통사론', '형태론', '의미론', '어휘론', '화용론', '사회언어학', '일본어교육', '일본어사', '기타일본어학'의 11분야로 나누어져 있다.

<表1> 조사대상학술지[9]별 화용론·사회언어학 논문수

№	발행기관	학술지명	대상권(호)	화용론·사회언어학 논문수(%)
1	한국일본학회	일본학보	42-49	6(3.8)
2	한국일어일문학회	일어일문학연구	104-114	23(14.6)
3	중앙대학교 일본연구소	일본연구	48-53	4(2.5)
4	한국일본어교육학회	일본어교육	83-93	4(2.5)
5	한국외국어대학교 일본연구소	일본연구	76-85	4(2.5)
6	대한일어일문학회	일어일문학	77-86	9(5.7)
7	일본어문학회	일본어문학	80-90	14(8.9)
8	한림대학교 일본학연구소	한림일본학	32-36	0(0.0)
9	한국일본어문학회	일본어문학	76-85	9(5.7)
10	한국일본문화학회	일본문화학보	76-86	12(7.6)
11	한국일어교육학회	일본어교육연구	42-52	14(8.9)
12	동아시아일본학회	일본문화연구	65-75	4(2.5)
13	고려대학교 글로벌 일본연구원	일본연구	29-34	0(0.0)
14	한국일본어학회	일본어학연구	55-65	22(14.0)
15	한국일본근대학회	일본근대학연구	59-69	9(5.7)
16	한국일본언어문화학회	일본언어문화	42-51	16(10.1)
17	단국대학교 일본연구소	일본학연구	53-61	2(1.3)
18	한양대학교 일본학 국제비교연구소	비교일본학	42-49	6(3.8)
합계				158(100)

9 발행기관의 설립연도 순으로 제시하였다.

3. 화용론·사회언어학의 연구방법론

본고에서는 2018년 1월~2020년 11월까지 18개의 등재학술지에 게재된 화용론· 사회언어학 분야 논문 158편의 연구 방법론을 논문에서 사용한 분석 자료를 중심으로 살펴보고자 한다.

〈표2〉는 2018년 1월~2020년 11월까지 게재된 화용론·사회언어학 분야 논문의 분석 자료를 조사하고 분류한 것이다.

〈표2〉화용론·사회언어학 분야의 분석 자료

№	분석자료	빈도(%)	세부자료
1	자연대화 녹음자료[10]	60(34.9)	대화 롤 플레이 인터뷰 전화
2	시나리오	28(16.3)	영화, 드라마
3	설문조사	19(11.0)	설문조사
4	인터넷매체	15(8.7)	이메일, 문자 포털사이트 SNS 댓글, 코멘트

---

10 연구자가 연구 목적에 따라 직접 수집한 자료로, 코퍼스 자료와 구분하였다.

5	코퍼스	9(5.2)	現代日本語書き言葉均衡コーパス(BCCWJ) BTSJによる日本語話し言葉コーパス SSコーパス KUJE담화코퍼스 KYコーパス
6	기록물 등	5(2.9)	국회의사록, 국립국어원자료
7	방송프로그램 (드라마 외)	5(2.9)	토크쇼 토론프로그램 스포츠인터뷰 뉴스
8	소설	5(2.9)	소설 대화문 한일 소설 대역본
9	교재	2(1.2)	교재
10	담화완성 테스트	2(1.2)	담화완성테스트
11	언어경관	2(1.2)	관광지 안내판, 명동지역간판
12	애니메이션	2(1.2)	애니메이션
13	담화자료서적	2(1.2)	合本 女性のことば·男性のことば(職場編) 主婦一週間の会話資料
14	기타[11]	15(8.7)	회견연설문, 문헌, 신문, 수업사례, 게임, 만화, 잡지, 자유국민사 공식사이트, 작례 등
	합계[12]	172(100)	

---

11 조사 자료로 1회씩 사용된 것은 기타로 분류하였다.

12 논문158편을 분석대상으로 하였으나, 하나의 논문에 복수의 장르를 분석 자료로 삼은 경우에는 자료를 개별로 카운팅하여 합계가 172가 되었다. 참고로 하나의 논문에 2개의 장르를 분석 자료로 삼은 논문은 12편이었고, 3개의 장르를 분석 자료로 삼은 논문은 1편이었다.

〈표2〉를 보면 자연대화 녹음자료와 드라마/영화(시나리오)를 분석한 것이 50%이상으로 음성을 기반으로 하고 있는 실제 일상 대화(혹은 유사한 것)가 많이 사용되고 있음을 알 수 있다.

이하에서는 〈표2〉에 제시한 분석 자료별[13]로 연구방법을 기술하고자 한다.

3.1. 자연대화 녹음자료

자연대화는 인위적인 조작이 이루어지지 않은 대화로, 무엇을 어떻게 말할 것인지 정하지 않고 실제 대화 상황에서 대화 참가자들 간의 상호작용에 의해 산출되는 대화를 가리킨다. 자연대화는 일상대화처럼 대화의 내용이나 참가자의 역할, 대화 진행 방식 등의 자유도가 높은 것도 있으며, 회의나 면담, 인터뷰와 같이 한정된 것도 있다. 또한, 참가자의 성별, 나이 등의 속성이나 친밀도, 대화참가자 수나 대화 화제 등 조건이 통제된 대화여도 참가자가 자발적으로 행한 것은 자연 대화의 범주에 들어가며, OPI(OralProficiency Interview)나 롤·플레이(Role play)와 같이 참가자의 역할이 정해져 있더라도 대화의 내용이나 흐름이 참가자에게 맡겨져 있는 경우에는 자연대화라고

---

13 자연대화 녹음자료의 경우에는 타 자료에 비해 분석 자료로 많이 사용되고 있고 상대적으로 연구목적에 따른 다양성이 존재하여 유형별로 대표적 예를 들어 상세히 기술하였으나 타 자료들은 분석 자료의 특징과 연구 예를 간단히 기술하였음을 양해바란다.

할 수 있다[14].

본 조사 자료에서 자연대화 녹음자료는 크게 대화 녹음자료[15], 롤·플레이 녹음자료, 인터뷰 녹음자료, 전화 녹음자료로 분류하였다. 자연대화 녹음자료를 분석 자료로 삼은 논문은 총 60편으로 그 중 대화 녹음자료는 45편[16], 롤·플레이 녹음자료는 9편, 인터뷰 녹음자료는 4편, 전화 녹음자료는 2편이었다.

한편, 대화 녹음자료의 경우, 대화의 내용을 대화 참가자들에게 맡기는 자유 대화와 대화 주제나 테스크(task)를 제시한 대화, 그리고 토론 장면 등 대화 장면을 설정한 대화로 나눌 수 있는데, 이는 연구자의 연구 목적에 따라 선택할 수 있다. 가령 '칭찬행동'을 테마로 하는 경우, 첫 만남 대화에서 실제로 칭찬이 어떻게 사용되고(빈도와 칭찬 대상) 어떤 역할을 하는지에 초점을 맞출 경우에는 자유 대화가 보다 적합할 것이고, 첫 만남 대화에서는 보통 어떤 것을 칭찬하는지에 초점을 맞출 경우에는 대화 참가자들에게 '상대방과 대화중에 적절한 시점에 자연스럽게 칭찬을 해주세요'라는 테스크를 부여한 대화가 보다 적절하다고 할 수 있다.

---

14 近藤·小森(2012), p.144의 내용을 수정·가필하였다.

15 자연대화 녹음자료 중 롤·플레이 녹음자료, 인터뷰 녹음 자료, 전화 녹음 자료를 제외한 대면 대화 자료를 본고에서는 편의상 대화 녹음자료라고 명명하였다.

16 대화 녹음자료의 경우 5편이 다른 자료와 복수로 사용되었는데, 대화 녹음자료+전화 녹음자료가 2편, 대화 녹음자료+교과서가 2편, 대화 녹음자료+애니메이션이 1편이었다.

본 조사자료 중 자연대화 녹음자료를 사용한 연구의 대표적인 예를 들어 설명하면 다음과 같다.

〈대화: 자유 대화〉
- 李恩美(2018), 「日本人の若年層の会話におけるディスコース・マーカーの研究」, 『일본언어문화』44, 한국일본언어문화학회

일본인 젊은 층 언어사용의 하나의 특징으로 지적되는 담화표지(discouse marker)에 초점을 맞추어 일본인 여고생과 여대생의 실제 대화에 나타나는 담화표지(discouse marker)의 사용양상을 파악하고자 한 연구이다.

일본인 10대 여고생 친구 간 대화(5대화,100분)와 20대 여대생 친구 간 대화(5대화,100분)를 분석 자료로 하였다. 여고생 5명과 여대생 5명에게 특별히 화제는 제시하지 않고 친한 친구와 자유롭게 20분 정도 대화하도록 의뢰하였다. 대화 녹음 후에는 녹음에 대한 의식, 대화의 자연스러움 등에 대해 follow-up 앙케트를 실시하여 대화 자료의 타당성을 확인하였다. 대화 녹음 자료는 BTSJ에 따라 문자화하였다.

기존의 젊은 층 언어사용의 실태나 의식에 대한 연구는 활발하게 이루어져 왔지만, 실제 대화 분석을 통하여 젊은 층 언어사용을 실증적으로 파악한 연구가 거의 없었다는 점을 고려할 때 실제 대화를 분석 자료를 삼아 젊은 층 언어의 사용양상을 파악하고자 한 점은 적절

하다고 판단된다. 한편 본 연구의 연구 테마인 담화표지는 '의뢰'나 '거절' 등 특정 언어행동에 비해 일상 대화에서 빈번하게 사용되는 언어표현이기 때문에 테스크나 주제가 제시된 대화보다 대화의 내용을 대화 참가자들에게 맡기는 자유 대화를 분석하는 것이 담화표지의 사용양상을 파악하기에 보다 적절하다고 판단되며, 젊은 층을 10대와 20대로 나누어 대화 자료를 수집한 점도 젊은 층 언어사용을 파악하고자 하는 본 연구에 부합하고 있다고 판단된다. 그러나 종래의 여러 연구에서 지적하고 있듯이 일본인의 언어사용에는 특히 친소차 요인이 크게 작용하고 있기 때문에 이에 대한 보완과 더불어 다양한 언어사용에 영향을 끼치는 요인에 대한 고려도 필요할 것으로 사료되며, 나아가 장년 층 언어와 비교함으로써 젊은 층 언어사용의 특징이 보다 명확히 드러날 수 있을 것으로 판단된다.

〈대화: 테스크를 제시한 대화〉
 • 김아란(2018) , 「친밀도와 담화 전개 양상에 관한 일고찰―의견 불일치 장면을 중심으로―」, 『일본문화학보』77, 한국일본문화학회

일본인 대학생의 실제 담화를 자료로 하여 부동의의 담화전개 양상을 관찰한 연구이다.

일본인 대학생 2명을 기준자로 삼고, 각각 친밀도가 다른 3명(전원 같은 나이)과 1대 1로 대화하도록 하였다. 친밀도가 「高」「中」에 해당하는 사람은 기준자에게 데려오도록 부탁하였고, 친밀도 「低」에 해당하는 사람은 의뢰자가 기준자에게 소개하였다. 친밀도 「高」와 「中」에 대한 판단은 기준자의 주관에 맡겼는데 두 사람이 알게 된 계기, 알고 지낸 기간, 공감도, 친밀도 등에 대해서는 녹음 전에 확인하였다. 대화 제공자에게는 녹음 전에 의견이 갈리는 20개의 화제가 적힌 종이를 나눠 주고, 자신의 의견에 동그라미를 치게 하였다. 녹음이 시작되면 우선 20개의 화제 중 본인들의 의견이 일치하는 화제와 일치하지 않는 화제가 무엇인지 확인하게 한 후, 의견이 일치하는 화제에 대해 10분, 일치하지 않는 화제에 대해 10분 간 이야기하도록 하였다. 한 페어당 녹음 시간은 약 25분이다.

의견 불일치/부동의 장면에서의 담화 양상에 관해서는 지금까지 일상 대화, 토론, 롤·플레이 등 다양한 담화자료를 분석 자료로 하여 다양한 관점에서 연구가 이루어져 왔다. 테스크가 주어지지 않은 일상 자연 대화에서는 의견 불일치/부동의 장면이 많이 나오지 않고, 롤·플레이의 경우, 화자의 실제 의견과는 관계없이 불일치/부동의의 역할 연기를 하는 경우도 있다는 점을 고려할 때 의견 불일치/부동의 장면의 담화 양상의 일단면을 파악하기 위해서는 본 연구와 같이 불일치/부동의 발화가 자연스럽게 나오고 어느 정도 양적인 자료도 확보할 수 있도록 테스크를 제시한 대화 수집 방법은 적절하다고 판단된다. 또한 연구자가 지적했듯이 친한 친구와의 대화(친밀도: 高)와 처음 만난 사람과의 대화(친밀도: 低)를 분석한 木山(2005) 이외에는 기존의 선행연구가 대화 제공자들의 친밀도를 고려하지 않았다는 점을 문제점으로 들 수 있는데, 본 연구에서는 친밀도를 「高·中·低」의 3단계로 나누어 각 단계의 부동의 전개 양상을 살펴보고자 하였다. 기존의 언어행동 연구에서 대화 참가자들의 친밀도 요인에 주목하는 연구들은 대부분이 친구와 첫 만남의 2종류로 나누어 분석하고 있는데, 본 연구에서는 친밀도를 「高·中·低」의 3단계로 보다 세분화하여 대화를 수집하고 분석함으로써 부동의의 전개 양상과 친밀도와의 관계를 보다 입체적으로 살펴볼 수 있었으며 언어행동 선택에 영향을 끼치는 주요 요인이라 할 수 있는 친밀도(친소관계)의 범주를 보다 확장하고 있는데 향후 언어행동 관련 연구자들에게 시사하는 바가 크다고 하겠다. 한편, 본 연구에서는 피험자가 2명으로 정량적 분석을 하기에는 대화 수가 다소 부족하여 정성적(질적) 측면에서 담화의 전개 양상을 분석하고 있는데, 향후 피험자 수를 보강하여 정량적 분석까지 더해진다면 본 연구 결과의 신뢰성이 확보될 것으로 판단된다.

〈대화: 장면이 설정된 대화〉

· 朴成泰(2018), 「談話における相づちの機能に関する研究—日韓の接触場面を中心にして」, 『일본어문학』78, 한국일본어문학회

한국어와 일본어의 모어화자 간 및 이문화간 접촉 상황에서 수집한 데이터를 사용하여 일본어와 한국어의 담화상의 언어행동의 하나인 '맞장구'의 분석을 통해서 한일 양언어의 맞장구의 기능을 밝히고자 한 연구이다.

한국어와 일본어 그룹 토론을 모어화자 장면과 접촉 장면으로 나누어 수집하였다. 한국어모어화자 그룹, 일본어모어화자 그룹, 한일 접촉 장면에서 한국어로 토론하는 그룹, 한일 접촉 장면에서 일본어로 토론하는 그룹의 4가지 형태로, 그룹당 4명씩 토론을 하여 총 160분의 16명(8그룹, 20분씩)의 담화 자료를 분석 자료로 삼았다. 토론 참가자는 일본의 동일 대학에 다니는 대학생, 대학원생, 한국인 유학생으로 모두 20~30대의 남녀이다. 한국인 일본어학습자의 일본어 학습력은 4년~10년(평균 약 5년 6개월)이고, 일본인 한국어학습자의 한국어 학습력은 3년~6년 6개월(평균 약 4년 6개월)이다. JJ1~JJ4는 일본어 모어화자이며, 일본어로 2회의 토론을 하고, JK1~JK4는 일본어 모어화자이지만, 1회째 토론은 일본어로 하고 2회째 토론은 한국어로 한다. 그리고, KK1~KK4는 한국어 모어화자이며, 한국어로 2회의 토론을 하고, KJ1~KJ4는 한국어 모어화자이지만, 1회째 토론은 한국어로 하고 2회째 토론은 일본어로 한다. 각 담화는 녹음기로 녹음과 동시에 비디오로 녹화하였으며, 수집한 데이터는 문자화기호를 사용하여 문자화하였다. 담화의 분량이 그룹마다 차이가 있어 그룹 토론의 시작 부분인 자기소개 등을 제외하고 처음부터 20분간의 데이터를 수량적으로 조사하였다.

본 연구에서는 모어 장면에서 모어화자 간에 대화하는 경우, 이문화의 사람과 모어로 대화하는 경우, 이문화의 사람과 외국어(상대방 모어)로 대화하는 경우로 나누어 한국어와 일본어의 맞장구의 실태를 살펴보고자 하였다. 기존의 다양한 선행연구에서 지적하고 있듯이 맞장구의 주요 기능으로 '상대방의 이야기를 잘 듣고 있음', '이해', '동의', '부정의 완충', '감정표출' 등을 들 수 있는데, 일상 장면에 비해 토론 장면에서 '동의', '부정의 완충'을 포함한 다양한 기능의 맞장구가 사용될 가능성이 높다는 점에서 토론이라는 장면을 설정한 대화를 분석 자료로 한 점을 적절하다고 판단된다. 한일 양국의 맞장구를 대조 연구할 때 주로 한국어와 일본어 모어화자들의 맞장구나 일본어 접촉 장면에서의 맞장구를 분석대상으로 하는 연구들이 대부분이었는데, 모어 장면과 함께 접촉 장면에서의 모어사용과 접촉 장면에서의 외국어(상대방 모어사용)을 함께 분석함으로써 한국어와 일본어의 맞장구의 특징과 더불어 해당 외국어 습득시의 나타나는 모어의 특징도 파악할 수 있다는 점에서 연구 방법의 설계가 매우 독창적이라고 판단된다. 또한 이러한 연구 방법을 통해 얻어진 결과는 한국어와 일본어의 맞장구라는 언어행동의 이해뿐만 아니라 실제 양 언어를 외국어로 가르치는 교육 현장에도 시사하는 바가 클 것으로 사료된다.

〈롤·플레이 대화〉

롤·플레이는 테스크를 중심으로 한 교실활동의 한 종류이다. 롤·플레이 카드에 적힌 장면에서 어떤 상호작용(interaction)을 하면 좋을지 스스로 생각하고 주어진 역할을 연기하는 회화연습의 하나(近藤·小森 2012)로, 최근에는 이러한 롤·플레이 대화를 녹음하여 언어행동 연구를 중심으로 하는 화용론 분야 연구 자료로 사용하는 연구가 늘어나고 있다. 언어행동 연구는 실제 언어 행동이 그대로 드러나는 자연 대화 자료가 가장 적절하다고 할 수 있지만, 연구자가 주목하고자 하는 언어행동이 실제 대화에서 관찰되기 어려운 경우도 있고 실제 대화 수집의 경우 양적으로 충분한 자료를 수집하기 어렵다는 한계가 있다. 특히 정량적 분석을 하여 언어사용경향을 파악하고자 할 때는 충분한 양의 자연 대화 자료 수집이 용이하지 않기 때문에 롤·플레이가 비록 자연 대화에 나타나는 실제 언어행동을 그대로 반영하지는 못하지만 연구자가 원하는 장면을 설정할 수 있고 실제 자연 대화처럼 조사협력자의 상호작용도 파악 가능하며, 충분한 양의 자료도 수집 가능하다는 점에서 하나의 대안이 될 수 있다고 판단된다. 본 조사 자료 중 롤·플레이 대화를 분석 자료로 삼은 논문은 9편이었는데, 한중일 의뢰행동의 담화를 상호행위의 관점에서 분석한 김종완(2018a; 2019; 2020)과 한일 사죄행위를 상호작용의 관점에서 분석한 정현아(2018a; 2018b; 2019a; 2019b; 2020a; 2020b)의 일련의 연구들이다.

- 정현아(2018a), 「화용론적 관점에서 본 사죄행동의 상호작용에 대한 한일대조—물질적·신체적·정신적 피해 상황을 중심으로—」, 『일본어교육연구』45, 한국일어교육학회

한국과 일본의 남녀 대학생 대화에 나타난 사죄행동의 특징을 상호작용에 착목하여 물질적, 신체적, 정신적 피해상황을 중심으로 실증적으로 분석·고찰하고자 한 연구이다.

Brown and Levinson(1987[1978])은 대화 참가자 간의 '사회적 거리', '사회적 힘의 관계', 그리고 '행위의 부담도'가 화자의 대인 배려행위에 관한 언어 전략에 영향을 미치며 화자는 이들 요인을 종합적으로 평가하여 최종적인 언어전략을 선택한다고 설명하고 있는데, 본 연구에서는 아직 본격적인 사회 경험이 없는 협력자로, '사회적 거리'는 친한 친구 관계로 통제하고, '사회적 힘의 관계'는 상하관계가 성립되지 않는 대학교의 동급생으로, '행위의 부담도'는 상대방이 부담을 느낄 수 있는 물질적, 신체적, 정신적 피해 상황으로 통제하였다. 20대 한일 남녀 대학생 각 24명(총 96명)에게 물질적, 신체적, 정신적 피해 상황별 사죄장면의 롤·카드를 제시하고 롤 플레이 대화를 녹음하였다(한일 남녀 각36대화:12대화*3장면, 총 144대화). 롤·카드의 장면설정은 연구자가 임의로 정하지 않고, 2번의 장면 설정을 위한 앙케트 조사를 실시하여 정하였다.

본 연구는 '한일', '남녀', '상황(물질적, 신체적, 정신적)'에 따른 사죄행동의 상호작용의 언어 운용의 유사점과 차이점을 분석·고찰하는 것을 목적으로 하고 있는데, '한일', '남녀', '상황(물질적, 신체적, 정신적)' 외의 다른 요인들이 영향을 끼치지 않도록 조건들을 잘 통제하여 연구목적에 부합한 자료 수집이 이루어졌다고 판단된다. 또한 롤 플레이의 경우, 연구자가 조사하고자 하는 연구 목적에 부합하고 조사협력자의 입장에서도 자연스럽게 여겨지는 장면설정이 매우 중요하다고 할 수 있는데, 기존의 대부분의 언어행동 연구에서는 연구자가 임의로 연구 장면을 설정한 경향이 있었는데 반해, 본 연구에서는 실제 한일 남녀 대학생을 대상으로 장면 설정을 위한 앙케트 조사를 실시하여 보다 자연스럽고 타당한 장면 설정을 하였다는 점도 연구

방법론적인 측면에서 매우 적절하였다고 판단된다. 앞서 언급하였듯 이 롤 플레이 자료의 경우 자연 대화의 한계점을 보완할 수 있는 다양한 장점이 있지만 인위적인 장면 설정에 따른 역할 연기라는 한계가 있어 실제 자연 대화와는 다소 차이가 있다는 단점도 있다는 점에서 본 연구에서 사전 앙케트 조사를 통한 자연스러운 장면 설정은 이러한 롤 플레이의 단점을 다소 보완할 수 있을 것으로 사료된다.

〈인터뷰 대화〉

본 조사 자료 중 인터뷰 대화를 분석 자료로 삼은 논문은 4편이 었는데, 2편은 계승일본어 환경에 있는 한일자녀(한국의 초등학교에 다니고 있는 한일 국제결혼가정의 아이들)를 대상으로 언어습득양상을 살펴보기 위하여 외국인아동학생들을 위한 JSL 대화형 평가 DLA(Dialogic Language Assessment)자료를 분석 자료로 삼은 연구이고 (川口2018;2020), 1편은 간호현장에서 일본인 직원이 EPA(Economy Partnership Agreement)에 바탕을 둔 외국인 간호인재와의 커뮤니케이션을 어떻게 받아들이는지에 대해 인터뷰조사를 통해 살펴 본 연구이다(武内2018). 나머지 1편은 아래에 제시한 재한일본인여성의 인터뷰 조사를 통해 언어 환경의 비교한 연구이다(박양순 2020).

• 박양순(2020), 「재한일본인여성의 언어 환경의 비교」, 『일어일문학연구』113, 한국일어일문학회

한국에 거주하는 일본인여성에 대해 체류기간과 거주지역이 현격히 다른 장기적, 중기적, 단기적 그룹을 대상으로 언어사용(일본어와 한국어의 사용률, 코드스위칭, 중간언어)을 분석함으로써 이들을 둘러싼 언어 환경 및 접촉양상을 분석하고 한국어사용에서 보이는 특징을 고찰하여 각 그룹의 공통점 및 상이점을 밝히고자 한 연구이다.

장기적, 중기적, 단기적 그룹의 순으로 2015년~2018년에 걸쳐서 인터뷰조사를 실시하여 48명의 인터뷰 자료를 분석 자료로 삼았다. 조사 진행은 서울권과 부산권(울산포함)의 각 10명씩 조사를 목표로 하였으나 장기적 그룹에 속하는 재한일본인여성은 고령화와 노인성난청으로 인해 인터뷰조사는 3명 조사에 그쳤다. 부산권(울산포함)을 중심으로 조사를 시작하였으나 표준어 사용 지역인 서울권 조사를 병행하였고, 또한 도시권과의 비교, 고찰을 위해 읍면단위의 농촌지역 거주자 조사를 추가하였으며, 국제결혼가정과의 비교를 위해 일본인부부가정의 일본인여성에 대한 조사를 추가하였다. 인터뷰조사는 필자와 1:1조사는 4회이고 그 외는 2명, 3명, 4명으로 단체조사가 이루어졌으며 장기적 그룹의 부산권 조사는 필자와 조사대상자 외에 가족이 동석했지만 분석에는 포함하지 않았다. 조사 시에는 필자가 한국어를 사용하기도 하고 일본어를 사용하기도 하고 한국어와 일본어를 섞어서 사용(코드 스위칭)해서 질문하는 경우 등 다양한 방식으로 질문하거나 대응하였고 조사대상자에게도 언어사용은 자유롭게 허용된다고 미리 밝혔다. 조사내용은 이들의 평소에 사용하는 자연스러운 한국어와 일본어 사용을 유도하기 위해 화제를 제공하는 정도였으나 가족관계, 한국에 오게 된 경위, 사용언어, 교제범위 및 한국어 습득 과정, 한국과 일본의 문화 차이 등에 관한 질문은 공통되며 이에 대한 조사대상자의 답변으로 이루어져 있다.

본 연구 목적이 충실히 수행되기 위해서는 장기적, 중기적, 단기적 그룹별로 양적으로 조사협력자인 재한 일본인 여성의 충분한 언어자료가 필요한데, 인터뷰는 기본적으로 연구자의 질문에 대한 조사협력자의 답변으로 이루어져 조사협력자의 발화량이 상대적으로 많기 때문에 재한 일본인 여성의 언어사용을 조사하기에 비교적 적합한 연구방법이라 판단된다. 대화분석은 '민족방법론자들(ethomethodologists)'이라 불리는 사회학자들에 의해 개발되었으며(이원표 2004), 주로 현지조사에서 참여관찰법에 의해 언어사용자들의 언어를 녹음하여 분석하였는데, 언어사용자들의 발화를 유도하기 위해 인터뷰의 형식을 취하기도 하였다. 본 조사는 '민족방법론(ethomethodology)'에 근거한 초기의 대화분석 방법과 유사하다고 할 수 있다.

〈복수의 녹음 자료(대면 대화와 비대면 전화 대화)〉
• 朴成泰(2019),「日本語と韓国語のフィラーの機能に関する研究―接触場面に着目して―」,『일본어문학』82, 한국일본어문학회

한국어와 일본어의 자연발화에 보이는 필러의 기능을 접촉 장면에 착목하여 한일 대조의 관점에서 고찰하고자 한 연구이다.

한국어와 일본어의 모어화자 장면과 한일 접촉 장면을 각각 1:1 대면 대화와 전화를 사용한 비대면 대화를 분석 자료로 삼았다. 일본어모어화자는 총 8명으로 한국체재기간이 7~18년이고, 연령대는 30대~60대의 남녀이며, 직업은 대학원생, 주부, 학원강사, 교수로 다양하다. 한국어 모어화자도 총 8명이며 일본어학습기간이 5~21년이고, 연령대는 20대~50대의 남녀로 대학생, 대학원생, 회사원, 교수이다. 대화 자료는 구체적으로 한국어모어화자 간 대면대화/비대면대화, 일본어모어화자 간 대면대화/비대면대화, 한일 접촉 장면에서 한국어를 사용한 대면대화/비대면대화, 한일 접촉 장면에서 일본어를 사용한 대면대화/비대면대화를 2대화씩 총 16대화(대면 8대화, 비대면 8대화) 를 수집하였고 녹음자료는 기호를 붙여 문자화하였다.

대화는 대화 참가자 간의 상호작용에 의해 진행되는데 전화와 같은 비대면 대화의 경우에는 상대방이 있다 하더라도 시각적 제한이 있기 때문에 대면대화에 비해 상대방의 반응을 파악하기 힘든 부분이 있어 비대면 대화를 어렵게 여기는 경우가 많다. 특히 「アノ」,「エート」와 같은 필러는 실질적인 의미는 없지만 모든 언어에 보이는 구어체 특징 중의 하나로 매우 빈번하게 사용하고 원활한 대화 진행에 매우 중요한 역할을 하고 있는 언어표현이기 때문에 대면 대화에 더해 비대면 대화를 분석 대상에 포함시켜 사용 양상 및 기능을 파악하고자 하는 시도는 매우 의미가 있다고 판단된다. 또한, 앞서 [실제 대화: 장면이 설정된 대화]의 예로 든 박성태(2018)에서와 마찬가지로 모어장면과 함께 접촉 장면에서의 모어사용과 접촉 장면에서의 외국어사용(상대방 모어사용)을 함께 분석함으로써 대화상의 필러의 기

능 및 특징을 이문화 커뮤니케이션 관점에서도 실질적이고 입체적으로 파악 가능하다는 점에서 대화 수집의 설계가 잘 이루어졌다고 판단된다. 단, 모어장면과 접촉 장면 모두 비교 대상 간에 대화참가자의 속성(나이와 직업)이 통일되지 않아 이에 대한 조건 통제가 이루어졌다면 대조적인 측면(한일, 모어장면과 접촉 장면, 대면대화와 비대면 대화)에서 연구 결과의 신뢰성이 보다 높아졌을 것으로 판단된다.

〈녹음 자료(대화)와 교과서·〉
- 이은미·정상미(2020), 「「みたいだ」의 담화상 용법—자연대화와 일본어 교과서 분석을 중심으로—」, 『일어일문학연구』114, 한국일어일문학회

최근 젊은 층 대화에서 자주 사용되는 「みたいだ」의 담화상 용법을 살펴보고 일본어 교과서의 제시 양상과 비교함으로써 일본어교육현장에서의 교수법 및 교재작성에 시사점으로 제공하고자 한 연구이다.

자연대화는 20대 여자대학생의 친구 간 대화(5대화, 총100분)와 첫 만남 대화(5대화, 총 100분)를 분석 자료로 하였다. 대학생 대화는 동갑으로 한정하였으며, 대화 녹음 시 특별히 화제는 제시하지 않고 자유롭게 20분 정도 대화하도록 의뢰하였으며, 대화 녹음 후에는 녹음에 대한 의식, 대화의 자연스러움 등에 대해 follow-up 앙케트를 실시하여 대화 자료의 타당성을 확인하였다. 대화 녹음 자료는 BTSJ에 따라 문자화하였다. 일본어교과서의 경우에는 「みたいだ」는 초급 중반 무렵부터 도입되는 부사로, 초급 및 중급교과서 40권을 분석 자료로 하였다. 자연 대화의 경우에는 대화 자료에 나타난 모든 「みたいだ」를 분석 대상으로 하였으나 일본어교과서의 경우에는 담화 상의 커뮤니케이션 용법의 고찰이라는 본고의 취지에 부합하기 위해, 교재 내에 게재된 독해연습 목적의 기술문과 단독 회화문은 고찰대상에서 제외하며, 2인 이상의 대화참여자가 각각 1회 이상의 발화를 하는 대화문만을 분석대상으로 삼았다.

본 연구에서는 20대 여자 대학생 친구 간 대화와 첫 만남 대화를 분석자료로 삼고 있는데, 「みたいだ」가 최근 젊은 층 대화에서 자주 사용되고 있는 점, 친소관계(친밀도)가 일본인의 언어행동 선택에 매우 중요한 요인이라는 점, 비교 대상으로 삼는 일본어 교재는 주로 대학생을 타깃으로 하고 있으며 교재의 등장인물도 대학생이 대부분이라는 점 등을 고려할 때 분석 자료로서 적합하다고 판단된다. 그러나 여자 대학생 대화에 한정되어 있기 때문에 교재에 반영하기 위한 일반적 지견을 제공하기 위해서는 추가적으로 남자 대학생 대화를 보강할 필요가 있다고 사료된다. 한편, 이은미·정상미(2020)에서는 자연대화에서는 「みたいだ」가 단정회피용법이 가장 높은 비율로 나타낳지만, 일본어 교과서에서는 이에 해당하는 용례가 전혀 제시되지 않았다는 결과를 보고하며, 국내일본어 학습자의 대다수가 젊은 층이며, 단정회피와 같은 「ぼかし」표현이 「若者ことば」의 특징 중 하나라는 점을 감안할 때, 교과서에 있어서 학습자의 레벨을 고려하여 실제 담화에 근접한 용례 제시에 대해 보다 면밀한 검토가 필요할 것을 제안하고 있다. 필자들도 분석 자료가 초·중급 교과서로 한정되어 있어 실제 담화의 특징을 반영하는데 한계가 있다는 점을 지적하고 있듯이, 자연대화에서 빈번히 사용되는 「みたいだ」의 단정회피용법은 자연스러운 일본어 운용 능력을 필요로 하는 만큼 그들을 대상으로 한 상급 교과서의 분석도 병행될 필요가 있었다고 보여진다. 최근 들어 실제 일본어 교육에서 자연 대화 연구 결과를 중요시하게 되어 다양한 언어행동(전치표현이나 필러(filler) 등)을 교재에 반영한 자연대화에 가까운 회화문 제시의 필요성이 대두되고 있다. 그와 더불어 본 연구에서와 같이 실제 대화자료 분석을 통해 얻어진 특정 언어표현이 수행하는 커뮤니케이션 기능을 교재에 적절하게 반영하는 것도 원활한 커뮤니케이션을 위한 일본어 운용 능력 향상에 유용할 것으로 판단된다.

3.2. 시나리오

언어행동의 양상을 가장 잘 파악할 수 있는 자료는 자연대화이지만 연구목적에 부합하는 대화를 수집하고 문자화하는 작업에 드는 많은 시간과 노력, 그리고 연구 결과의 일반성을 확보할 수 있을 정도의 대화의 양적으로 충분한 수집의 어려움 등 때문에 자연 대화를 대신하는 자료로서 드라마 시나리오는 매우 빈번하게 사용되어 왔다. 드라마는 실제 일상생활에서 사용되는 대화의 양상이 잘 반영되어 있으며, 다양한 소재를 다루고 있기 때문에 발화 상황과 등장인물 간의 관계에 따른 언어사용의 양상 등을 파악하는데도 용이하다고 할 수 있다. 한편, 오현정(2010)은 드라마 대화문을 연구 자료로 사용하는 이유에 대해 '드라마 대화문은 실제 상황에 쓰고 있는 담화를 최대한 재현하고자 노력한 점과 회화 전개나 언어표현이 일반인들의 언어표현과 큰 차이가 없다는 점, 또 실제 상황에서 일어나기 쉬운 여러 장면에서 다양한 담화 패턴을 손쉽게 얻을 수 있다는 점 때문이다'라고 지적하고 있으며, 蒲谷(2013)에서도 '드라마 시나리오는 보다 많은 사람이 수긍할 수 있도록 표현하려고 하고 있고, 각본가 자신의 개별적인 인식이나 생각이 아닌, 취재 등을 통해서 얻어진 많은 다른 사람들의 생각이나 지식, 정도 등도 반영되어 있기 때문에 개별적이면서 매우 일반성이 있다'고 지적하며 자료로서의 드라마 시나리오의 유효성을 언급하고 있다. 본 조사 자료에서 드라마나 영화 시나리오를 분석 자료로 삼은 논문은 총 28편으로 자연대화 녹음 자료 다음으로 사용비율이 가장 높았다. 시나리오에 나타난 언어행동을 분석한 연구들이 많았는데, 다양한 주제의 드라마 시나리오 분석을 통하여 담화에 나타난 감정표현(송연희 2018;2019a;2019b;2020), 의뢰표현(김정헌 2019;2020), 거절화행(윤상실·이지현 2019), 권유표현

(崔幽美 2019), 마이너스 대우표현(金修卿 2018;2019) 등을 다룬 연구 들도 있고, 연애드라마/영화 분석을 통해 일본인 남녀의 분노 표출 양상이나 의뢰표현의 성차를 파악한 연구(김지원 2019;2020), 비즈니스 드라마에 나타난 의뢰표현의 문말표현양상을 파악한 연구(小此木 2020b), 의학드라마 분석을 통해 의사의 언어전략을 파악한 연구(손주언 2019;2010), 폭력성이 있는 작품 분석을 통해 대화상 파워차용 전략을 파악 연구(김정헌 2019) 등 연구 목적에 맞추어 특정 장르의 드라마를 분석한 연구들도 눈에 띄었다. 한편, 한일 대조 연구로는 일본드라마/영화와 그것을 리메이크한 한국드라마/영화를 분석 자료로 삼은 경우가 많았는데, 폴라이트니스 전략(元智恩 2018a;2019), 호칭(元智恩 2018b), 대화구조(朴廷苑 2020)를 다룬 연구들이 있다.

3.3. 설문조사

설문조사는 사회언어학 분야의 논문에서 주로 사용되는 연구방법으로 대량의 데이터 수집을 통해 다양한 상황에서의 언어사용의 현황이나 인식을 객관적으로 수치화해서 보여 준다는 장점이 있다. 본 조사 자료에서 설문조사를 분석 자료로 삼은 논문은 총 19편으로, 한국어와 일본어 채팅에서 보이는 성별에 따른 언어에 대한 인식 조사(奧田 2018), 한일 양국의 유사친족호칭의 사용실태조사(홍민표 2019), 한일 양 언어의 감사와 사죄표현의 선택 메커니즘에 대한 대학생의 언어사용 실태조사(방극철 2020), 10·20대 한국인의 일본식 외래어 사용실태 및 인식조사(이덕배·이연희 2020), 첫 만남 대화 장면에서의 자기 개시에 관한 의식조사(오현영 2020), 경어변화에 대한 대학생들의 경어의식 조사(하정일·서명환 2020) 등, 언어사용 실태와 인식을 조사하는 연구가 주를 이루고 있으나, 설문조사를 통해 청유내용에 수반되는 이익의 유무와 상대와의 사회적 거리에 따른 수락의 언어전략을 분석한 연구(정영미 2018)와 설문조사의 내용을 세밀하게 설계하여 청유자와 피청유자의 청유내용에 대한 관심과 사회적 거리가 청유행동에 미치는 영향과 청유이유를 분석한 연구(정영미 2020)도 있었다. 한편, 일본어의 회화 종결부에 나타나는 '다음에'류 의례성 인사 표현을 고찰한 이승민(2018)은 데이터 수집방법으로 설문조사를 채택한 이유로서 자연 대화에 비해 설문조사는 다양한 상황에서의 의례성 인사의 사용 현황을 파악할 수 있기 때문에 많은 데이터를 취합할 수 있고, 또 의례성 인사를 발화하는 화자의 의도뿐만 아니라 이를 듣는 청자의 기분까지도 쉽게 확인이 가능하다는 장점을 들고 있다.

3.4. 인터넷매체

본 조사 자료에서 인터넷 매체를 분석 자료로 삼은 논문은 총 15편으로 기존의 연구들에서 자주 접할 수 있었던 이메일 분석 연구(3편)뿐만 아니라 포털사이트(6편), SNS문자 및 대화(3편), 코멘트/리뷰(口コミ)(2), 유튜브 댓글(1편) 등 인터넷 기반의 다양한 매체를 활용한 연구들이 이루어지고 있다. 젊은 층 사이에서 SNS 이용이 급속도로

증가하고 있는 현실을 반영하여 라인(Line)의 언어사용을 스피치레벨 시프트를 중심으로 살펴본 연구(橋谷 2018)와 의뢰와 거절이라는 장면을 설정하고 담화완성테스트 대신 한일 양국 대학생에게 실제로 카카오톡(Kakao Talk) 메시지를 전송하게 하고, 그 전송된 메시지를 분석한 연구(장상언 2019), 야후블로그와 지혜주머니에 사용된 입력언어(打ち言葉)의 구조와 특징을 파악한 연구(金曙泳 2018;2019), 한국의 네이버(Naver)와 다음(Daum)의 쇼핑사이트와 일본의 야후재팬(Yahoo Japan)과 라쿠텐(楽天)의 쇼핑사이트의 캐치프레이즈 분석을 통해 화자의 입장과 심적 태도를 고찰한 연구(郭銀心 2018) 등 문어체와 구어체의 성격을 동시에 가진 다양한 인터넷매체의 언어 분석을 통해 인터넷 매체 언어사용의 특징 및 이러한 매체를 즐겨 사용하는 젊은 층의 커뮤니케이션 특징도 파악가능하며, 언어사용의 심리도 포함한 언어사용의 포괄적이고도 입체적인 파악 또한 가능하리라 판단된다.

3.5. 코퍼스

본 조사 자료에서 코퍼스를 분석 자료로 삼은 논문은 총 9편이다. 「現代日本語書き言葉均衡コーパス(BCCWJ)[17]」를 사용한 논문이 4편(金

17　현대 일본어 문어의 전체상을 파악하기 위해 구축한 코퍼스로 현재 일본어에 대해 입수 가능한 유일한 균형코퍼스이다.

曦泳 2018;2019, 魚秀禎 2019, 東出 2020)이고, 「BTSJによる日本語話し言葉コーパス[18]」를 사용한 논문은 2편(小此木 2020a, 林始恩 2020)이며, 「SSコーパス[19]」(이길용 2019), 「KYコーパス[20]」(川口2020), 「KUJE담화코퍼스[21]」(永田 2020)를 사용한 논문은 각 1편씩이었다. 이 중 「現代日本語書き言葉均衡コーパス(BCCWJ)」는 문어 코퍼스이고 「BTSJによる日本語話し言葉コーパス」, 「SSコーパス」, 「KYコーパス」, 「KUJE담화코퍼스」는 구어 코퍼스이다. 코퍼스가 구축되기 전에는 연구자가 직접 본인의 연구 목적에 맞는 자료를 수집해야 했지만, 최근 들어 다양한 언어자료 코퍼스가 구축되면서 코퍼스를 활용한 연구들이 점점 증가하고 있다. 특히 대화 자료의 경우 수집과 문자화작업에 소요되는 시간과 노력을 줄일 수 있는 장점이 있지만, 코퍼스를 이용할 때는 각 코퍼스의 성격을 잘 이해하고 연구자의 연구 목적에 부합하는 코퍼스인지 다각도로 세밀히 살펴보고 선택해야 할 것이다.

---

18 宇佐美 まゆみ가 감수한 자연대화 자료로 일본어 모어화자 간 대화와 일본어 모어화자와 학습자 간 대화 등 다양한 대화 자료와 더불어 각 대화 그룹의 실험계획이나 화자의 속성, 연령, 성별 등의 다양한 정보도 함께 수록되어 있다.

19 오사카대학 대학원 문학연구과 사회언어학연구실에서 구축한 담화자료이다.

20 90명분의 OPI 테이프를 문자화한 언어자료이다.

21 고려대학교 일본어교육연구실에서 수집한 비공개 담화코퍼스로 한국어와 일본어 모어화자 간 대화와 일본어 비모어화자(한국인)와 일본어 모어화자 간의 일본어로 대화한 접촉장면 대화가 수록되어 있다.

3.6. 기록물 등

본 조사 자료에서 기록물을 분석 자료로 삼은 논문은 총 5편이다. 국회회의록검색시스템(국회의사록)을 사용한 논문이 4편으로 참의원과 중의원의 예산위원회 회의록에서 「させていただく」의 사용 예를 조사한 연구(李讃珍 2018), 존경표현으로 사용된 「お·ご〜になられる」의 사용실태를 조사한 연구(李讃珍 2019a), 「お / ご〜させていただく」의 사용 예를 조사한 연구(李讃珍 2019b), 국회회의록의 정중어의 사용실태를 조사한 연구(김미정 2020)이다. 한편 국립국어원 '어촌생활어 조사'자료를 사용한 논문이 1편으로 수산물 명칭 속에 나타난 잔존일본어에 관한 연구이다(양민호 2019).

3.7. 방송프로그램

본 조사 자료에서 드라마를 제외한 방송프로그램을 분석 자료로 삼은 논문은 5편으로 대담 토크프로그램이 2편, 토론프로그램이 1편, 스포츠인터뷰가 1편, 뉴스가 1편이다. 종래에도 언어 행동 분석 자료로서 드라마를 제외한 방송프로그램 중에서는 대담 토크프로그램이 종종 활용되어 왔는데, 이원표(1999)에서는 토크프로그램은 뉴스나 인터뷰, 토론프로그램보다는 비교적 자유로운 분위기에서 진행되기 때문에 토크가 행해지는 부분은 자연대화와 유사한 측면이 있다고 지적하고 있다. 구체적으로는 본 조사 자료에서 방송프로그램을

분석 자료로 삼은 연구를 보면 일본의 NHK 뉴스와 한국의 KBS 뉴스에서 사용되는 언어사용을 문말의 경어표현을 중심으로 분석한 연구(2018), 자연대화와 비교자료로서 스포츠인터뷰에 나타난 응답사 「そうですね」의 용법을 살펴본 연구(林始恩 2018), 한일 양국의 토크프로그램에서 청자로서의 사회자의 반응 양상을 조사한 연구(林始恩 2019b), 한·일 양국의 TV시사토론프로그램에 나타난 커뮤니케이션 양상을 스피치레벨과 헷지사용을 중심으로 살펴본 연구(이은미 2019), TV대담프로그램과 서적으로 출판된 담화자료 및 잡지를 분석대상으로 하여 Face행위이론의 관점에서 담화 속 「감탄사」의 의미기능을 고찰한 연구(조영호 2020)가 있다. 한편, 林始恩(2019b)에서는 토크프로그램의 메인 사회자와 출연자의 성별과 상하관계는 유사하도록 선정하고 있으며, 이은미(2019)에서도 토론프로그램의 성격이나 형식, 진행방식 및 길이가 비슷한 프로그램을 선정하고, 그 중에서 토론주제가 유사한 것을 3회 분씩 선정하여 분석하고 있는데, 한일 대조 연구는 방송프로그램의 경우에도 대조 자료 수집 시 가능한 한 조건이 유사하도록 통제하고 있음을 알 수 있다.

3.8. 소설

본 조사 자료에서 소설을 분석 자료로 삼은 논문은 5편이다. 다른 장르의 분석 자료와 함께 소설의 대화문을 분석 자료로 사용한 논문은 3편으로 한국어와 일본어의 2인칭 대명사의 용법을 드라마/영화

시나리오와 소설 원본과 대역본 예문을 중심으로 분석한 연구(이종화 2019), 소설(픽션 자료)과 자연담화코퍼스(현실 자료)에 나타나는 호칭어의 허구성을 분석한 연구(東出 2020), 전후 이후의 만화, 소설, 게임 등의 매체에 나타나는 인물들의 발화가 가타카나로 표기될 때의 캐릭터성을 분석한 연구(이재석 2019)와 같이 분석 자료의 다양성을 추구하거나 소설에 나타나는 언어사용을 대조적 관점에서 파악하고자 한 연구들이 있고, 소설 회화문만을 분석한 논문은 2편으로 응답사 「そうです」의 사용양상을 분석한 연구(張希朱 2018a; 2018b)가 있다.

3.8. 교재

본 조사 자료에서 교재를 분석 자료로 삼은 논문은 2편으로 자연 대화에 나타난 「ちょっと」(정상미·이은미 2019) 와 「みたいだ」(이은미·정상미 2020)의 담화상의 커뮤니케이션 기능의 사용양상을 일본어 교재의 제시양상과 비교·분석함으로써 화용론적 지견을 일본어교육현장에서의 교수법 및 교재작성에 시사점으로 제공하고자 한 연구이다.

3.10. 담화완성테스트(DCT)

담화완성테스트는 특정 발화행위가 발생하는 상황을 설정하고, 그 상황에서 회답자가 어떤 발화를 할지 기술하게 하는 방법이다. 본 조사 자료에서 담화완성테스트를 분석 자료로 삼은 논문은 2편으로,

학생이 지도교수에게 추천서를 의뢰하는 동일한 상황에서의 한국어와 일본어의 의뢰 전략을 대학생의 담화완성테스트 자료 분석을 통해서 고찰한 연구(김종완 2018)와 일본어 모어화자와 한국인 일본어 학습자의 종조사 「よ」의 사용실태를 발화상황과 상대방과의 인간관계, 그리고 사용을 지정한 술어가 다른 18개의 장면을 설정한 담화완성테스트를 실시하여 분석한 연구(一色 2019)이다.

3.11. 언어경관

언어경관(Linguistic Landscape)는 간판이나 게시물, 전단지나 포스터, 라벨이나 스티커 등 공공장소에서 보이는 가시적 언어표시, 즉 문자언어에 의해 형성된 경관을 가리키는데(Laundry &Bourhis), 사회언어학의 한 연구 분야로 자리매김하고 있다. 본 조사 자료에서 언어경관을 분석 자료로 삼은 논문은 2편으로, 부산광역시의 관광지 안내판의 주의환기 및 금지표현을 분석한 연구(趙恩英 2018)와 서울의 명동지역의 언어경관 중 일본어를 사용한 간판에 초점을 맞추어 간판 언어의 사용실태를 알아보고자 한 연구가 있다(김정헌 2020). 언어경관 연구는 실생활자료를 연구학문분야로 끌어들인 점에서 생활 밀착형 연구라고도 할 수 있는데, 양민호(2020)에서 지적하고 있듯이 해당 국가의 다언어정책입안 등 각종 정책에도 참고지표로 활용 가능할 뿐만 아니라 외국어학습 등에도 실제 자료를 바탕으로 유용하게 활용 가능하리가 판단된다.

3.12. 애니메이션

본 조사 자료에서 애니메이션을 분석 자료로 삼은 논문은 2편으로 일본어원작과 한국어 더빙판이 있는 애니메이션 6작품의 에피소드에서 캐릭터의 대사를 문자화하여 캐릭터발화의 어미의 사용을 비교·분석한 연구(郭銀心 2018a)와 친구 간 일상 대화와 애니메이션 『耳のすませば』의 대화에 나타난 침묵의 기능과 역할을 고찰한 연구(張允娥 2020b)인데, 애니메이션 『耳のすませば』을 분석 자료로 삼은 이유로 현대적이면서 현실적인 배경 하에 스토리가 전개되고 친구 간의 대화 장면이 많아 친구 간 일상대화와의 비교에 적합하다는 점을 들고 있다.

3.13. 담화자료서적

본 조사 자료에서 담화자료서적을 분석 자료로 삼은 논문은 2편으로, 직장에서의 자연담화를 녹음하여 문자화한 담화자료인 『合本女性のことば·男性のことば(職場編)』을 사용하여 구어에서의 「という」의 다양한 형태를 조사한 연구(이정민 2020)와 『主婦一週間の会話資料』와 TV대담프로그램, 잡지를 분석대상으로 하여 Face행위이론의 관점에서 담화 속 「감탄사」의 의미기능을 고찰한 연구가 있다(조영호 2020).[22]

---

22 담화자료서적인 『主婦一週間の会話資料』외에 TV의 대담프로와 잡지도 함께 분석

3.14. 기타

기타 분석 자료로는 회견연설문, 문헌, 신문, 수업사례, 게임, 만화, 잡지, 자유국민사 공식사이트, 작례 등이 있는데, 화용론·사회언어학 분야에서는 매우 다양한 자료가 사용되고 있음을 알 수 있다.

4. 나오며

본고에서는 2018년 1월~2020년 11월까지 18개의 등재학술지에 게재된 화용론· 사회언어학 분야 논문 158편을 대상으로 하여 연구 방법론을 분석 자료를 중심으로 개괄하였다.

분석 자료를 양적·질적으로 조사·분석한 결과, 화용론·사회언어학 분야에서는 크게 자연대화 녹음자료, 시나리오, 설문조사, 인터넷 매체, 코퍼스, 기록물, 방송프로그램, 소설, 교재, 담화완성테스트, 언어경관, 애니메이션, 담화자료서적, 기타의 14종류로 매우 다양한 자료를 활용하고 있음을 알 수 있다. 화용론 분야와 사회언어학 분야를 엄밀히 구분하기는 어려운 부분도 있지만, 전체적인 경향으로 화용론 분야에서는 자연 대화 녹음자료나 시나리오, 코퍼스, 방송프로그램 등을 분석 자료로 삼은 연구가 많고, 사회언어학 분야에서는 설문조사나 SNS 등의 인터넷매체 자료를 분석한 연구가 많았다. 자연 대화 녹음 자료의 경우, 연구자가 연구 목적에 따라 직접 수집한 자료가

___

하였다.

주를 이루었지만, 코퍼스 자료를 분석하는 경우도 있었는데, 최근 들어 문어체 코퍼스에 더해 다양한 구어체 코퍼스가 구축되고 있어 향후 코퍼스 자료를 활용한 언어 행동 연구가 점점 증가할 것으로 예상된다.

한편, 본고의 분석을 통해 주목할 만한 현상으로 기존의 이메일에 더해 카카오문자, 포털사이트, SNS, 유튜브 댓글, 코멘트 등의 인터넷 매체의 다양한 언어 자료를 활용하고 있는 연구들이 상당수 등장하고 있으며, 연구 목적에 맞게 대면 대화 녹음 자료와 전화 녹음자료, 대화 녹음자료와 교과서, 대화 녹음자료와 애니메이션과 같이 성격이 다른 자료를 함께 비교·분석하는 연구 및 문어체에 단일 연구에서 문어체 코퍼스(BCCWJ)의 6가지 장르(잡지, 서적, 지혜주머니, 블로그, 국회회의록, 광고지)를 비교하거나 만화, 소설, 게임 등의 매체 전반을 분석 자료로 삼는 등 분석 자료의 특징 및 다양성을 추구하는 연구들도 속속 등장하고 있다는 점을 들 수 있다. 또한, 롤·플레이 대화를 수집하거나 설문조사를 할 때 조사 장면이나 내용을 사전조사 결과를 바탕으로 매우 세밀하게 설계하는 연구도 눈에 띄며, 대화 녹음 시 모어 장면과 함께 접촉 장면에서의 모어사용과 접촉 장면에서의 외국어사용(상대방 모어사용)의 4가지 형태 대화를 수집하거나 동일 대화 참가자의 대화를 시간차를 두고 3회 수집하는 등 연구 목적에 가장 적합한 자료 분석을 위해 연구자가 다양한 형태의 대화 녹음 자료를 수집하고 있음을 알 수 있다.

앞서 언급하였듯이 최근 들어 기존의 다양한 구어체와 문어체 자료들에 더해 다양한 언어자료 코퍼스가 구축되고, 카카오, 라인, 유튜브, 페이스북, 트위터 등 새로운 인터넷 매체자료도 풍부해져서 실제 언어행동이나 언어사용에 많은 관심을 두는 화용론·사회언어학 분야 연구는 점점 활발해질 것으로 기대된다. 화용론·사회언어학 분야 연구에서는 무엇보다 본인의 연구 목적에 부합하는 언어 연구 자료를 선택하고 연구를 설계하는 것이 중요한데, 타 연구자들의 유사 연구 주제와 연구 목적, 그리고 연구 방법을 다각도로 세밀히 살펴보고 참고하는 것도 하나의 방법이 될 것으로 생각한다.

참고문헌

한국문헌

양민호(2013), 「한국과 일본의 언어경관 자료를 통해서 살펴본 언어의 다양성에 관한 연구」, 『일본언어문화』26, 한국일본언어문화학회.

오현정(2010), 「한국어 교재와 드라마에 나타난 거절표현 특징 연구―추론단계 중심으로―」, 『한국어 교육』21-3, 국제한국어교육학회.

洪珉杓(2019), 「語用論/社会言語学研究の現状と展望」, 『일본어학연구』59, 한국일본어학회.

Norman Fairclough(1995), 이원표 역(2004), 『대중매체 담화 분석』, 한국문화사.

외국문헌

蒲谷広(2013), 『待遇コミュニケーション論』, 大修館書店.

近藤安月子·小森和子(2012), 『研究社日本語教育事典』, 研究社.

真田信治(2013), 『社会言語学』, 桜楓社.

髙木千恵(2013), 「社会言語·言語生活」, 『日本語の研究』12-3, 日本語学会.

山岡政紀·牧原功·小野正樹(2018), 『日本語語用論入門』, 明治書院.

Laundry, R. & Bourhis, R. Y(1997), "Linguistic landscape and ethnolinguistic vitality:An empirical study", *Journal of Language and Social Psychology*, 16, SAGE publishing.

조사자료

郭銀心(2018a), 「アニメキャラクターが使用する日韓の「キャラ語尾」に関する研究―日本語原作版と韓国語ダビング版の比較を中心に―」, 『일본어학연구』58,

한국 일본어학회.

郭銀心(2018b), 「キャッチフレーズから読み取れる語り手の立場と心理的態度―ショッ
　　ピングサイトの韓日比較を通して―」, 『일본연구』48, 중앙대학교일본
　　연구소.

郭銀心(2019), 「動物キャラ語尾に関する日韓対照研究―SNSに見られる犬と猫のキャ
　　ラクターを中心に」, 『일본언어문화』48, 한국일본언어문화학회.

권은희(2019), 「비대면형 접촉장면에서의 포리너 토크 사용 양상에 관한 고찰―상
　　대 외국인의 일본어 실력에 따른 차이에 주목하여―」, 『일어일문학
　　연구』110, 한국일어일문학회.

琴鍾愛(2018a), 「大阪方言で使用される談話標識「なんか」の世代別使用様相―高年層、
　　若年層話者の比較を中心に―」, 『비교일본학』43, 한양대학교 일본학국
　　제비교연구소.

琴鍾愛(2018b), 「大阪方言の談話展開の方法の世代差―説明的場面で使用される談話標
　　識の出現傾向に注目して―」, 『일본어문학』80, 일본어문학회.

琴鍾愛(2018c), 「説明的場面における談話標識「ナンカ」の使用傾向―東京・大阪方言の
　　若年層の地域差を中心に―」, 『일본어문학』82, 일본어문학회.

琴鍾愛(2020), 「若年層における「ホラ」の使用傾向―東京地域と大阪地域の比較を中心
　　に―」, 『일본문화학보』84, 한국일본문화학회.

金光泰・金俊淑・宋殷美(2018), 「韓日約束取消し行為の談話構造及び談話ストラテジー」,
　　『일본언어문화』43, 한국일본언어문화학회.

金蘭美・金庭久美子・金玄珠(2018), 「韓国人日本語学習者の断りのメール文の特徴―読
　　み手によい印象を与えない表現を中心に」, 『일본어학연구』55, 한국일
　　본어학회.

김미정(2020), 「국회회의록의 정중어의 사용실태」, 『일본어문학』90, 일본어문학회.

金修卿(2018), 「「テクレルのマイナス待遇化」に関する一考察―非恩恵表現を中心に―」,
　　『일어일문학연구』105, 한국일어일문학회.

金修卿(2019), 「敬語接頭辞「オ・ゴ」の「マイナス待遇表現化」に関する研究」, 『일본언

어문화』46, 한국일본언어문화학회.

김아란(2018), 「친밀도와 담화 전개 양상에 관한 일고찰—의견 불일치 장면을 중심으로—」, 『일본문화학보』77, 한국일본문화학회.

金曄泳(2018), 「現代日本語の「若者言葉」と「打ち言葉」」, 『비교일본학』44, 한양대학교 일본학국제비교연구소.

金曄泳(2019), 「現代日本語と現代韓国語の若者言葉と打ち言葉」, 『일본학연구』57, 단국대학교 일본연구소.

김정헌(2019a), 「한·일 의뢰표현 연구—의미공식을 중심으로—」, 『일본근대학연구』63, 한국일본근대학회.

김정헌(2019b), 「대화상 파워차용 전략에 관한 연구—영화, 드라마, 애니메이션에 보이는 표현을 중심으로—」, 『일본어교육연구』47, 한국일어교육학회.

김정헌(2020a), 「언어경관에서 관찰되는 일본어 사용실태 조사—서울 명동지역의 일본어사용 간판을 중심으로—」, 『일본근대학연구』69, 한국일본근대학회.

金槇憲(2020b), 「韓·日「依頼表現」一考察—文末表現を中心に—」, 『일본언어문화』50, 한국일본언어문화학회.

김종완(2018a), 「한중일 의뢰행동에 나타나는 상호행위 양상 연구—대화개시부의 분석을 중심으로—」, 『일본연구』48, 중앙대학교 일본연구소.

김종완(2018b), 「한일 의뢰행동의 의뢰 스트라테지의 대조분석—대학생의 담화완성테스트 자료 분석을 통해서—」, 『일본문화학보』79, 한국일본문화학회.

김종완(2019), 「한중일 의뢰행동의 담화구조 대조연구—대화자 사이의 상호행위 실태 분석을 중심으로—」, 『일본어문학』81, 한국일본어문학회.

김종완(2020), 「접촉장면에서의 한중일 의뢰행동의 중간언어 대조분석—대화개시부의 상호행위의 분석을 통해서—」, 『일본문화학보』86, 한국일본문화학회.

김지원(2019), 「일본인 남녀의 분노 표출 양상에 대한 연구—다툼 장면의 분석을 통하여—」,『일본문화학보』82, 한국일본문화학회.

金智媛(2020),「依頼表現の性差に関する日韓対照研究—恋人間の会話を中心に—」,『일본학보』122, 한국일본학회.

김지희(2018),「한일 新경어 청자대우법 등급 설정에 관한 연구—블로그에 나타난 っす체와함다체의 사용양상·의도를 중심으로—」,『일본어학연구』57, 한국일본어학회.

金惠敏(2019a),「談話データを用いた韓日バイリンガル児童の言語使用の事例研究」,『일본언어문화』47, 한국일본언어문화학회.

김혜민(2019b),「사례 연구: 한일 이중언어 사용 아동의 코드 스위칭의 화용론적 기능」,『일본연구』79, 한국외국어대학교 일본연구소.

盧姝鉉(2019),「韓日言語行動に関する研究成果の教育的活用への試み—異文化理解教育で使える「行動の分析方法」の提案—」,『비교일본학』45, 한양대학교 일본학국제비교연구소.

朴成泰(2018),「談話における相づちの機能に関する研究—日韓の接触場面を中心にして」,『일본어문학』78, 한국일본어문학회.

朴成泰(2019),「日本語と韓国語のフィラーの機能に関する研究—接触場面に着目して—」,『일본어문학』82, 한국일본어문학회.

朴成泰(2020),「日本語と韓国語の重なりの機能に関する研究—接触場面を中心として—」,『일본어문학』86, 한국일본어문학회.

박양순(2020),「재한일본인여성의 언어환경의 비교」,『일어일문학연구』113, 한국일어일문학회.

朴廷苑(2020),「日韓言語文化的な視点の違いから見る日韓映画に反映された会話構造の様相隣接対と連鎖組織を中心に」,『일본어교육연구』51, 한국일어교육학회.

방극철(2020),「한일 양 언어의 감사와 사죄표현의 선택 메커니즘—대학생의 언어사용 실태조사를 중심으로—」,『일본근대학연구』67, 한국일본근대학회.

손주언(2019),「일본과 한국의 치료내용 결정과정에서 사용되는 의사의 언어전략

―양국의 드라마자료 대조를 중심으로―」, 『일본어문학』86, 일본어
　　　　문학회.

孫朱彦(2020),「日本と韓国の医療会話における医師の提案ストラテジー対照研究―ス
　　　　トラテジー使用上の全体的な特徴と提案内容による使用とに分けて―」,
　　　　『일본어문학』90, 일본어문학회.

宋洙珍(2018),「日韓両国における放送の言語使用の様相について」, 『일본언어문화』
　　　　45, 한국일본언어문화학회.

송연희(2018),「담화상의 감정표현에 관한 한일대조연구―발화패턴 사용양상을 중
　　　　심으로―」, 『일어일문학연구』106, 한국일어일문학회.

송연희(2019a),「일본어 감정표현에 관한 연구―'좋음'과 '싫음'을 중심으로―」, 『일
　　　　어일문학연구』108, 한국일어일문학회.

송연희(2019b),「일본어 감정표현 '놀람'에 관한 연구」, 『일어일문학연구』111, 한국
　　　　일어일문학회.

송연희(2020),「일본어 감정표현 '안도'와 '두려움'에 관한 연구」, 『일어일문학연
　　　　구』112, 한국일어일문학회.

신원선(2019),「일본어 중도종료형발화의 양면성 연구」, 『일본어문학』81, 한국일본
　　　　어문학회.

신희혜(2019),「비경어적 의미를 지닌 경어표현에 대한 화용론적 고찰―적절성 조
　　　　건에의 적용가능성을 중심으로―」, 『일본근대학연구』66, 한국일본
　　　　근대학회.

신희혜(2020),「행위요구발화에서 보이는 정중함의 양상―「〜ていただく」가 사용
　　　　된 의뢰, 명령의 발화행위를 중심으로―」, 『일본학보』123, 한국일본
　　　　학회.

양민호(2019a),「수산물 명칭 속에 나타난 잔존일본어에 관한 연구」, 『일본문화학
　　　　보』82, 한국일본문화학회.

양민호(2019b),「한국과 일본의 출세어(出世魚) 명칭에 관한 대조연구」, 『일본어학
　　　　연구』61, 한국일본어학회.

양민호(2019c), 「언어전파로 살펴본 해역언어학적 어휘 연구―한국의 박래어와 일본 진출 외행어를 중심으로―」, 『일어일문학연구』110, 한국일어일문학회.

양민호(2020), 「일본어 놀이 어휘를 통해 살펴본 해역언어학 연구」, 『일어일문학연구』113, 한국일어일문학회.

魚秀禎(2019), 「6つのジャンルにおける尊敬語の種類と語形―現代日本語書き言葉均衡コーパスを用いて―」, 『일본어문학』87, 일본어문학회.

吳先珠(2018), 「日本語依頼表現の丁寧さ―授受表現「てくれる・てもらう形」「させてくれる・させてもらう形」を中心に―」, 『일본문화학보』79, 한국일본문화학회.

吳睍榮(2019), 「話題導入と展開における自己開示」, 『일본어문학』86, 일본어문학회.

吳睍榮(2020), 「初対面場面における自己開示に関する意識調査―韓国人日本語学習者と日本語母語話者を対象に―」, 『일어일문학연구』112, 한국일어일문학회.

元智恩(2018a), 「日韓のテレビ・ドラマに用いられたポジティブ・ポライトネス」, 『일본근대학연구』60, 한국일본근대학회.

元智恩(2018b), 「日韓のテレビ・ドラマに用いられた呼びかけ表現―ポジティブ・ポライトネスの観点から」, 『일어일문학』79, 대한일어일문학회.

元智恩(2019), 「日韓のポジティブ・ポライトネス・ストラテジーとネガティブ・ポライトネス・ストラテジーに関する量的および質的分析」, 『일본어문학』84, 일본어문학회.

유예진(2019), 「'-ていうか'의 담화표지로서의 고찰」, 『일본연구』50, 중앙대학교 일본연구소.

유예진(2020a), 「'ていうか'의 話用的 分析―공손성(ポライトネス)을 中心으로―」, 『일본어문학』90, 일본어문학회.

유예진(2020b), 「'ていうか'의 고찰―구어에서의 'ていうか'의 유형분류를 중심으로 ―」, 『일어일문학』85, 대한일어일문학회.

劉鐸眞(2020), 「口語表現に関する日韓対照一考察―「ていうか」と韓國語との對應關係―」, 『일어일문학』87, 대한일어일문학회.

윤민이·이은미(2019), 「한·일 양국 신문 어휘의 젠더적 사용양상」, 『일어일문학연구』106, 한국일어일문학회.

윤상실·이지현(2019), 「일본어 거절화행 양상 및 전략에 관한 고찰」, 『일본어학연구』58, 한국일본어학회.

윤석임(2018), 「일본인다문화가정 자녀의 계승어 습득에 관한 종적연구」, 『일본문화연구』68, 동아시아일본학회.

이길용·장청(2019), 「한국인과 중국인 일본어학습자의 문말표현 습득 비교 연구―정중형식과 보통형식의 통합적 분석―」, 『일본어교육연구』49, 한국일어교육학회.

李吉鎔(2020), 「学習者言語の配慮的側面についての評価」, 『일본연구』52, 중앙대학교 일본연구소.

이덕배·이연희(2020), 「10·20대 한국인의 일본식 외래어 사용실태 및 인식」, 『일본어교육』91, 한국일본어교육학회.

이상수(2019), 「한일의 사회언어학 연구는 무엇을 지향하는가」, 『일본어문학』89, 일본어문학회.

이선옥(2018a), 「첫대면 대화에서의 침묵극복사례에 관한 연구―한국인 상급일본어학습자의 대화운영방법을 중심으로―」, 『일본문화학보』79, 한국일본문화학회.

이선옥(2018b), 「첫 대면 대화의 화제 도입 방법에 관한 연구―한국인 상급 일본어학습자와 일본어 모어화자의 이성 간 대화를 중심으로」, 『일어일문학』79, 대한일어일문학회.

李舜炯(2018), 「韓国人日本語学習者の接触場面における発話交替時と発話 中のあいづち的反応の機能と表現形式」, 『일본문화연구』66, 동아시아일본학회.

이승민(2018), 「일본어의 회화 종결부에 나타나는 '다음에'류 의례성 인사 표현」, 『일본어문학』82, 일본어문학회.

李恩美(2018),「日本人の若年層の会話におけるディスコース・マーカーの研究」,『일본
　　언어문화』44, 한국일본언어문화학회.

이은미(2019a),「한일양국 대학생 대화에 나타나는 스피치레벨의 운용―폴라이트
　　니스(politeness)의 관점에서―」,『일어일문학연구』110, 한국일어일
　　문학회.

이은미(2019b),「한·일 양국 TV 시사토론프로그램에 나타나는 커뮤니케이션 양
　　상」,『일본언어문화』49, 한국일본언어문화학회.

李恩美(2020),「韓日のニュース記事の見出しにおける文末表現の使用様相」,『일본언
　　어문화』51, 한국일본언어문화학회.

이은미·정상미(2020),「「みたいだ」의 담화상 용법―자연대화와 일본어 교과서 분
　　석을 중심으로―」,『일어일문학연구』114, 한국일어일문학회.

이재석(2019),「〈발화〉의 가타카나 표기가 나타내는 캐릭터성에 대하여」,『일어일
　　문학연구』111, 한국일어일문학회.

이정미(2020),「한일 초등 돌봄교실에서의 언어행동에 대한 대조 고찰―돌봄교사
　　와 아동간의 언어행동을 중심으로―」,『일어일문학』86, 대한일어일
　　문학회.

李政珉(2020),「日本語母語話者の職場における「という」のバリエーションとその使用
　　状況について」,『일본어교육』93, 한국일본어교육학회.

李宗和(2019),「日本語と韓国語の2人称代名詞―あなた・きみ・おまえの使い分けと韓国
　　語対応のあり方―」,『일본어문학』84, 일본어문학회.

이지현(2020),「특정어휘류에 나타나는 이차적 용법의 화용론적 고찰―담화레벨과
　　의 접점에서―」,『일본어문학』85, 한국일본어문학회.

李諲珍(2018),「『『国会会議録検索システム』における参議院と衆議院の「させていただ
　　く」の使用実体について」,『일어일문학연구』107, 한국일어일문학회.

李諲珍(2019a),「尊敬表現「お・ご～になられる」の使用について―國會會議録檢索シス
　　テム』を研究資料として―」,『일본문화학보』83, 한국일본문화학회.

李諲珍(2019b),「『国会会議録検索システム』に見られる「お／ご~させていただく」の使

用について」, 『일본어학연구』60, 한국일본어학회.

林始恩(2018), 「聞き手の反応に関する日韓比較—トーク番組の司会者の発話を中心に—」, 『일본언어문화』43, 한국일본언어문화학회.

林始恩(2019a), 「日本語と韓国語の発話の冒頭における談話標識について—いやとアニ(ani)を中心に—」, 『일본어문학』80, 한국일본어문학회.

林始恩(2019b), 「応答詞「そうですね」について—WH質問への応答を中心に—」, 『일본어학연구』61, 한국일본어학회.

林始恩(2020), 「談話標識「え」の機能について」, 『일본언어문화』51, 한국일본언어문화학회.

장상언(2018), 「새로운 미디어(SNS)에 의한 언어행동 연구—대학생을 대상으로 한 설문을 중심으로—」, 『일본문화연구』65 , 동아시아일본학회.

장상언(2019), 「한국어와 일본어 화자의 언어행동에 관한 사례연구—카카오톡 메시지의 의뢰와 거절을 중심으로—」, 『일본문화연구』69, 동아시아일본학회.

張良光(2019), 「初対面自由会話における話題展開分析—予め共有している情報からはじまる話題展開を中心に」, 『일본어교육연구』43, 한국일어교육학회.

張允娥(2018), 「日韓語の友人同士の会話における不同意・否定的評価の対象—ポライトネス理論の観点から」, 『일본언어문화』42, 한국일본언어문화학회.

장윤아(2018), 「한일 양국 동성 간 일상대화에 있어서의 「동의·공감」의 상호행위—젠더차이를 중심으로—」, 『일어일문학연구』107, 한국일어일문학회.

張允娥(2019), 「日韓語の日常会話における聞き手の理解表現」, 『일본학보』121, 한국일본학회.

장윤아(2020a), 「한일 동성친구간 일상대화에 있어서의 내러티브 대조연구—내러티브의 산출과 도입을 중심으로—」, 『일본어학연구』65, 한국일본어학회.

張允娥(2020b), 「日常会話とアニメーション会話における沈黙の機能と役割」, 『일본학보』50, 한국일본학회.

張希朱(2018a), 「応答表現「そうです」の出現様相について」, 『일본연구』75, 한국외국어대학교 일본연구소.

張希朱(2018b), 「応答表現 はい、そうですをめぐって―肯定の応答はいとの比較から―」, 『일본학연구』55, 단국대학교 일본연구소.

全鍾美(2018), 「初対面会話にみられる不同意表明の日韓対照研究」, 『일어일문학』78, 대한일어일문학회.

全鍾美(2019a), 「対人関係の構築における否定的評価の出現―日本語母語話者と韓国人留学生の会話を対象に―」, 『일본어문학』84, 일본어문학회.

全鍾美(2019b), 「「否定的評価」と「不同意表明」による「対立」の形成-時間的経過による会話の変化に注目して-」, 『일어일문학』81, 대한일어일문학회.

全鍾美(2019c), 「ディスカッション場面における共感要求表明の日韓対照研究」, 『일어일문학』84, 대한일어일문학회.

정상미·이은미(2019), 「일본어교과서를 통해 본 「ちょっと」의 커뮤니케이션 기능―자연대화와의 비교를 통하여―」, 『일어일문학연구』111, 한국일어일문학회.

정영미(2018), 「수락에 대한 한일대조연구―청유행동에 대한 설문조사를 바탕으로―」, 『일어일문학연구』105, 한국일어일문학회.

정영미(2019), 「일본어 비즈니스 이메일의 담화구조와 대인배려표현에 관한 고찰」, 『일본어학연구』59, 한국일본어학회.

정영미(2020), 「청유이유에 관한 일고(一考)―한일 남녀 대학생의 설문조사를 바탕으로―」, 『일어일문학연구』114, 한국일어일문학회.

정현아(2018a), 「화용론적 관점에서 본 사죄행동의 상호작용에 대한 한일대조―물질적·신체적·정신적 피해 상황을 중심으로―」, 『일본어교육연구』45, 한국일어교육학회.

鄭賢兒(2018b), 「負担度の高い場面での『謝罪·応答発話文』の日韓対照」, 『일본어학연구』56, 한국일본어학회.

정현아(2019a), 「물질적 피해상황에서 본 사죄담화의 한일대조연구―한일남녀대학생의 사용경향을 중심으로—」, 『일본어교육연구』49, 한국일어교육학회.

정현아(2019b), 「물질적인 피해상황에서의 사죄행동의 한일대조—상호작용의 특징을 중심으로—」, 『일본어학연구』61, 한국일본어학회.

정현아(2020a), 「신체적 피해상황에서 본 사죄담화의 한일대조—한일남녀대학생의 사용경향을 중심으로—」, 『일본문화학보』85, 한국일본문화학회.

정현아(2020b), 「신체적 피해상황에서 나타나는 사죄행동의 한일대조—대화데이터의 상호작용을 중심으로—」, 『일본어교육연구』52, 한국일어교육학회.

조영호(2020), 「Face행위이론으로 보는 담화의 운영 방법—감탄사를 중심으로—」, 『일본근대학연구』69, 한국일본근대학회.

趙恩英(2018), 「釜山広域市の観光地における言語景観について—釜山シティーツアーのコースにある公園を中心に—」, 『일본근대학연구』59, 한국일본근대학회.

채윤주(2020), 「일본어 거절 표현 연구의 현황과 과제—2000년 이후 한국에서의 연구를 중심으로—」, 『일본어문학』85, 한국일본어문학회.

崔幽美(2019), 「「勧誘」の表現類型に関する一考察—心理的な「ウチ関係作り」を中心に—」, 『일본언어문화』46, 한국일본언어문화학회.

최혜인·이은미(2018), 「일본인 여자대학생 대화에 나타난 「思う」의 사용 양상—헷지용법을 중심으로—」, 『일본어학연구』58, 한국일본어학회.

최혜인·이은미(2019), 「일본인 대학생 대화에 나타난 「思う」의 헷지용법—친소차과 성차에 주목하여—」, 『일어일문학연구』108, 한국일어일문학회.

하정일·서명환(2020), 「敬語の変化の捉え方—大学生への意識調査から—」, 『일본연구』85, 한국외국어대학교 일본연구소.

許明子(2018), 「韓国人日本語学習者の日本語母語話者との初対面会話における話題選択と言語的配慮—日本滞在期間の長期化に伴う変化を中心に—」, 『일본어학연구』55, 한국일본어학회.

홍민표(2018), 「형제자매 호칭에 대한 한일 대조연구」, 『비교일본학』42, 한양대학교 일본학국제비교연구소.

홍민표(2019), 「유사친족호칭의 사용실태에 대한 한일대조연구」, 『일본어학연구』 60, 한국일본어학회.

홍민표(2020), 「한자문화권의 언어적 터부에 관한 사회언어학적 대조 연구」, 『일본어학연구』64, 한국일본어학회.

黃永熙(2018a), 「韓国人帰国生日本語の可能表現からみる第二言語接触史」, 『비교일본학』42, 한양대학교 일본학국제비교연구소.

황영희(2018b), 「일본어 부정표현의 변이형을 통해 본 제2언어접촉의 역사」, 『일본어교육연구』45, 한국일어교육학회.

黃永熙(2018c), 「韓国人帰国生日本語の存在表現に関する縦断的考察」, 『일본어학연구』56, 한국일본어학회.

황영희(2019), 「일본어 어휘능력의 종단적 변화에 관한 계량적 고찰」, 『일본어교육연구』48, 한국일어교육학회.

황영희(2020), 「일본어 조건표현의 뭉칫말에 관한 종단적 연구—제2언어의 습득에서 마멸까지」, 『일본어교육연구』51, 한국일어교육학회.

一色舞子(2019), 「日本語母語話者と韓国人日本語学習者による終助詞「よ」の使用実態—談話完成テストの調査結果に基づいて—」, 『일본근대학연구』64, 한국일본근대학회.

沖裕子・姜錫祐(2018), 「日本語の談話構築態度—日韓相互の情緒的違和感を説明するモデルの検討—」, 『일본어학연구』55, 한국일본어학회.

小此木江利栄(2020a), 「依頼談話における言いさし表現「けど」に関する考察—機能と負担度に着目して—」, 『일본문화학보』86, 한국일본문화학회.

小此木江利栄(2020b), 「依頼場面における文末表現に関する一考察—言い終わりの言いさし表現を中心に—」, 『일본어교육』91, 한국일본어교육학회.

奥田亜未(2018), 「한국어와 일본어 채팅에서 보이는 성별에 따른 언어에 대한 인식의 차이」, 『일본학보』116, 한국일본학회.

川口慶子(2018), 「継承日本語における「のに」の習得について—L2学習者との比較を通

して―」,『일본어교육연구』51, 한국일어교육학회.

川口慶子(2020), 「継承日本語における条件表現習得に関する考察」,『日本研究』77, 한국외국어대학교 일본연구소.

小松奈々(2018), 「意見陳述の終結部における会話参加の様相―意見交換の深まりとの関連に着目して―」,『日本学報』115, 한국일본학회.

佐々紘子(2019), 「「~(さ)せていただく」「-(으)시-」「-(으)ㄹ게요」の使用に関する考察―敬語使用の変化と間主観化の観点から―」,『일어일문학연구』109, 한국일어일문학회.

渋谷雅円(2018), 「日本語母語話者と韓国人日本語学習者の初対面会話における評価と印象―韓国人日本語学習者を中心に―」,『일어일문학연구』107, 한국일어일문학회.

瀬楽亨(2019), 「日本語の若者言葉の理論的分析に向けて」,『일본어문학』84, 일본어문학회.

武内博子(2018), 「介護現場におけるEPAに基づく外国人介護人材とのコミュニケーション―日本人職員の視点から」,『일본어교육연구』42, 한국일어교육학회.

永田沙織(2020), 「日韓接触場面における日本語非母語話者の不理解表明に対する日本語母語話者の調整行動―会話参加者間の親疎関係に着目して―」,『일본어교육연구』52, 한국일어교육학회.

永田由紀(2020), 「引用マーカーとしての笑いの機能―会話におけるゼロ型引用形式を中心に―」,『日本学報』124, 한국일본학회.

中村有里·及川ひろ絵·藤田智彦(2018a), 「親しい友人にものを借りる場面の日韓比較―借りやすさ·借りにくさに焦点を当てて―」,『일본어교육연구』42, 한국일어교육학회.

中村有里·及川ひろ絵·藤田智彦(2018b), 「親しい友人にものを借りる際のストラテジーの日韓比較―大学生を対象として―」,『일본어학연구』57, 한국일본어학회.

橋谷萌賀(2018), 「ポライトネスの観点から見る関西方言話者のLINEにおける言語行動―スピーチレベルシフトを中心に―」,『日本学報』117, 한국일본학회.

橋谷萌賀(2019), 「日本の政治ディスコースにおける正当化ストラテジー―政治家のジェンダーに関する炎上発言を中心に―」, 『日本言語文化』47, 韓国日本言語文化学会.

橋谷萌賀(2020), 「正当化の観点から見るストラテジーの日韓比較―#MeTooに関するYouTubeのコメントを中心に―」, 『日本語教育』93, 韓国日本語教育学会.

東出 朋(2020), 「呼びかけ語にみるフィクショナリティ―小説と自然談話における話し言葉の分析―」, 『日語日文学』87, 大韓日語日文学会.

松樹亮子(2018a), 「在韓日本語母語話者の日韓コード・スイッチング―機能面を中心に―」, 『日本文化学報』78, 韓国日本文化学会.

松樹亮子(2018b), 「韓国在住日本語母語話者の日本語会話に現れる韓国語のコード・スイッチング―形式的特徴を中心」, 『日語日文学研究』104, 韓国日語日文学会.

松下由美子(2019), 「接触場面における成員カテゴリーの変容―韓国人日本語学習者と日本語母語話者の初対面会話から―」, 『日本語文学』82, 韓国日本語文学会.

持田祐美子(2018), 「日韓の関係修復行動としての謝罪に関する一考察―アンケート結果と日本人観光客がした口コミの質的考察を通して―」, 『日本語学研究』55, 韓国日本語学会.

持田祐美子(2019), 「日本国内における謝罪研究の動向と展望」, 『日本語学研究』59, 韓国日本語学会.

羅希(2018), 「相づちの「促し」効果の消失について―現代日本語の「うん」「はい」と現代中国語の天津方言の「ng」「a」の比較から―」, 『日本近代学研究』59, 韓国日本近代学会.

李丹・李恩美(2019), 「ユーキャン新語・流行語大賞に見られる日本の新語・流行語の社会・文化的な特徴―話題を中心に―」, 『日本語学研究』60, 韓国日本語学会.

불만표명상황 관련
한일대조사회언어학연구의 현황과 과제
―이문화간커뮤니케이션교육 관점에서―

노주현

1. 서론

사회언어학이란 다양한 언어 현상을 사회적 맥락 속에서 파악하고자 하는 응용언어학의 한 분야이다. 사회언어학적 관점에서의 한일대조연구는 1970년대 경어를 중심으로 시작되었고, 1990년대에 들어서면서 맞장구, 의뢰, 감사, 사죄 행동 등으로 연구의 폭이 확대되었다. 2000년대에 들어서면서 언어행동과 비언어행동을 포함한 커뮤니케이션행동 연구가 양적으로 급증하였고, 근래에는 사회언어학 분야의 연구 성과를 일본어교육 분야에 적극적으로 활용하려는 연구도 꾸준히 이어지고 있다(임영철,2014;이강민,2020).

커뮤니케이션행동에 관한 한일 대조연구 대부분은 커뮤니케이션상의 오해나 마찰 해소에 기여하고자 하는 사회적 유용성을 그 의의로 삼고 있다(이길용, 2011). 盧妊鉉(2020a)에서는 한일커뮤니케이션행동 연구성과를 일본어수업에 활용한 실천사례를 보고하였다. 그 결과 한일커뮤니케이션행동 관련 선행연구를 '이문화간커뮤니케이션교육 관점'에서 다시 한번 되짚어 볼 필요가 있음을 확인할 수 있었다. 즉, 이문화간커뮤니케이션 교육 관점에서 한일 대조사회언어학 연구를 재조명하는 것은 학술적으로도 교육적으로도 반드시 필요한 과제라고 할 수 있다.

이에 본 연구에서는 이문화간커뮤니케이션교육 관점에서 불만표명상황 관련 한일대조사회언어학 분야의 연구 동향을 살펴보고 향후 과제를 제안하고자 한다.

2. 용어의 개념

初鹿野 외(1996), 藤森(1997), 이선희(2006a), 盧妊鉉(2013a), 金田(2017), Marina(2020)를 토대로, 불만표명상황의 핵심 키워드인 '불만', '불만표명', '불만표명에 대한 응답'의 개념을 정리하면 다음과 같다.

- 불만: 어떤 행동 기대나 당연시되는 문화 규범에 어긋나는 상황을 바람직하지 않다고 느끼는 것
- 불만표명: 불만스런 상황을 야기한 상대방에 대한 반응[1]임과 동시

---

1 Marina(2020)에 따르면, 불만표명행위란 불만 대상이 직접 대화상대인 '직접불만

에, 상대가 알아차리는 것을 기대하거나 사죄, 책임인정 혹은
행동 개선 등을 기대하는 행동
- 불만표명에 대한 반응: 불만표명에 대한 반응으로 표출하는 행동
이며, 응답자와 불만표명자 양측의 손상된 체면을 회복하기 위
한 행동

본 연구에서는 상기와 같은 의미로 '불만', '불만표명', '불만표명
에 대한 응답'이라는 용어를 사용하도록 한다. 특히, 이문화간커뮤니
케이션 장면에서는 어떤 행동기대나 당연시되는 문화규범 그 자체가
문화에 따라 다를 수 있기 때문에, 원만하게 불만을 표명하고 그에 응
대하기 위해서는 이문화 이해가 반드시 선행되어야 한다. 이것이 본
연구에서 불만표명상황에 주안점을 두고 이문화간커뮤니케이션교육
관점에서 한일대조사회언어학 분야의 연구 동향을 살펴보고 향후 과
제를 제안하고자 한 이유이기도 하다.

표명'과, 현장에 없는 제삼자에 대한 불만을 불만 대상이 없거나 혹은 책임이 없는
상대에게 하는 '간접불만표명(푸념)'으로 구분하고 있다. Marina는 '푸념'을 바람직
하지 않은 사태에 대해 한탄하는 것으로 상대의 동조를 구하고, 자신의 상황이나 기
분을 이해하여 공감을 구하는 행위(釜田, 2017)로 파악하고 있다. Marina(2020)에서
지적한 바와 같이 행동의 목적이나 지향성 측면에서 직접불만표명과 간접불만표명
은 각각 다르기 때문에, 행동 분석 시에도 명확히 구분하여 고찰할 필요가 있다고
본다. 따라서, 본 연구에서 불만표명은 이선희(2006a)와 Marina(2020)의 개념과 같
이 불만 대상이 직접 대화상대인 경우로 제한하기로 한다.

3. 선행연구 현황

지금까지 불만표명상황과 관련해 어떠한 연구들이 진행되어 왔는지 선행연구를 살펴보도록 하겠다. 선행연구는 아래 한일 학술논문 검색사이트를 통해 수집하였다.

RISS(http://www.riss.kr)
DBpia(www.dbpia.co.kr)
KCI(www.kci.go.kr)
CiNii(https://ci.nii.ac.jp/)
Gogle Scholar(https://scholar.google.co.jp/)

검색 키워드는 '불만', '불평', '不満', '不平', '不満表明', 'complaint'로 하였고, 검색된 연구 가운데 저서, 학위논문, 학술대회발표요지문은 제외하고, 한국 KCI학술지나 일본 학술지에 게재된 학술논문을 중심으로 조사하였다. 이러한 과정을 통해 불만표명상황과 관련된 한일 대조연구 논문 총 26편을 추출하였다. 3장에서는 26편의 선행연구를 (1)연대별 논문수 추이, (2)데이터 종류, (3) 조사협력자 특성, (4)분석항목 순으로 검토하도록 하겠다.

3.1. 연대별 논문수 추이

먼저, 연대별 선행연구 논문수의 추이를 편의상 5년 단위로 나눠 살펴보면 〈그림1〉과 같다.

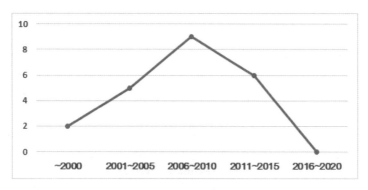

〈그림1〉 연대별 논문수 추이

한일 불만표명 상황과 관련된 조사연구의 시초는 한국인 일본어 학습자와 일본인의 불만표명 특징을 비교한 松島·伊藤(1999)라고 볼 수 있다. 〈그림1〉과 같이 한일 불만표명상황에 관한 조사연구는 2000년부터 활발히 진행되어 왔지만, 2016년 이후에는 불만표명상황과 관련된 논문을 찾아 볼 수 없었다. 불만표명상황과 관련된 연구는 어디까지 진행되었는가? 지금까지 연구로 불만표명상황 연구는 일단락되었는가? 남겨진 과제는 없는가? 각각의 현황에 대해 검토할 필요가 있다고 본다.

3.2. 데이터 종류

선행연구에서 고찰대상으로 삼은 데이터 종류는 〈그림2〉와 같다.

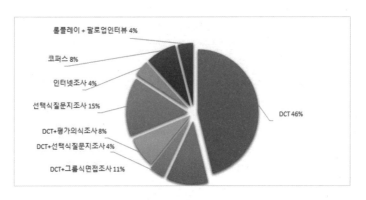

〈그림2〉 데이터 종류

데이터 종류는 DCT가 압도적으로 많았다(朴承圓(2000)등). DCT 는 가공의 장면을 설정해 그 장면에서 사용되는 언어 행동을 다수 얻을 수 있으며, 그것을 수량화할 수 있다는 장점 때문에 언어행동연구에서 많이 사용된 데이터 수집방법이다. 하지만, 일정 설문에 대한 응답에 대해 추가적인 질문이 불가하고, 어디까지나 의식조사에 지나지 않는다는 것이 DCT의 한계점으로 지적되어 왔다(盧姃鉉(2013a) 등). 이러한 DCT의 한계를 극복하기 위해 「DCT+그룹식 면접조사(盧姃鉉(2012))」, 「DCT+선택식질문지조사(国生·鄭(2014)」, 「DCT+평가의식조사(盧姃鉉(2012)」 등의 데이터가 2010년부터 수반되기 시작했지만, 아직 그 수는 미흡한 실정이다.

이밖에, 그래프에 나와 있는 코퍼스는 일본국립국어연구소에서 공개하고 있는 '일본어학습자에 의한 일본어·모어발화 대조언어데이터베이스' 가운데 롤플레이로 수집한 불만표명담화를 고찰데이터로 채택한 경우이다(李善姬;2012,2014). 또한 인터넷조사라는 것은 한국여행정보 사이트 '서울나비'와 '유네스코' 종합게시판에 일본인 관광객들에 의해 투고된 리뷰에서 추출한 데이터가 사용된 것이다(伊吹他(2016)).

결론적으로, 불만표명상황 관련 선행연구는 대체로 DCT를 통해 얻은 데이터 분석 중심으로 진행되어 왔고, 면접조사나 코퍼스 활용 등을 통해 데이터의 양질화를 도모해 왔지만, 아직 미흡한 실정이라고 볼 수 있겠다.

3.3. 조사협력자 특성

조사협력자의 특성을 살펴보면 다음과 같다.

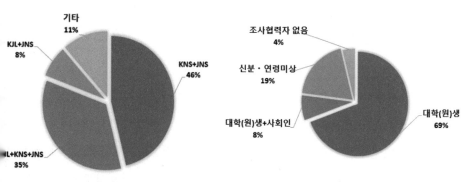

〈그림3〉 조사협력자의 언어배경　　　〈그림4〉 조사협력자의 신분

분석 결과, 고찰대상인 26편의 논문 가운데 25편의 연구가 조사협력자의 도움을 받아 진행되었다. 〈그림3〉을 보면, 조사협력자는 「한국인(KNS)+일본인(JNS)」이 46%, 「한국인일본어학습자(KJL)+한국인(KNS)+일본인(JNS)」이 35%를 각각 차지하고 있음을 알 수 있다. 46%를 차지하고 있는 「한국인(KNS)+일본인(JNS)」데이터는 사회언어학 관점의 고찰연구, 35%를 차지하고 있는 「한국인일본어학습자(KJL)+한국인(KNS)+일본인(JNS)」데이터는 대부분 일본어교육 관점의 고찰연구이다. 특히, 일본어학습자의 경우 학습이 진행됨에 따라 혹은 학습환경에 따라 언어 및 비언어행동에 변화가 있을 수 있다. 따라서, 일본어교육 관점에서 커뮤니케이션행동을 고찰할 때에는 일본어학습자의 학습레벨이나 학습환경을 반드시 파악할 필요가 있다. 하지만, 이 부분을 변수로 파악하고 있는 선행연구는 이선희(2008)에 불과해 아직 미흡한 실정이다.

다음으로 〈그림4〉를 중심으로 조사협력자의 신분을 보면, 조사협력자의 69%가 대학(원)생인 것으로 나타났고, 「대학(원)생+사회인」은 8%로 상당히 적은 것을 확인할 수 있다. 이러한 조사협력자의 편중은 연구자 대부분이 대학 교육기관에 소속되어 있고, 자신이 속한 대학의 학생들에게 조사 협력을 구하기 쉽기 때문에, 언어학 관련 조사연구 전반에 공통적으로 나타나는 한계라고 볼 수 있다. 하지만, 조사협력자의 연령과 직업이 지나치게 편중되어 있기 때문에, 본 데이터가 한국 혹은 일본의 특성을 대표하고 있지 않을 가능성도 배재할 수 없다. 다시 말해, 데이터 편중은 연구 결과의 타당성 및 신뢰성과도 밀접하게 연관된 선행연구의 한계라고 할 수 있겠다.

3.4. 분석항목

이문화간커뮤니케이션 교육 현장에서는 언어행동에 나타난 의식
과 행동상의 특징을 장면별로 다루는 경우가 많다(盧姃鉉,2020a). 따
라서 이문화간커뮤니케이션 교육 관점에서 사회언어학연구 성과를
검토할 때, 각 연구가 상황을 어떻게 구분하여 분석하는가는 매우 중
요한 포인트이다. 이런 관점에서 불만표명상황을 어떻게 구분하여
어떤 부분을 연구대상으로 삼았고, 또한 어떤 부분을 분석항목으로
삼았는지 살펴보았다. 그 결과를 정리하면 〈그림5〉〈그림6〉과 같다.

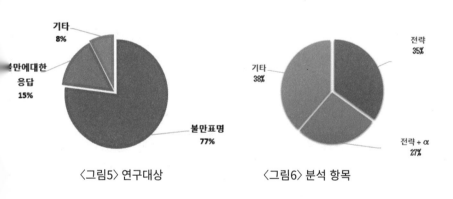

〈그림5〉 연구대상   〈그림6〉 분석 항목

〈그림5〉를 보면, 불만표명상황과 관련된 조사연구는 '불만표명'
을 대상으로 한 경우가 77%를 차지하고 있고(李善姬(2004)등), '불만
표명에 대한 응답'을 대상으로 한 경우가 15%를 차지하고 있다(盧姃

鉉(2013)등). 물론 불쾌도나 불만상황성립과 관련해 조사한 大塚(2004)나 盧姃鉉(2012) 등도 있지만 아직 연구가 충분하다고 보기는 어렵다. 즉, 불만표명상황과 관련된 선행연구는 '불만표명'을 중심으로 연구가 진행되어 왔다고 볼 수 있다.

한편, 불만표명이라 하더라도 언어표현레벨에서 분석한 연구도 있는가 하면, 언어전략레벨에서 분석한 연구도 있는 등, 다양한 각도에서 분석이 진행되어 왔다. 〈그림6〉에 제시한 바와 같이, 전략을 분석항목으로 한 연구가 35%를 차지하고 있고, 「전략+α(불쾌도, 무브수 등)」가 27%를 차지하고 있다. 즉, 전체 연구의 62%가 전략 중심으로 분석했음을 확인 할 수 있다. 「기타(38%)」의 분석 항목으로는, 불쾌도, 불만성립 여부, 불만표명 수단[언어 / 태도], 행동의식, 불쾌도, 불만 종류 등이 포함되어 있다.

불만표명에 관한 선행연구가 전략에 편중되어 있다는 것은 盧姃鉉(2012)등에서도 언급된 바 있다. 물론, 2020년 현황을 제시한 [그림6]을 보면 「전략+α」나 기타 다른 항목을 분석한 논문도 적지 않지만, 전략 중심의 경향은 부인할 수 없는 사실이다. 결과적으로, 불만표명상황은 전략 중심으로 연구가 진행되었으며, 전략 이외의 분석항목에 대해서는 아직 미흡한 실정이라고 볼 수 있겠다.

이상, 3장에서 분석한 선행연구의 한계를 정리하면 다음과 같다.

- 고찰데이터: 조사협력자가 대학(원)생에 편중되어 있으며, 대부분 한국인, 일본인, 한국인일본어학습자를 대상으로 실시한 DCT자료를 사용하였다. 물론, 면접조사나 코퍼스 등으로 데이터 양질화를 도모해 왔지만 아직 미흡한 실정이다. 이밖에, 한국인일본어학습자의 경우, 학습레벨이나 학습환경을 변수로 파악하지 않은 경우가 많다.
- 불만표명상황 연구대상: '불만표명'을 중심으로 연구가 진행되어 왔고, 2010년부터 '불만표명에 대한 응답', '불만표명상황에서의 감정·의식'으로 연구의 폭을 넓혀왔지만, 아직 미흡한 실정이다.
- 분석 항목: 전략 중심의 분석이 주를 이루고 있으며, 전략 이외 분석 항목의 유기적 다양화가 이루어지지 못한 상황이다.
- 조사 및 분석 관점: '화자가 어떻게 생각하고, 어떻게 행동하는가'라는 화자 관점에서 조사나 분석이 주로 이루어져 왔고, 청자(평가) 관점에서의 조사나 분석은 아직 미흡한 상황이다.

4. 향후 과제

4장에서는 3장에서 제시한 선행연구의 한계점을 바탕으로 향후 과제를 제안하고자 한다.

4.1. 고찰데이터의 양질화

불만표명상황 관련 선행연구의 고찰데이터를 살펴보면, 한국인, 일본인, 한국인일본어학습자를 대상으로 한 DCT가 다수를 차지하고 있다. 앞서 언급한 바와 같이, DCT는 특정 행동이 예상되는 장면을 설정하여, 장면별로 화자의 언어적 직관(內省)을 물을 뿐만 아니라, 일정 설문에 대해 다수의 응답을 얻을 수 있고, 그 응답을 수량화할 수 있기 때문에 특정 행동 특징을 파악하는데 있어 유용한 조사방법이라고 할 수 있다. 하지만, DCT는 어디까지나 의식조사에 지나지 않기 때문에 그 응답이 실태를 반영하고 있지 않을 가능성도 부인할 수 없다(盧妊鉉,2013). 또한 任·生越(2005)에서는 대조연구를 설문으로 하는 경우 발생가능한 문제점으로 ①번역상의 문제로 조사표 내용이 동일하지 않게 될 수도 있다는 점, ②설정된 상황이 의미하는 바가 행동양식이나 생활습관의 차이로 국가에 따라 달라질 수 있다는 점을 지적하고 있는데, DCT도 유사한 한계점을 갖고 있다.

그 뿐만 아니라, 이제까지 불만표명상황과 관련된 한일 대조사회언어학 연구 중에서 자연담화 데이터를 다룬 연구는 찾기 어렵다. 이는 불만표명상황 자체가 예측할 수 없는 상황에 돌연 발생하기 때문에, 자연담화데이터 수집의 어려움에 기인함을 충분히 예측가능하다. 즉, 불만표명상황 관련 연구는 데이터 수집의 어려움 때문에 이제까지 DCT에 의존할 수밖에 없었던 것이다. 하지만, 불만표명상황에서의 한일차를 이해하고, 그 메커니즘을 규명하기 위해서는 자연담화 혹은 그에 가까운 데이터 분석이 반드시 필요하다. 근래 새롭게 부상한 멀티미디어 코퍼스는 자연담화에 가깝고, 발화시 영상이나 음성도 참조할 수 있다는 점에서 한일 불만표명상황 연구 데이터로 충분히 활용가치가 있다고 본다. 멀티미디어코퍼스를 활용하여 한일 불만표명상황의 특징을 규명하는 것이 향후 과제로 남아있다고 할 수 있겠다.

또한, 선행연구의 고찰데이터는 조사협력자가 대학(원)생에게 치우쳐 있다. 持田·中村(2019)에서도 지적한 바와 같이 문법은 응답자가 학생인지 사회인인지에 따라 답변에 큰 차이가 없지만, 불만표명상황에서의 행동이나 의식은 사회에 나가 환경이 바뀜으로서, 말의 운용과 관련된 의식도 변화하는 것이 충분히 예측가능하다. 따라서, 사회인을 대상으로 한 조사를 늘려, 연구결과의 타당성과 신뢰성을 높일 필요가 있다.

아울러, 인터넷이나 새로운 미디어 발달과 함께, SNS나 웹상의 리뷰(口コミサイト)등의 새로운 커뮤니케이션 스타일이 생겨났다. 따라서 이러한 새로운 커뮤니케이션상의 불만표명상황도 고찰데이터로 삼아 한일간의 공통점과 차이점을 밝히는 것 역시 남겨진 향후과제라고 할 수 있겠다.

마지막으로, 일본어학습자는 학습이 진행됨에 따라, 혹은 학습환경에 의해 그 전달 방식에 변화가 있을 수 있다. 하지만, 이제까지의 일본어학습자 데이터를 보면, 학습레벨이나 학습환경을 변수로 하여 파악한 연구는 상당히 적은 편이다. 따라서 학습레벨이나 학습환경에 따른 차이를 분석할 수 있도록, 일본어학습자 데이터는 수집 단계에서부터 학습레벨이나 학습환경을 변수로 하여 파악할 필요가 있다.

4.2. 불만표명상황의 재검토

이길용(2011)에서도 지적한 바와 같이 많은 언어행동 관련 연구가 커뮤니케이션상의 오해나 마찰 해소라는 사회적 유용성을 그 연구의 의의로 삼고 있다. 이점을 고려할 때, 불만표명상황 관련 연구들이 FTA[2]리스크가 높은 불만표명에 주목한 것은 당연한 결과일지 모른다. 하지만, 이문화간커뮤니케이션 교육을 위해서는 모어화자와 비모어화자와의 인터엑션, 커뮤니케이션의 동태성·다양성에 대해 생각할 필요가 있고, 여기에 이문화이해나 이문화마찰 등 복수의 시점을 가지고 검토할 필요가 있다(任ジェヒ외, 2018). 특히, 이문화간커뮤니케이션 교육에 있어 인터액션능력의 전제가 되는 '사회문화이해'는 문화 스테레오타입화로 이어지기 쉽다. 따라서, 교사에게는 커뮤니케이션을 쌍방향적이고 동태적인 것으로 파악하는 시점, 다양한 상호작용 프로세스 그 자체를 보는 능력이 요구되어지는 것이다(工藤,2007). 또한, 이문화간커뮤니케이션 교육 관점에서 볼 때, 불만 표명 이전에 불만의 성립요소가 문화마다 다를 수 있고, 불만을 표명하고 응답하

---

2 FTA(Face Threatening Acts)란, Brown and Levinson(1987)이 제시한 개념으로 '상대방의 체면을 위협하는 행동'을 말한다. 불만표명은 전형적인 FTA에 해당되며, 화자와 청자의 체면과 관련이 있다. Brown and Levinson(1987)에 따르면, 화자는 불만을 표명하기 전에 상대방과의 관계를 고려하여 '①불만이 쌓여도 관계를 악화시키지 않기 위해 비난을 참는다 ②직접적으로 비난하지 않고 상대방에게 불쾌감을 간접적으로 내비춰서 상대가 알아차리게 한다 ③상대를 직접적으로 비난한다' 와 같이 어떻게 불만을 표명할 것인지에 대해 검토한다.

는데 고려하는 요인과 선택 역시 문화마다 다를 수 있다. 따라서, 4.2 에서는 불만표명 상황을 '불만 성립' 단계와 '불만표명-응답' 단계로 나누어, 이문화간커뮤니케이션교육 관점에서 각 단계별로 파악해야 할 사항들을 정리하면서 불만표명상황 재검토의 필요성을 제안하고 자 한다.

먼저, '불만 성립'단계에서는 불만을 느끼는 요인·포인트를 파악 하고, 그러한 불만이 불만표명으로 이어지는데 고려·관여하는 요인 을 파악해야 한다. 또한, 불만을 느끼더라도 불만을 표명하지 않는다 면 그 이유는 무엇이며, 불만을 표명한다면 그 이유·목적이 무엇인지 를 각각 파악할 필요가 있다.

'불만표명-응답' 단계에서는 매체 선택 기준 및 경향을 파악할 필 요가 있다. 예를 들어, 불만은 말(話し言葉), 글(書き言葉), 웹언어(打ち 言葉) 등 다양한 매체로 표현가능하다. 따라서 불만 표명시 매체 선택 의 기준 및 경향, 그리고 매체와 표현양식을 선택하는데 고려하는 요 인을 파악할 필요가 있다. 또한, 불만표명은 분명한 의도·목적을 가 진 행동으로 한번에 끝나는 경우도 있지만, 다수에 걸친 인터엑션으 로 이어지는 경우도 적지 않기 때문에, 발화 전체를 동적인 유기적 흐름 속에서 파악할 필요가 있다. 하지만, 불만표명상황과 관련된 한 일 대조사회언어학 연구를 살펴보면, 불만표명 이외에도 불만표명 에 대한 응답 등을 분석한 연구도 있기는 하지만(盧娃鉉,2013a;李善 姬,2014), 불만표명상황의 커뮤니케이션을 쌍방향적인 동적인 흐름 속에서 파악하고 상호작용 프로세스를 규명하는 데까지는 도달하지

못한 상황이다. 따라서, 이문화간커뮤니케이션교육 관점에서 볼 때, 불만표명상황은 커뮤니케이션을 쌍방향적이고 동태적인 것으로 파악하는 시점, 다양한 상호작용 흐름 속에서 파악하는 관점을 도입하여 행동의 연쇄로서 그 상황을 재차 파악할 필요가 있다고 본다.

이밖에 盧妊鉉(2014a)에서도 지적한 바와 같이, 불만표명이나 불만표명에 대한 응답의 배경에는 '향후 관계 회복에 대한 인식의 유무' 혹은 '향후 관계회복 가능성'도 관련되어 있을 가능성이 있다. 즉, 대인관계 회복의 가능여부가 '불만표명을 할 것인가 안 할 것인가' 만약 '불만표명을 한다면 어떻게 이야기를 전개해 나갈 것이고 또 어떻게 말할 것인가'와 같이, 담화 전체의 구성과 표현 하나하나의 선택에 매우 중요한 요인으로 작용한다는 것은 충분히 예측가능하다. 또한 불만표명 상황 속에서 관계회복을 위한 다양한 행동들이 직·간접적으로 수반될 가능성 역시 배재할 수 없다. 따라서, 불만표명상황은 불만 성립 단계에서부터 행동 목적의 달성 여부가 결정되기까지 커뮤니케이션행동 전체를 연속적이고 유기적인 프로세스로 재검토할 필요가 있다. 여기에 金志宣(2009:16)의 '대인관계회복행동의 기본구조와 패턴' 등 불만표명상황 이외 분야의 선행연구 성과를 적극 활용할 필요가 있다고 본다.

결론적으로, 이문화간커뮤니케이션 교육의 관점에서 보면 ①불만 성립, ②불만표명, ③불만표명에 대한 응답, ④관계회복, 네 단계를 포함해[3] 일련의 커뮤니케이션 행동 전체의 연속적이고 유기적인 흐름 속에서 불만표명상황의 연구범위를 재검토·재설정할 필요가 있다고 본다.

4.3. 청자 평가를 도입한 분석 항목의 유기적 다양화

분석항목 측면에서 볼 때, 불만표명상황을 다룬 선행연구는 아직까지도 전략 중심으로 편중되어 있으며, 전략 이외의 분석항목의 유기적 다양화는 아직 해결되지 못한 상황이다. 물론, 불만표명 전략을 효과적으로 운용하는 것은 원활한 대인관계 유지와 밀접한 관계가 있기 때문에 이문화간커뮤니케이션 교육 관점에서도 유의미하고 시급한 과제임에 틀림없으며, 전략에 대해서도 아직 해결되지 못한 과제가 적지 않다. 예를 들어, 체면위협도(フェイス·リスクの見積もり)가 크다는 이유로 화자가 불만표명 자체를 포기하는 것, 그리고 헷지 등의 완화기능 전체상을 밝히는 것도 남겨진 과제라 할 수 있겠다.

그러나, 불만표명상황 전체상을 규명하기 위해서는 표면에 나타난 언어표현이나 전략 뿐만 아니라, 그러한 표현행동 배경에 있는 화자의 의식과 비언어행동도 고찰 범위에 넣을 필요가 있다(盧姃鉉,

---

3 각 단계는 일어나지 않는 것, 예를 들어 ①동일 상황에서 불만을 느끼지 않는 것, ②불만을 느끼지만 표명하지 않는 것, ③불만표명에 대한 응답을 하지 않는 것, ④관계회복을 위한 행동을 취하지 않는 것, 등의 상황도 상정할 필요가 있다고 본다.

2012). 生越(2012)와 李吉鎔(2017)에서도 지적한 바와 같이 그러한 언어행동을 하게 된 이유가 무언인가라는 해석의 문제를 포함해 한일언어문화의식 및 의식구조에 대한 연구로 발전시키는 것은 한일언어행동연구 전반에 걸쳐 남겨진 과제라 할 수 있을 것이다.

한편, 李吉鎔(2011)에서 '언어행동의 차이에 의해 오해나 마찰이 야기될 가능성은 부인할 수 없지만, 언어행동의 차이 그 자체가 오해나 마찰을 야기한 요인은 아니다. -중략- 적어도 언어행동의 차이가 상호 화자에게 어떻게 평가되고 있는가에 따라 오해가 생기는 정도는 다를 수 있다'고 지적하고 있다. 같은 관점에서 이문화간커뮤니케이션 교육에 있어 DIE방법[4]이 활용되기도 하는데, 이 DIE방법의 핵심에는 '평가'가 있다(盧姃鉉, 2020a).

이제까지 불만표명상황과 관련된 연구를 보면, '어떠한 상황에서 불만을 느끼는가', '어떻게 불만을 표명하는가', '어떻게 응답하는가'와 같이 화자 관점에서의 고찰이 많다. 물론 화자 관점에서 그 상황을 파악하는 것은 중요하지만, 각각의 의식이나 행동이 상대에게 어떻게 받아들여지는가 라는 '청자의 평가' 관점도 매우 중요하다. 따라서 청자의 평가 관점을 도입해, 전략 중심의 분석 항목을 유기적으로 다양화하는 것이 불만표명상황의 커뮤니케이션 메커니즘을 규명하는

---

4 DIE방법이란, 이문화간 오해·마찰의 원인을 찾고, 이문화에 대한 이해 폭을 넓히며, 이문화를 접하는 태도를 배양하는 방법으로 D(describe), I(interpret), E(evaluate)의 머리글자를 딴 것이다(原沢, 2013).

데에 반드시 필요한 향후 과제라고 할 수 있겠다.

5. 마치며

본 연구에서는 이문화간커뮤니케이션교육 관점에서 불만표명상황 관련 한일대조사회언어학 분야의 연구 동향을 살펴보고, 향후 과제를 다음과 같이 제안하였다.

- 고찰데이터의 양질화
  : ① 조사방법이 DCT에 편중되어 있으므로, 멀티미디어코퍼스 활용, 혹은 SNS나 Web상의 리뷰 등 새로운 커뮤니케이션 형태에 나타난 불만표명상황을 통해 데이터를 수집하는 등, 데이터 수집 면에서의 다양화를 시도하고, ②조사협력자가 대학(원)생에 편중되어 있으므로, 사회인을 대상으로 한 조사를 확대하며, ③일본어학습자 데이터는 조사 단계에서 부터 학습 레벨이나 학습 환경을 변수로 파악함으로써, 데이터의 질적 향상을 도모할 필요가 있다.
- 불만표명상황 재검토
  : 불만표명상황은 ①불만성립, ②불만표명, ③불만표명에 대한 응답, ④관계회복, 이라는 4단계를 포함해, 일련의 커뮤니케이션 행동 전체의 연속적인 흐름 속에서 연구 범위를 재검토할 필요가 있다.
- 평가 관점을 도입한 분석 항목의 유기적 다양화
  : 불만표명상황의 커뮤니케이션 메커니즘을 규명하기 위해서는, 청자의 평가 관점을 도입해 전략 중심의 분석 항목을 유기적으

로 다양화할 필요가 있다.

이밖에 이문화간커뮤니케이션 교육 현장에서 활용할 수 있는 데 이터베이스를 구축하는 것도 향후 반드시 필요한 과제라 할 수 있겠 다. 언어연구는 인간의 개념화 연구와 분리될 수 없다는 점을 상기하 면, 한일대조사회언어학 분야에 인지화용론 및 심리학 분야의 연구 성과와 다양한 관점을 도입·융합함으로써, 불만표명상황을 비롯한 다양한 이문화커뮤니케이션 장면을 새로운 각도에서 객관적이고 체 계적으로 규명하는 연구 역시 향후 필요할 것이다.

* 본 연구는 졸고(2020b,c)를 총서의 취지에 맞게 번역 수정 가필한 것임.

참고문헌

한국문헌

김지선(2009), 「대인 관계 회복 행동에 관한 연구」, 『담화와인지』16(2), 담화·인지 언어학회, 1-20면.

盧姃鉉(2012), 「親疎上下関係による不満表明に日韓比較―行動主体の意識に注目して―」, 『日本語學研究』34, 한국일본어학회, 59-73면.

盧姃鉉(2013a), 「不満表明に対する返答の日韓比較―親疎上下関係と不満表明の強弱に注目して―」, 『日本學報』94, 한국일본학회, 1-10면.

盧姃鉉(2013b), 「親友同士の不満成立と不満表明の日韓比較―場面差を中心に―」, 『日本語學研究』36, 한국일본어학회, 101-115면.

盧姃鉉(2014a), 「日本人の不満表明に対する韓国人学習者の返答」, 『日本研究』, 중앙대학교일본연구소, 23-40면.

盧姃鉉(2014b), 「不満状況における韓国人日本語学習者の意識と行動―接触場面での日韓の相違を中心に―」, 『日語日文學』, 대한일어일문학회, 25-39면.

盧姃鉉(2019), 「韓日言語行動に関する研究成果の教育的活用への試み―異文化理解教育で使える「行動の分析方法」の提案」, 『比較日本學』46, 한양대학교 일본학국제비교연구소, 1-16면.

盧姃鉉(2020a), 「韓日異文化理解力を育てる大学授業の試み―ピア·ラーニングを取り入れた教室活動」, 『日本語教育研究』50, 한국일어교육학회, 89-103면.

_____(2020b), 「不満表明状況に関わる韓日の対照社会言語学研究-異文化間コミュニケーション教育の観点から見た研究動向と課題-」, 『日本學』51, 동국대학교일본학연구소, 1-25면.

_____(2020c), 「한일커뮤니케이션행동 대조연구의 방법과 과제―불만표명상황의 재검토를 중심으로―」, 『학술심포지엄 한국어와 일본어 연구의 방법

과 과제 발표요지집』, 한양대 일본학국제비교연구소, 29-33면.

미즈시마히로코(2003), 『한국어불평화행의 중간언어적 연구』, 이화여자대학교 교육대학원 석사학위논문.

朴承圓(2007), 「韓国人日本語学習者の不満表明行為の特徴—非言語行動を含む不満の表し方を中心に—」, 『Foreign Languages Education』14-3, 한국외국어교육학회, 367-383면.

持田裕美子·中村有里(2019), 「日本国内における謝罪研究の動向と展望」, 『日本語學研究』59, 한국일본어학회, 127-140면.

이강민(2020), 「한국 일본어 연구—동향과 과제—」, 『일본연구논총』, 현대일본학회, 254-272면.

李吉鎔(2011) 「異文化間コミュニケーション研究のデザイン」, 『日本研究』30, 중앙대학교 일본연구소, 27-46면.

李吉鎔(2017), 「誤用論·社会言語学研究の現状と展望」, 『日本語學研究』51, 한국일본어학회, 41-56면.

李吉鎔·孫旼秀(2011), 「コミュニケーション·ストラテジー研究の課題」, 『日本語學研究』30, 한국일본어학회, 225-240면.

伊吹早耶香·大池森·中村有里(2016) 「接客者が時間を守らない場面に対する韓国語母語話者の謝罪意識についての考察—日本人観光客が不満を抱いた事例から—」, 『日本語學研究』49, 한국일본어학회, 61-77면.

李善姫(2006b) 「韓国人日本語学習者の〈不満表明〉の特徴—日本語教育への示唆」, 『日本語文學』29, 한국일본어문학회, 149-163면.

李善姫(2008a), 「韓国人日本語学習者の『不満表明』発話の構成要素—日韓両言語話者の比較を通して—」, 『日本語學研究』21, 한국일본어학회, 103-116면.

李善姫(2008b), 「韓国人日本語学習者の「不満表明」に見られる誤用論敵転移」, 『Foreign Languages Education』15-1, 한국외국어교육학회, 505-519면.

李善姫(2010), 「한국어 화자와 일본어 화자의 서비스 장면에서의 불평 화행」, 『日本語教育』51, 한국일본어교육학회, 15-26면.

李善姫(2012), 「한국어 화자와 일본어 화자의 불평 응답 화행」, 『日本語教育』62, 한국일본어교육학회, 129-141면.

李善姫(2014), 「불평 담화의 한·일 비교」, 『日本學報』98, 한국일본학회, 105-119면.

임영철, 황혜선(2010), 「한·중·일 3국의 의뢰과정에서의 해명에 대한 대조사회언어학적인 연구―불만표명에 대한 해명을 중심으로―」, 『일본근대학연구』30, 한국일본근대학회, 63-81면.

鄭秀賢·国生和美(2014), 「不満表明の日韓言語行動について―公共場面における表現を中心に―」, 『比較日本學』, 한양대학교 일본학국제비교연구소, 323-338면.

조정민(2005), 『한국어 불평에 대한 응답 화행 실현 양상 연구―일본어권 한국어 고급 학습자를 대상으로―』, 이화여자대학교 대학원 석사학위 논문.

최명선(2007), 『한국어 불평·응답 화행의 양상과 교육 방안 연구―한국인 모어 화자와 일본인, 중국인 학습자의 담화 분석을 중심으로―』, 고려대학교 교육대학원 석사학위 논문.

洪珉杓(2004), 「不満表現のストラテジーに関する韓国, 日本, オーストラリア大学生の対照研究」, 『사회언어학』, 한국사회언어학회, 253-269면.

洪珉杓(2019), 「語用論·社会言語学研究の現状と展望」, 『日本語學研究』59, 한국일본어학회, 67-82면.

외국문헌

荒井未有(2017), 「日本語学習者の「不満表明」における一考察―レベル別の学習者の比較から―」, 『日本語教育方法研究会誌』24-1, pp.48-49.

石塚ゆかり(2015), 「日韓の苦情行動に関する比較研究―不快感情と個人特性の影響に注目して」, 『青森大学付属総合研究所紀要』16-2, pp.1-15.

任ジェヒ, 平松友紀, 蒲谷宏(2018), 「日本語教育におけるコミュニケーション教育の現状と目指すべきもの」, 『早稲田日本語教育学』25, 早稲田大学大学院日本語教育研究科, 2018, pp.1-20.

任栄哲·生越直樹(2005) 「日本語と韓国語·朝鮮語をめぐって」, 『社会言語科学』8-1, 社

会言語科学会, pp.1-4.

任栄哲(2014),「日本社会言語学との出会い、そしてその後の道程」,『社会言語科学』16-2, pp.4-17.

ウォンサミンスリ-ラット(2018),「日本語会話におけるタイ語母語話者の不満表明の言語行動―不満表明フレームから遊びフレームへのリフレーミングに着目して―」,『社会言語科学』21-1, 社会言語科学会, pp.239-254.

大塚徹(2004),「日本人と韓国人の不快感の比較」,『専修国文』75, 専修大学日本語日本文学会, pp.25-37.

生越直樹(2012),「言語行動の日韓対照研究―その成果と問題点―」,『韓国語教育論講座第2巻』, くろしお出版, 2012, pp.571-586.

釜田友里江(2017)『日本語会話における共感の仕組み―自慢・悩み・不満・愚痴・自己卑下の諸相―』, 名古屋大学大学院国際言語文化研究科 博士学位論文.

河正一(2019),「社会言語学的調査―言語行動に関する日韓対照研究を中心に―」,『計量国語学』31-8, 計量国語学会, pp.572-588.

工藤節子(2007),「経済活動の接触場面から日本語教育を考える―台湾の日系企業の調査より―」,『中国 21 特集：日本語と中国語―語学教育を考える―』27, pp.65-86.

坂本惠・蒲谷宏・川口義一(1996),「「待遇表現」としての「不満表現」について」,『国語学研究と資料』20, 国語学研究と資料の会, pp.29-38.

鄭賢熙(2005),「日韓両言語における「不満表明」に関する一考察―異文化による「もめごと」での行動および言語表現を中心として―」,『新潟大学国際センター紀要』1, pp.63-71.

真田信治・渋谷勝己・陣内正敬・杉戸清樹(1992)『社会言語学』, おうふう.

初鹿野阿れ・熊取谷哲夫・藤森弘子(1996),「不満表明ストラテジーの使用傾向―日本語母語話者と日本語学習者の比較―」,『日本語教育』88, 日本語教育学会, pp.128-139.

原沢伊都夫(2013)『異文化理解入門』, 研究社, 2013.

深澤 清治・梅木 璃子(2017),「不平発話行為の研究の概観と今後の展開」,『広島外国語教育研究』20, 広島大学外国語教育研究センター, pp.261-272.

藤森弘子(1997),「不満表明ストラテジーの日英比較―談話完成テスト法の調査結果をもとに―」,『言語との対話』, 英宝社, pp.243-257.

朴承圓(2000),「〈不満表明表現〉使用に関する研究―日本語母語話者・韓国人日本語学習者・韓国語母語話者に比較―」,『言語科学論集』4, 東北大学文学部日本語学科, pp.51-62.

朴承圓(2001),「韓国人日本語学習者の言語行動の指向性に関する一考察」,『言語科学論集』第5号, 東北大学文学部日本語学科.

洪珉杓(2006),「日韓両国人の言語行動の違い④不満表現のストラテジーに関する日韓比較」,『日本語学』8月号, 明治書院, pp.86-95.

牧原功(2008),「不満表明・改善要求における配慮行動」,『群馬大学留学生センター論集』, 群馬大学留学生センター, pp.51-60.

松島弘枝・伊藤かんな(1999),「日本語母語話者と韓国人日本語学習者における不満表明行為の特徴」,『日本語教育の交差点で:今田滋子先生退官記念論文集』, 渓水社, pp.103-113.

山岡政紀・牧原功・小野正樹(2010),「第10章《不満表明》における配慮表現」『コミュニケーションと配慮表現―日本語語用論入門―』, pp.182-191.

李善姫(2004),「韓国人日本語学習者の〈不満表明〉について」,『日本語教育』123, 日本語教育学会, pp.27-36.

李善姫(2006a),「日韓の〈不満表明〉に関する一考察―日本人学生と韓国人学生の比較を通して―」,『社会言語科学』8-2, 社会言語科学会, pp.53-64.

Brown,P. and Levinson, S.(1987) *Politeness: Some universals in language usage*, Cambridge University Press.

Marina B. ASAD(2020),「日本語日常会話における『直接的不満表明』と『愚痴』―不満のターゲットと談話シークエンスに着目して―」,『社会言語科学会 第44回大会発表論文集(電子版)』, 社会言語科学会, pp.178-181.

IR 4.0시대의 빅데이터 기반
일본어학 융복합연구의 실천 과제
—'컬처마이닝(Culture Mining)' 융복합연구를 중심으로—

이준서

1. 들어가며

좀처럼 나아질 기미를 보이지 않는 경색된 한일관계 및 이에 따른 일본어에 대한 사회적 수요 감소는 일본어학 연구 환경조성에 긍정적이지 못한 것이 사실이다. 과거 일본어학 연구자들의 꾸준한 증대로 양적·질적 연구결과물의 산출이 담보된 시절은 이미 오래전의 일이 되었고, 지금은 기존과는 다른 방식의 새로운 돌파구를 찾아야만 하는 시대가 도래한 것이다.

특히, 사회적으로는 4차산업혁명(IR 4.0) 시대의 도래로 기존 학문 사이의 경계가 허물어지고, 심지어는 도태되는 학문 분야도 속속 등장하는 상황에서 침체기에 빠져있는 일본어학 연구에 있어서 새로운 활로를 모색해야 할 시점에 봉착해 있는 것이다.

최근 4차 산업혁명과 관련하여 화두가 되고 있는 인공지능(AI), 빅데이터(Big Data), IoT(Internet of Things) 등의 기술은 컴퓨터가 어떻게 인간이 사용하는 자연언어를 얼마나 정확하게 인식할 수 있냐에 대한 연구가 그 근저에 있다고 할 수 있는데, 본고는 이러한 급변하는 상황에서 일본어학의 새로운 활로를 모색함과 동시에 인접 학문을 주도하며 4차 산업혁명 시대로의 진입에 공헌할 수 있는 일본어학 기반의 다학제간 융합연구의 확장 가능성에 대하여 고찰한다.

2. 융복합연구 분류

포괄적인 범위에서 복수학제간 연구(Pluridisciplinary)를 분류한 것으로는 ESP(European Science Foundation, 2011)의 'Peer Group Review'에서 찾아볼 수 있다. 이 기준에 따르면 복수학제연구(Pluridisciplinary)는 다학문적연구(Multidisciplinarity), 학제간연구(Interdisciplinarity), 교차학문적연구(Crossdisciplinarity), 초학문적연구(Transdisciplinarity)로 크게 4가지로 구분할 수 있다.

Multidisciplinarity is concerned with the study of a research topic within one discipline, with support from other disciplines, bringing together multiple dimensions, but always in the service of the driving discipline. Disciplinary elements retain their original identity.	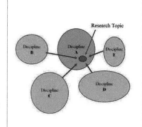
Interdisciplinarity is concerned with the study of a research topic within multiple disciplines, and with the transfer of methods from one discipline to another. The research topic integrates different disciplinary approaches and methods.	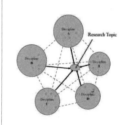
Crossdisciplinarity is concerned with the study of a research topic at the intersection of multiple disciplines, and with the commonalities among the disciplines involved.	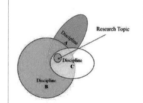
Transdisciplinarity is concerned at once with what is between, across and beyond all the disciplines with the goal of understanding the present world under an imperative of unity of knowledge.	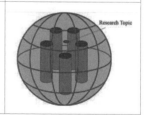

〈그림 1〉 ESP 복수학제연구 구분

다학문적연구(Multidisciplinarity)는 한 가지 분야의 공통주제를 연구하는데 있어서 서로 다른 분야의 지원을 받는다. 즉 다양한 차원의 관점이 존재할 수 있다는 것을 인정하면서 목표 학문분야의 목적 달성을 최우선시하며(ex. Pharmacology), 각 분야별 요소(disciplinary elements)들의 정체성(identity)을 유지하는 것이다. 학제간연구(interdisciplinarity)는 응집한 여러 분야에 걸친 하나의 주제에 대하여 연구하며 서로 다른 학문분야의 방식을 자유롭게 차용한다. 즉, 특정된 연구주제에 대하여 타 분야의 접근 방식과 방법들을 통합하여 활용하는 것이다(ex. Robotics). 교차학문적연구(Crossdisciplinarity)는 여러 분야의 교통 분모에 해당하는 주제를 연구하여 분야 간 공통부분이 존재하는 것이 특징이다(ex. Biology). 초학문적연구(Transdisciplinarity)는 학문분야 간, 다양한 분야에 걸쳐 분야를 초월하는 연구 활동으로 지식의 통섭(unity of knowledge)을 목표로 현존하는 세계에 대한 이해에 도전한다(ex. Artificial Intelligence).-이준서, 2014 인용-

최근에 크게 주목받고 있는 4차 산업혁명과 관련한 것으로 손꼽히는 인공지능(AI), 빅데이터(Big Data), IoT(Internet of Things) 등의 기술은 가히 우리의 일상을 완전히 바꾸어놓을 수 있을 정도의 파급력을 가지고 있고, 이들 기술의 발전과 활용에 있어서 거의 전 학문분야의 조력이 필요하다는 사실을 고려하면 이상의 복수학제간 분류 방식조차도 더 이상 큰 의미를 가지지 않는다.

특히 소프트웨어, 하드웨어, 서비스 등을 망라한 4차 산업혁명시

대를 선도하는 핵심기술이라고 할 수 있는 빅데이터 분야의 세계시
장 규모 및 향후 성장세를 고려하면 다학문적연구에 있어서 일본어
학이 모색해야 할 방향도 여기에서 찾아볼 수 있다.

〈그림 2〉 빅데이터의 세계시장 규모 예측(2016-2026_Wikibon)

3. 빅데이터 기반 일본어학 주도 융복합연구

3.1. 자연어처리(Natural Language Process, NLP)와 문화프레임

컴퓨터가 인식할 수 있는 거대한 텍스트 기반 코퍼스(corpus)
의 구축으로 1990년대 이후 통계적 자연어처리(Natural Language
Processing)에 대한 연구가 급증하여 자연언어와 컴퓨터의 만남은
너무나도 자연스러운 현상이 되었다. 특히 언어학의 의미론에 근간
을 두고 구축되고 있는 어휘데이터베이스(Lexical Database)인 워
드넷(WordNet), 프레임넷(FrameNet)은 전산언어학(Computational
Linguistics)의 큰 관심사인데, 영어 코퍼스 기반에서 출발한 두 프로

젝트 모두 지금은 다국어로 확장되고 있다.

〈그림 3〉 wordnet과 framenet의 다국어 확장 예시

이중에서 특히 프레임넷의 이론적 근간이 되고 있는 틀의미론 (frame semantics)이 인간의 언어와 경험, 그리고 인간을 둘러싼 백과사전적 지식(encyclopedic knowledge)을 중시하는 경험적 의미론 (empirical semantics)을 바탕으로 하고 있지만, 다양한 문화적 변수는 크게 고려의 대상이 되지 않고 있다. 이에 대하여 다중언어의 미묘한 문화적 차이까지도 연구 대상으로 포함하여 기존 틀의미론의 보편프레임에서 확장한 문화프레임의 개념을 도입한 문화프레임빅데이터연구소(성결대학교 인준연구소)의 문화이미지프레임 프로젝트 (NRF-2019S1A5A2A03046676)_한국연구재단)가 일본어학 기반의 대표적인 융복합연구라고 할 수 있다.

<표1> 보편프레임(UF)과 문화이미지프레임(CIF) 비교

Fillmore의 보편프레임 (Universal Frame)	문화이미지프레임 (Cultural Image Frame)
단일 프레임	다중 프레임
보편 프레임	문화 특유 프레임
텍스트 기반 개념 프레임	이미지 기반 시각 프레임
일반 어휘요소로 구성	문화요소로 구성

본 연구는 어휘의미의 기술에 있어서 기존의 개념적인 텍스트 언어뿐만 아니라 구체적인 이미지로 시각적으로 구현하는 과정에서 틀의미론의 일반 어휘요소(Lexical Element)에 더하여 문화요소(Cultural Element)를 발견하는 것을 주요 목적으로 하는 연구라고 할 수 있다.

또한, 단어가 실제 사용되는 문맥정보와 이와 링크된 명확한 시각적 이미지를 제시하는 문화이미지프레임(CIF)의 선정은 실제 사용된 대용량 코퍼스의 자연언어를 바탕으로 빅데이터 기반의 통계적 프로세스 및 일본어뿐만 아니라 한국어, 영어, 중국어 등의 다중언어와의 비교 대조를 통한 결과이므로 데이터의 신뢰성을 충분히 담보할 수 있는 것이다.

3.2. 컴퓨터의 텍스트 기반 이미지 인식과 컬처마이닝(Culture Mining)

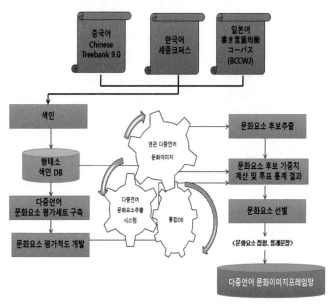

〈그림 4〉 문화요소추출 및 문화이미지프레임망 시스템 연동 구조

본 문화이미지프레임 프로젝트를 통하여 각종 텍스트 정보, 이미지 정보 및 이들이 연동된 태깅 정보 등 다양하고 방대한 규모의 빅데이터가 축적되고 있다. 이들 데이터들은 자연어처리 및 빅데이터 전문가들의 통계적인 처리, 그리고 각 언어 전문가들의 분석 및 고찰과 함께 본 프로젝트를 통해 독자적으로 구축된 통합 DB망 서버에 체계적으로 각납되어 언어별, 지역별, 세대별, 성별 문화요소 추출(컬처마이닝-Culture Mining-)의 기반데이터가 되고 있다.

Culture Mining is the process of finding useful or interesting 'cultural elements' -life styles, patterns, fashions, trends, models, beliefs, rules, frames etc.- of a specific region or a generation from unstructured text, various image sets by comparing different languages and cultures.

컬처 마이닝이란 인간의 문화를 표현하고 있는 다양한 미디어(텍스트, 이미지, 동영상 등)를 분석하여 언어/지역/성별/세대별 문화를 구성하는 문화 요소와 그들간의 관계를 발견해가는 과정이다.

출원번호: 40-2020-0207048

일명 빅데이터시대에 있어서 텍스트 언어에 대한 컴퓨터의 정확한 인지, 나아가 컴퓨터가 이미지의 정보를 정확하게 식별해내는 이미지 인식 기술은 보안감시, 자율주행, 스마트홈, 엔터테인먼트 등 우리 주변의 실생활을 변화시키고 있는 4차 산업혁명시대를 선도하는 기술이라고 할 수 있는데, 컬처마이닝(Culture Mining)을 통해 생성되는 다중언어의 이문화·다문화 기반 빅데이터 정보는 이들 기술의 기반데이터로써 다양한 부가 가치를 만들어낼 수 있을 것으로 기대됨은 물론이며, 근본적으로는 다문화·다언어 사회의 이해의 폭을 증대시킬 수 있는 이문화(異文化) 커뮤니케이션 및 다양한 교육적·연구적 활용가치를 담지하고 있는 연구라고 할 수 있다.

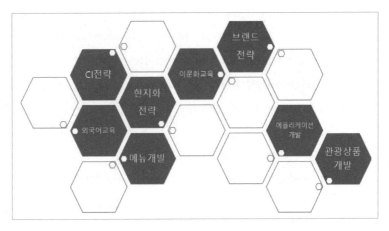

〈그림 9〉 컬처마이닝(Culture Mining)의 확장성 예시

4. 나가며

본 문화이미지프레임 프로젝트의 한국어 영어 일본어 중국어 중심의 연구가 진행되면서 구축된 각종 프로토타입 및 플랫폼의 개발을 통하여 보다 더 다양한 다국어로의 확장이 가능하다는 것이 검증되었으므로 향후 점진적인 다중언어로의 연구확장이 가능할 것으로 보인다. 이는 4차산업혁명(IR 4.0) 시대의 도래로 기존 학문 사이의 경계가 허물어지고, 심지어는 도태되는 학문분야도 속속 등장하는 상황에서 침체기에 빠져있는 일본어학 연구에 있어서 새로운 활로가 될 것으로 기대된다.

참고문헌

한국문헌

이준서(2014), 「일본어학을 기반으로 한 학제간 융합연구(Interdisciplinary Research)의 확장 가능성에 대한 일고찰」, 『일어일문학연구』제90, 143-157면.

이준서·한경수(2016), 「다국어 '문화요소추출시스템(CEMS)' 개발 구상」, 『일본어교육연구』제20, 289-304면.

이준서·한경수·노웅기(2020), 「빅데이터 기반 다중언어 문화이미지프레임망 구축 구상」, 『일본어교육연구』제65, 13-142면.

외국문헌

Agar, M.(1994), The Intercultural Frame, *The International Journal of Intercultural Relations*, 18, pp.221-237.

Bennett, M. J.(1997), How Not to Be a Fluent Fool: Understanding the Cultural Dimension of Language. In A. E. Fantini (Ed.). *New Ways in Teaching Culture*, pp.16-21.

Church, K., W. Gale, P. Hanks, and D. Hindle(1991), "Using Statistics in Lexical Analysis", in U. Zernik (ed.), *Lexcial Acquisition: Exploiting online resources to build a lexicon. Hilldale: Lawrence Erlbaum*, pp.115-164.

ESP(European Science Foundation, EU), *European Peer Review Guide*, www.esf.org 2011.

Fantini, A. E.(1995), Introduction-Language, Culture and World View: Exploring the Nexus. *The International Journal of Intercultural Relations*, pp.19:2, Special Issue.

일한 번역어에 대한 통시적 고찰의 제문제

민병찬

1. 일본어 교육과 번역서

필자가 현재 담당하고 있는 강의 가운데 〈일본어강독〉이 있다. 강좌명에서 알 수 있듯이 다양한 일본어 텍스트를 읽음으로써 어휘력과 이해력 그리고 표현력 등을 제고하고자 하는 일본어 교육의 주요교과목 중 하나다. 본 강의에서는 한국어로 이미 번역서가 출간돼있는 일본의 수필이나 소설 등을 몇 편 선정하여 그 일부를 발췌하고, 번역서에서 그에 대응하는 한국어를 찾아내 나란히 제시하는 형태의 텍스트를 작성하여 사용하고 있다. 이렇게 원문과 번역문을 한자리에 모아놓게 되면 일본어와 한국어의 표현방식의 차이를 이해시키는교육적 효과는 차치하더라도, 시중에서 누구나 손쉽게 접근할 수 있는 일한사전의 풀이에 갇혀버린 천편일률적인 해석을 넘어, 소위 전문번역가들의 번역을 새로운 시각에서 바라보고 분석해가면서 수강

생들이 받는 자극이나 동기부여가 적지 않아 보인다.

〈일본어강독〉에서 다루는 텍스트 가운데 무라카미 하루키(村上春樹)의 『職業としての小説家』(2015, 新潮社)를 양윤옥이 옮긴 번역서인 『직업으로서의 소설가』(2016, 현대문학)가 있다. 강의에서는 다음에 보이는 바와 같이 원문과 번역문을 나란히 제시하는데, 가운데 [구글]이라 한 것은 〈google 번역〉 즉 기계번역을 뜻한다.

> [村上]小説家は寛容な人種なのか
> [구글]소설가는 관용 인종인가
> [양윤옥]소설가는 포용적인 인종인가

실제 강의에서는 먼저 일본어 원문을 읽고 단어의 뜻풀이에 이어 축어역의 방식으로 한국어로 해석해보게 된다. 그리고 그러한 해석과 [구글] 및 [양윤옥]의 번역을 비교해보고 관련한 의견을 교환하는 과정으로 전개하는데, 위에 제시한 예문의 경우 원문의 「寛容」에 대한 번역어 및 그 품사의 문제, 아울러 문말표현(「のだ」)의 번역양상에 관한 검토가 주요 논의 대상이 된다[1].

---

1 기계번역의 활용도나 신뢰성에 관해 실제 예문을 두고 진행하는 논의는 대개 결론이 쉽게 도출되기 마련이다. 한편 여기에서 제시한 예문과 관련해서는 아래와 같은 어휘 풀이를 함께 제시한다. 이는 한일 〈한자어〉의 의미·용법의 차이를 이해시키고자 하는 목적에서 사전을 활용한 것인데, 일본어는 岩波書店의 『広辞苑』(제6판), 한국어는 국립국어원에서 제공하는 〈표준국어대사전〉(https://stdict.korean.go.kr/main/main.do)을 인용하고 있다. 『広辞苑』과 같은 말하자면 일일사전을 제시하는 것은 일본어 어휘력 확장과 표현력 제고를 꾀하기 위함이고, 한국어 모어 화자인 수

그런데 번역서를 살펴보는 가운데 자연스레 〈오역(誤譯)〉의 문제에 직면하곤 한다. 히가시노 게이고(東野圭吾)의 「マスカレード·イブ」『マスカレード·イブ』(2014, 集英社)와 그것을 양윤옥이 옮긴 『매스커레이드 이브』(2015, 현대문학) 또한 〈일본어강독〉에서 다루는 텍스트 가운데 하나인데, 그 일부를 아래에 인용한다.

> [東野]新人フロントクラークが手元の端末を操作し、画面で確認してから、「<u>お待ちしておりました</u>。本日から御一泊、ダブルのお部屋ということでよろしいでしょうか」と尋ねた。(p.187)
> [양윤옥]신입 프런트 클러크가 손 밑의 단말기를 두드려 잠시 화면을 확인한 뒤에 "<u>네, 오래 기다리셨습니다</u>. 오늘부터 일박, 더블룸으로, 틀림없으십니까"라고 물었다.(189면)

위 인용문에서 밑줄 친 「お待ちしておりました」를 「네, 오래 기다리셨습니다」로 번역한 것은 명백한 〈오역〉으로 봐야 할 것이다. 사실 [구글]에서는 위 인용문 가운데 「手元」를 「수중」으로 번역하거나 「御

강생에게 〈표준국어대사전〉을 제시하는 것은 번역능력 배양과 더불어 언어 연구에 대한 관심을 계발하고 고양하기 위해서다.
·かんよう【寛容】①寛大で、よく人をゆるし受けいれること。咎めだてしないこと。②他人の罪過をきびしく責めないというキリスト教の重要な徳目。③異端的な少数意見発表の自由を認め、そうした意見の人を差別待遇しないこと。
·관용(寬容)[명사]남의 잘못 따위를 너그럽게 받아들이거나 용서함. 또는 그런 용서.
·포용(包容)[명사]남을 너그럽게 감싸 주거나 받아들임.
·ほうよう【包容】①包み入れること。②人を寛大に受け入れること。

一泊」을 「하나님 박」으로 번역하는 등[2] 이해하기 어렵거나 다소 황당한 번역은 있더라도, 번역자의 말하자면 〈오독〉에서 기인했다고 판단할 수밖에 없는 이러한 실수는 거의 발생하지 않는다.

다음으로 〈일본어강독〉에서는 하나의 원문을 놓고 그에 대한 복수의 번역서를 비교해보기도 한다. 예컨대 나쓰메 소세키(夏目漱石)의 『こころ』(1914)를 『마음』이라는 제목으로 번역한 오유리(2002, 문예출판사), 김활란(2014, 더클래식), 박유하(2016, 웅진지식하우스)를 한꺼번에 모아놓고 살펴보는 것이다.

[夏目]友達は中国のある資産家の息子で金に不自由のない男であったけれども、学校が学校なのと年が年なので、生活の程度は私とそう変りもしなかった。(上、一)

[오유리]친구는 중국에서 활동하는 어느 자본가의 아들로 경제적으로 별 부족함이 없었지만 같은 학교에 나이도 나이니만큼 생활하는 수준은 나와 별로 다르지 않았다.

[김활란]친구는 주고쿠 지방에 사는 자산가의 아들로, 경제적으로는 전혀 부족함이 없었지만 학교 분위기도 그렇고 나이도 어렸기 때문에 생활 수준은 나와 크게 다르지 않았다.

[박유하]친구는 주고쿠 지방의 부잣집 아들이어서 돈을 여유 있게 쓸 수 있는 형편이었지만, 학교에서의 분위기도 사치스럽지 않았고 아

---

2 이 인용문에 대한 〈구글번역〉은 다음과 같다(2020년11월23일 검색). 「신인 프런트 클라크가 수중의 단말을 조작 해 화면에서 확인하고 "기다리고있었습니다. 오늘부터 하나님 박, 블룸 것으로 좋을까요?"라고 물었다.」

직 나이도 어려서 생활 수준이 나와 크게 차이 나는 건 아니었다.

위에서 주목되는 사항은, 밑줄 친 부분 중 「中国」에 대한 [오유리]의 번역은 〈오역〉이라고 할 수밖에 없다는 점이 첫 번째이고, 다음으로 「資産家」에 대한 번역이 「자본가」 「자산가」 「부잣집」으로 갈리는 점, 그리고 「学校が学校なのと」에 대한 세 역자의 풀이에 관해서도 다양한 논의가 가능할 것으로 보인다는 점이다. 아울러서 번역자의 역량을 따져 물을 필요는 없겠지만 이를테면 〈마음에 드는 번역〉이나 〈잘된 번역〉과 같은 개인적이고 추상적인 판단을 학습자에게 유도하는 과정 역시 일본어 교육에 유의미하다고 생각한다.

한편 시오노 나나미(塩野七生)의 『ローマ人の物語』(1992, 新潮社)는 김석희(1995)의 『로마인 이야기』(한길사)로 번역되었는데 그 1권 첫머리를 강의에 활용하고 있다.

> [塩野]ギリシア側の武将の一人オデュッセウスの考案した巨大な木馬を、攻略をあきらめて引きあげるギリシア人の置き土産と誤解したトロイの人々は、十年も守り抜いてきた城内に引き入れてしまったのだ。(p.30)
>
> [김석희]해변에 서 있는 거대한 목마를 발견한 트로이 사람들은 그 목마를 그리스군이 공략을 포기하고 철수하면서 남긴 선물로 오해하고, 10년 동안이나 지켜온 트로이 성 안으로 목마를 끌어들이고 만 것이다.

위 인용문 가운데 밑줄 친 부분은 김석희의 번역에는 전혀 반영되지 않았다[3]. 다만 이는 〈가독성〉을 고려하여 번역자가 선택할 수 있는 범위 안에 들어 있는 것으로 이해할 수 있겠다. 그러나 가독성을 높이기 위함이라고는 하더라도 다음과 같은 경우는 다소 지나치지 않은가 비판할 수 있을 듯싶다.

> [塩野]落城の惨劇の中から、トロイの王の婿アイネイアスだけが、<u>老いた父と息子とわずかな数の人々</u>を引き連れて脱出に成功する。(p.31)
> [김석희]이같은 참극 속에서 트로이의 왕 프리아모스의 사위인 아이네이아스만이 <u>일족</u>을 이끌고 탈출에 성공한다.

요컨대 번역서에 쓰인 「일족(一族)」을 「조상이 같은 겨레붙이. 또는 같은 조상의 친척」(표준국어대사전)으로 이해하면 원문의 「老いた父と息子とわずかな数の人々」 전체를 이 하나의 단어로 처리해도 괜찮은가 하는 문제제기인 것이다. 그리고 다음과 같은 예의 경우 원문은 〈그리스인이 알렸다〉는 것인데 김석희의 번역으로는 〈로마인이 (저절로) 깨달았다〉는 식으로 파악되는 점 역시 곤란하다 할 것이다.

> [塩野]ローマ人は昔から、紀元前七五三年にローマを建国したのはロムルスであり、そのロムルスはトロイから逃れてきたアイネイアスの子

---

3 참고로 이 인용문에 대한 〈구글번역〉은 다음과 같은데 이 역시 강의 텍스트에 그대로 수록한다. 「그리스 측의 무장 중 하나 오디세우스의 고안 한 거대한 목마를 공략을 포기 인상 그리스인두고 기념품 오해 한 트로이 사람들은 수십 년 동안 지켜 온 성내에 끌어 들여 버린 것이다.」

孫にあたると信じてきた。ところが、ギリシアと交流しはじめるようになると、ギリシア人はローマ人に、トロイの陥落は紀元前十三世紀頃の出来事であることを告げたらしい。(p.32)

[김석희]예로부터 로마인은 기원전 753년에 로마를 건국한 것은 로물루스이고, 그 로물루스는 트로이에서 도망쳐 나온 아이네이아스의 자손이라고 믿었다. 그런데 그리스와 교류를 갖기 시작한 뒤, 로마인은 트로이 함락이 기원전 13세기 무렵의 사건이라는 것을 알게 된 모양이다.

이처럼 〈원문〉과 〈번역문〉을 한자리에 모아놓고 비교 대조해가다 보면, 대부분 전문번역가의 고민과 솜씨에 공감하고 한 수 배우는 상황이 거듭해서 연출되지만, 한편으로는 〈오역〉의 문제에 자꾸 눈길이 가고, 자신이라면 어떻게 했을까 하는 자문과 더불어서 어디까지가 번역자에게 허용되는 창작의 영역일까 하는 질문이 뒤를 잇기도 한다.

이제 〈일본어강독〉에서 다루는 마지막 주제에 관해 이야기해보겠다. 피츠제럴드(F. Scott Fitzgerald)의 『The Great Gatsby』(1925)는 한국과 일본에서 이미 여러 종류의 번역서가 출판되어 있는데, 그 가운데 村上春樹訳(2006) 『グレート・ギャツビー』(中央公論新社)와 김영하옮김(2009) 『위대한 개츠비』(세계문학전집007, 문학동네)의 일부를 강의의 텍스트로 활용하고 있다. 아래에 제1장의 첫 구절을 제시해보겠다.

¶In my younger and more vulnerable years my father gave me some advice that I've been turning over in my mind ever since.

[김영하]지금보다 어리고 민감하던 시절 아버지가 충고를 한마디 했
    는데 아직도 그 말이 기억난다.

[村上]僕がまだ年若く、心に傷を負いやすかったころ、父親がひとつ忠告
    を与えてくれた。その言葉について僕は、ことあるごとに考えをめ
    ぐらせてきた。

이렇게 원문[4]과 두 개의 번역문을 모아놓고 나면 흔히 한 번 번역
된 것을 원본으로 삼아 다시 다른 말로 번역하는 〈중역(重譯)〉의 가능
성을 떠올리기도 하겠지만, 위에서 그러한 요소는 발견할 수 없다. 이
러한 전제를 두고 위 예문에서 언어의 문제 가운데 예컨대 〈한자어〉
에 집중하면, [김영하]의 경우 「민감」「시절」「충고」「기억」을 쓰고 있
는 것에 비해 [村上]의 경우, 〈한자어〉를 音讀語로 한정한다면, 「忠告」
외에는 없다는 점이 눈에 띈다. 이는 〈한자어〉의 사용량은 일본어 쪽
이 훨씬 많지 않은가 하는 필자의 소박한 직감이 빗나간 까닭이기도
하겠지만, 그보다도 한자어가 적음에도 [村上]의 번역 쪽에서 이를테
면 딱딱함이 더 강하게 느껴지는 이유는 무엇일까 생각하게 만들기
때문이다. 또한 「아버지가……했다」와 쌍을 이루는 「父親が……てく
れた」와 같은 표현방식의 차이도 관심을 끌기에 충분하다. 어느 쪽이
〈잘된 번역〉인가 하는 공허한 물음을 던질 것이 아니라, 원문인 영어

---

4 영어 원문은 https://www.planetebook.com/free-ebooks/the-great-gatsby.
    pdf.

를 가운데에 놓고 그것을 각각 한국어와 일본어로 번역한 결과물의 번역양상을 정밀하게 비교 분석해가다 보면, 양 언어의 특징을 또 다른 각도에서 보다 선명하게 그려낼 수 있지 않을까 생각한다.

위와 같이 필자는 일본어 교육에 번역서를 활용하는 과정에서 이를테면 〈잘된 번역〉〈좋은 번역〉〈가독성〉〈유려함〉 등과 같은 추상적인 문제를 체계적이고 매끄럽게 설명해내기 위해 씨름하고 있는데, 그러나 여전히 만족할만한 돌파구나 성과를 이끌어내지 못하고 있는 형편이다.

2. 매력적인 번역

번역의 매력을 느끼게 만드는 작품 가운데 하나로 스에히로 텟초(末広鉄腸)의 『雪中梅(셋츄바이)』(1886)를 번안(飜案)한 것으로 알려진 구연학의 『雪中梅(설중매)[5]』(1908)를 들 수 있다. 『雪中梅(셋츄바이)』의 제1회 첫 구절은 다음과 같이 시작한다.

「コン＼／コン、お春や、一寸来てお呉れ。お春ハ居ぬかへ。」ト、五十余りの婦人が病気と見え、イト痩せ衰へたる顔を縛り枕の上に置き、苦しさうに咳をし乍ら呼び立る声に応じ、

위 인용문을 원문에 충실하게 한국어로 해석하면 대략 아래와 같

---

5 본서를 이처럼 구분하여 읽는 방식은 안지영(2018) 참조.

이 될 것이다.

　"콜록콜록콜록, 하루야, 좀 와주렴. 하루 없니?" 하는 오십 남짓한 부인이 병환으로 보이는데, <u>몹시 말라 야윈 얼굴을 베개 위에 올려놓고 괴로운 듯 기침</u>을 하면서 부르는 소리에 대답하여,

그런데 구연학은 이 부분을 다음과 같이 옮기고 있다.

　아가 미션아 이리 좀 오너라 미션이 거긔 잇ᄂᆞ냐 ᄒᆞᄂᆞᆫ 소릐ᄂᆞᆫ 한 오십여 셰 된 부인이니 긴 병이 드러 <u>젼신이 파리ᄒᆞ고 근력이 쇠약ᄒᆞ야 자리에셔 이지 못ᄒᆞ고 누어 밧튼 기치~</u>을 ᄒᆞ면셔 그 ᄯᅡᆯ 쟝 소져를 부르ᄂᆞᆫ 것이라

등장인물인 「春」를 「미션」으로 바꾸거나, 주지하는 바와 같이 이야기의 공간을 옮기고 또 정치소설을 연애소설로 풀어내는 등 번안의 흔적이 곳곳에서 확인될 뿐만 아니라, 원문을 하나도 빠짐없이 모두 한국어로 옮긴 것도 아니지만, 이야기의 전개나 어휘 선택 등을 원문과 비교해보면 『雪中梅(설중매)』의 일부는, 물론 당연한 일일 수도 있겠으나, 번역의 결과물로 보기에 충분한 측면도 갖추고 있다고 생각한다. 그렇게 보면 위의 두 한국어문에서 밑줄 친 부분을 비교할 때 후자 쪽에서 고풍스러움이나 맛 또는 매력을 느끼지 못하는 한국어 모어 화자는 없을 듯싶다.

　그런데 위와 마찬가지로 제1회에 있는 한 구절인 「未だ左して御老衰と云ふ程でもないから」는 구연학에서는 「아즉 그리 <u>년만ᄒᆞᆫ 터이 아</u>

니시니」가 대응한다. 여기에서 「老衰」에 주목하면 다음과 같은 논의
가 가능해 보인다. 즉 『広辞苑』(제6판)과 〈표준국어대사전〉의 풀이를
살펴보면 「ろうすい【老衰】老いて心身の衰えること」(広辞苑)와 「노쇠하
다(老衰하다)[형용사]늙어서 쇠약하고 기운이 별로 없다」(표준)가 확인
되어 큰 차이가 없으므로 원문의 한자어를 그대로 옮겨놓아도 될 법
한데, 구연학이 이를 「년만」으로 옮긴 이유는 무엇일까 따져볼 필요
가 있겠다는 것이다. 단 이는 단순히 〈표준국어대사전〉에서 「연만하
다(年晚/年滿하다)[형용사]나이가 아주 많다」를 검색해낸다고 해도 풀
리지 않는 문제다. 이 문제는 앞서 언급한 「瘦せ衰ふ」에 대한 「젼신이
파리ㅎ고 근력이 쇠약ㅎ야」와 같은 번역에서 느꼈던 것과 같이, 번역
자인 구연학이 번역어나 표현을 선택함에 있어서 깊이 고민한 흔적
이 고스란히 엿보이는 부분이라고 자리매김할 때 비로소 의미부여를
할 수 있게 될 것으로 생각한다. 비록 추상적인 논의에 머무를 가능성
이 커 보이지만, 요컨대 「노쇠」라는 한자어는 한국어에서 언제부터
사용된 것일까 하는 파생적인 문제의식도 갖게 되는 것이다. 참고로
『日本国語大辞典』(小学館)에는 「東南院文書」(766)의 초출례나 『太平記』
(14C초)의 용례가 제시되어 있는데, 〈표준국어대사전〉에는 박경리의
『토지』(1969-1994)와 이병주의 『행복어 사전』(1976-1982)에서 '노쇠'
의 용례가 제시되어 있다. 역시 참고로 조선총독부에서 간행한 『朝鮮
語辞典』(1920)에는 「老衰」가 표제어로 제시되어 있지 않으나 게일의
『韓英大字典(The Unabridged Korean-English Dictionary)』(1931)에는
「로쇠ㅎ다」가 표제어로 제시되어 있다. 그리고 『韓英大字典』에는 한

자 「老衰」가 제시되고 여기에 「To be old and feeble」과 같은 풀이가 달려있다. 이처럼 당대 사전류의 도움 아래 논의를 넓혀갈 수 있겠지만[6] 어디까지 전선을 확대할 것인가와 기본적으로 사전 등재 여부나 그 풀이가 언어학적으로 어떠한 의미를 갖는지에 관한 결론을 도출하는 일은 늘 고민거리이다.

한편 『雪中梅(설중매)』에서 느껴지는 번역의 맛은 〈조선총독부관보〉[7]의 〈朝鮮譯文〉과 비교할 때 더욱 도드라져 보일 수밖에 없다[8]. 〈조선총독부관보〉는 조서(詔書)나 칙령(勅令), 부령(府令) 등 공식문서가

---

6 이밖에도 언더우드(H. G. UNDERWOOD) 『韓英字典(A CONCISE DICTIONARY OF THE KOREAN LANGUAGE IN TWO PARTS Korean-English & English-Korean)』(1890), 스콧(JAMES SCOTT) 『English-Corean Dictionary』(1891), 게일 『韓英字典 한영ᄌ뎐(A KOREAN-ENGLISH DICTIONARY)』(1897), 게일 『韓英字典(A KOREAN-ENGLISH DICTIONARY)』(1911), 존스(GEORGE HEBER JONES) 『英韓字典영한ᄌ뎐(An English-Korean Dictionary)』(1914), 언더우드 『英鮮字典(An English-Korean Dictionary)』(1925) 등도 활용이 가능하다. 이 사전들은 황호덕·이상현 편(2012) 『한국어의 근대와 이중어사전(영인편)』(박문사).

7 〈조선총독부관보〉는 1910년 8월 29일자 제1호 이래 일제강점이 종료될 때까지 호외를 제외하고 총 10,450호까지 발행된 방대한 분량의 자료다. 본 자료는 1985년 한국학문헌연구소(아시아문화사)에서 수집 영인하여 공개한 이래 현재는 친일반민족행위진상규명위원회에서 국립중앙도서관, 친일반민족행위자재산조사위원회와 공동으로 〈조선총독부관보 활용시스템〉을 구축하여 DB화가 이루어져 접근성이 크게 개선되었다. 이하 〈조선총독부관보〉와 관련한 내용은 필자(2012) 및 필자(2014) 참조.

8 〈조선총독부관보〉를 통해 일본의 조선 강점과 관련한 제반 공무 사항 및 당시의 사회상 등을 확인할 수 있는데, 그러한 성격상 번역의 맛을 기대하는 것은 애초에 무리인지도 모르겠다.

대부분이므로 일본어는 문어체로 기록되며, 일부 각 호의 후반부에 〈조선역문〉 즉 한국어 번역문이 추가적으로 게재되는 경우가 있다.

○ 勅令

朕韓國ノ國號ヲ改メ朝鮮ト稱スルノ件ヲ裁可シ茲ニ之ヲ公布セシム(제1호, 3면)

朕이韓國의國號룰改ㅎ야朝鮮이라稱ㅎᄂ件을裁可ㅎ야茲에公布케ㅎ노라(제1호, 18면)

○ 制令

朝鮮ニ於ケル法令ノ效力ニ關スル件明治四十三年勅令第三二四號第一條及第二條ニ依リ勅裁ヲ得テ茲に之ヲ公布ス(제1호, 13면)

朝鮮의法令의效力에關ㅎᄂ件을明治四十三年勅令第三二四號第一條及第二條에依ㅎ야勅裁룰得ㅎ야茲에公布케ㅎ노라(제1호, 28면)

○ 府令

朝鮮總督ノ發スル制令ノ公布式左ノ通定ム(제1호, 14면)

朝鮮總督이發ㅎᄂ制令의公布式左와ᄀ치定홈이라(제1호, 29면)

위에서 보듯 〈조선역문〉의 한국어문과 그에 대응하는 일본어 원문을 비교해보면, 일본어를 한국어로 번역하는 과정에서 원문의 한자어는 대부분 그대로 두고 조사나 조동사를 비롯하여 어미 등 문법성을 나타내는 부분만 한글로 옮기고 있다는 점이 먼저 눈에 들어온다. 비록 같은 지면에 일본어와 한국어가 교차로 제시되어 있지는 않지만 〈조선총독부관보〉의 〈조선역문〉은 축어역일 뿐만 아니라 원문과 번역문을 대조할 수 있도록 나란히 나타낸 〈대역(對譯)〉의 전형적인 모습이라고 생각한다.

〈조선역문〉을 추가적으로 실어놓은 것이 일본어를 모르는 한인 (韓人)에게 이해의 편의를 제공하기 위해서였다고 하면, 이러한 번역 방식을 채택한 이면에는 양 언어의 한자 어휘가 일대일로 대응한다 는 인식이나 또는 한자 어휘로 제시해두면 한인이 그것을 충분히 이 해할 수 있을 것이라는 기대가 배경에 깔려있었을 개연성이 크겠다. 그도 그럴 것이 이처럼 한자어를 극한으로 활용하여 외국어를 번역 하는 방식은 사실 다른 문헌에서도 쉽게 찾아볼 수 있다. 예컨대 『論 語栗谷先生諺解』[9](1749)를 보면 『논어』의 「子曰、學而時習之……」가 「子ㅣ ᄀᆞᄅᆞ샤디學ᄒᆞ야時로習ᄒᆞ면쏘흔說홉디아니랴」와 같이 언해되어 있다. 이렇게 한자어를 적극적으로 활용하는 언해 방식은 한문을 수 학한 사람이라면 너무나도 익숙하고 손쉬웠을 터, 〈조선총독부관보〉 의 딱딱한 일본어를 한국어로 번역하고자 할 때 이러한 방식을 원용 하는 것은 너무나도 자연스러운 일이었을 것이다. 다만 현재의 관점 에서 보자면, 그리고 그것을 『雪中梅(설중매)』와 겹쳐 보면, 번역의 맛 이라곤 조금도 찾아볼 수 없다고 하는 점은 문제 삼지 않기로 하고, 과연 한자 어휘는 한국어와 일본어에서 동일한 표현효과를 갖는지의 여부, 그리고 조동사의 번역은 적절했는지 등과 같은 문제에 관해서 는 추가적인 논의가 필요하겠다는 점을 지적하게 된다. 예컨대 아래 인용에서 밑줄 친 부분을 살펴보자.

---

9 이 문헌의 인용은 국립국어원에서 제공하는 〈21세기 세종 역사 말뭉치〉에 의거한다.

[원문] 飼養中ハ天然溫度ヲ以テ飼育セリ飼育中ノ天候ハ稚蠶期ニ於テ<u>雨天</u><u>曇天</u>引續キタルヲ以テ徐濕ニ努メ壯蠶期ニ至リ天候回復シタル爲蠶兒ハ健全ナル發育ヲ遂クルヲ得タリ(〈관보〉35호)

[조선역문] 飼養中은天然溫度만가지고飼育ᄒᄂ니라飼育中의天候ᄂ稚蠶期에<u>雨日</u>과<u>曇日</u>이連續ᄒ故로除濕을힘쓰고壯蠶期에ᄂ天候가回復ᄒ기에蠶兒가健全ᄒ發育을ᄒᄂ니라

요컨대 원문의 「雨天」과 「曇天」이 〈조선역문〉에서 「雨日」과 「曇日」로 번역된 것과 관련하여 '우천(雨天)' '담천(曇天)'은 〈표준국어대사전〉에 등재되어 있는데 비해 '우일(雨日)' '담일(曇日)'은 등재되어 있지 않다는 사실에 관한 추가적인 논의가 필요하지 않겠는가 하는 것이다.

3. 중역(重譯)의 문제를 넘어서

김병철(1975, 176면)은 아라비안나이트의 번역 문예소설로 알려진 『유옥역전』(1895)이 이노우에 쓰토무(井上勤)가 번역한 『全世界一大奇書』(1884, 報告堂書店)에 기반을 둔 〈중역〉이라고 단정하며 그 근거로 〈우리말譯本〉과 〈井上譯本〉을 대비하여 제시하는데, 아래에 그 일부를 다시 인용한다[10].

---

10 아래 인용문은 필자(2018b)에서 이미 언급했던 사항이다. 김병철이 말하는 〈井上譯本〉은 일본 〈国立国会図書館デジタルコレクション〉 『全世界一大奇書』(http://dl.ndl.go.jp/info:ndljp/pid/897027/302)를 참조하여 한자 읽기와 句読点을 추가했다.

古き世の事とかや。茲に比耳斯亜の國は世々の國王其の威權を振ひ四隣を蠶食して漸やく板圖を擴め印度諸島を包み岸世寿を超て遠く支那に達す。中に就て當時、尤も優れたる一王あり。偏へに政略に富み、驍勇比倫なく、常に精兵を養なひ、仁政を施こすを以て國民鼓腹の思をなし、内治外望其宜きを得、比隣の邦國為めに兢々として之を恐れざるものなかりき。王に二人の子あり。兄を西加亜利亜と呼び、天性才徳を兼ね具へ實に父の仁政に襲べきの人なり。其弟を西加亜世南と云ふ。天性才徳兄に劣らず。兄たりがたく弟たりがたく其年に長少あるのみ。誠に得がたき同胞なり。

화셜 녯젹 셔역에 텬츅국이라 ᄒ는 나라이 잇쓰니 딕々로 국왕이 그 위권을 잡아 사방을 잠식ᄒ야 지방을 널 인니 셰역 계국이 다 쇽방이 되고 안평이라 ᄒ는 ᄯᅡᆼ을 지나 바로 쳥국 지경을 연ᄒ엿더라. 이씨 국왕이 영민ᄒ여 교화을 펴고 효용ᄒ믈 ᄌ랑ᄒ여 항상 졍병을 기르며 어진 졍ᄉ을 베푸는 고로 인민니 격양가을 부르고 니치와 외교 다 졍당허믈 어드니 린국이 그 위덕을 항복ᄒ여 두려워 아니리 업더라. 두 왕ᄌ 잇쓰니 장ᄌ의 일홈은 슈명이니 ᄌᆡ덕이 겸ᄒ고 부왕의 인졍을 승습헐만ᄒ고 ᄎᄌ의 일홈은 영창이니 그 위인이 ᄯᅩ한 형의게 지々아니ᄒ니 실노 난형난졔라.

김병철은 「상기 인용문의 대비에서 알 수 있는 것처럼 우리말 譯本이 井上 譯本을 重譯述했으리라는 것은 양자간의 번역솜씨와 譯文의 낱말 및 敷衍語·語順 등의 유사점 등에서 쉽사리 알 수 있다. 비록 우리말 번역이 井上 역본을 臺本으로 삼고는 있지만 그 수용태도가 逐字譯이 아니라 意譯이 시도되어 있는 일종의 飜案임을 알 수 있다. 물론 外形一致가 무시되어 있는 것은 말할 것도 없다」(179면)고 지적한다. 그런데 〈중역〉이 바람직한 방식인지를 따지는 식의 논의를 지양하고, 또한 저본을 확정하는 문제를 차치하면, 예컨대 일본어의 〈2자 한자어〉에 한정하여 보더라도 이러한 문헌들은 당대 한일 양 언어의 제상을 파악하는데 있어서 중요한 실마리를 제공할 것으로 보기에 충분하다고 생각한다. 〈井上譯本〉의 한자어와 〈우리말譯本〉의 그것을 쌍으로 묶어서 다시 정리해보겠다.

國王(こくわう):국왕」「威權(ゐけん):위권」「四隣(りん):사방」「簒食(さんしよく):잠식」「板圖(はんと):지방」「支那(しな):청국」「驍勇(けういう):효용」「精兵(せいへい):정병」「仁政(じんせい):어진정ㅅ」「國民(こくみん):인민」「內治(ないち):닌치」「外望(ぐわいばう):외교」「才德(さいとく):직덕」「仁政(じんせい):인정」

이 가운데 「四隣:사방」과 「板圖:지방」 그리고 「外望:외교」에 관해 잠시 살펴보겠다. 먼저 『広辞苑』에는 「四隣(しりん)」이 「①となり近所。②四方の国々」로 풀이되어 있으며 〈표준국어대사전〉에는 「사린(四隣)」이 「①사방의 이웃 ②사방에 이웃하여 있는 나라들 ③전후와 좌우의 사람들」로 풀이되어 있다. 그리고 「사방(四方)」은 「①동, 서, 남, 북 네 방위를 통틀어 이르는 말 ②동서남북의 주위 일대 ③여러 곳 ④네 개의 모」로 풀이되어 있다. 한편 「板圖(はんと)」는 『広辞苑』 등에 게재되지 않은 말인데 「版図(はんと)」가 「一国の領域。領土」(広辞苑)의 뜻이므로 한자를 달리 쓴 것으로 이해할 수 있겠다. 그런데 〈표준국어대사전〉에도 「판도(版圖)」가 등재되어 있으며 「①한 나라의 영토 ②어떤 세력이 미치는 영역 또는 범위」로 풀이되어 있으므로 본문에서 「판도」로 번역될 가능성은 열려있었다고 볼 수 있다. 다만 1895

년 현재의 사정은 확실치 않다. 이에 비해 「外望」의 경우 『広辞苑』이
나 〈표준국어대사전〉에 등재되지 않은 말이라는 점을 고려하면, 무조
건적으로 한자어를 들여다 쓰지 않고 선택적으로 도입하려는 번역자
의 노력이 숨겨져 있다고 보는 편이 맞겠고, 그 기준이나 배경을 명확
히 밝히는 것이 우리에게 주어진 과제 가운데 하나가 아닐까 생각한
다. 또한 「宜き」를 「정당」으로 「襲」을 「승습」으로 옮긴 문제 역시 한
자어의 문제로서 추가적인 논의가 필요하겠고, 「支那に達す」가 「청국
지경을 연ㅎ엿더라」에서는 번역자의 솜씨가 엿보이고, 「襲べきの人な
り」가 「승습헐만ㅎ고」로 옮겨진 부분에서는 일본어의 조동사 「べし」
에 대한 번역도 주목할 만하다.

한편 현재 〈젊은 베르테르의 슬픔〉으로 알려져 있는 괴테(Johann
Wolfgang Goethe)의 소설인 『Die Leiden des jungen Werther』는
〈毎日申報〉에 1923년 8월 16일부터 9월 27일까지 40회에 걸쳐 〈少
年벨테르의 悲惱〉라는 제목으로 번역 연재되어 있는데, 김병철(1975,
449면)은 그것이 백화(白華)의 번역이라고는 하지만 역자(譯者)가 독
일어 전공자가 아니므로 〈중역〉이었을 가능성이 짙다고 지적한다. 그
리고 김병철(1975, 599-601면)은 「이 譯本은 譯者의 기호에 따라 選譯
(拔萃譯)이 이루어진 것으로 全譯은 아니다」라고 하며 제38회분을 예
로 들어 백화(白華)의 번역이 「〈若きエルテルの悲み〉(エルテル叢書Ⅰ)
ゲーテ, 秦豊吉譯, 新潮社刊, 1917」의 일본어역에 바탕을 둔 중역이었
음을 논증한다. 여기에서는 독일어 원문과 그에 대응하는 두 번역을

모아서 제시해보겠는데 그 책의 첫 대목이다[11].

¶ Was ich von der Geschichte des armen Werther nur habe auffinden können, habe ich mit Fleiß gesammelt und lege es euch hier vor, und weiß, dass ihr mir's danken werdet. Ihr könnt seinem Geiste und seinem Charakter eure Bewunderung und Liebe, seinem Schicksale eure Tränen nicht versagen.

[秦]哀れなエルテルの物語について、探し得られるものだけを私は勉めて蒐めた。ここにそれを諸君の前にさし出さうとするのですが、きっと諸君は私にお禮を仰つて下さる事と思つてゐます。諸君はエルテルの精神と性格とを驚嘆し、又愛して下さるに違ひない。彼の運命に泣いて下さるに違ひない。(p.2)

[白華]나는 이 불상한「벨테르」의 이약이에 關하야는 될 수 잇는대로는 힘써 모앗습니다. 그리하야 이계 이것을 여러분 압헤 늬어노랴 하는데 여러분은 정녕코 나에게 感謝하야주실줄로 압니다. 여러분은 이「벨테르」의 情神과 그 性格에는 驚歎하시고 쏘 스랑하야쥬실 것이며 그 運命에는 쓰거운 눈물을 뿌려주실 줄로 압니다. (『每日申報』1923년08월16일자;국립중앙도서관)

11 독일어 원문은 http://www.digbib.org/Johann_Wolfgang_von_Goethe_1749/Die_Leiden_des_jungen_Werther_.pdf. 참고로 이를 〈구글번역〉한 결과를 제시해두겠다(2020년11월18일 검색).「불쌍한 베르테르의 이야기에서 내가 찾을 수 있었던 것은 여기에서 부지런히 모아서 당신에게 선물했고, 당신이 나에게 감사 할 것이라는 것을 알고 있습니다. 당신은 그의 영과 그의 성격에 대한 존경과 사랑, 그의 운명에 대한 당신의 눈물을 참을 수 없습니다.」

이렇게 늘어놓고 나서 보면, 저본이 무엇인지를 포함하여 〈중역〉 여부를 따지기보다, 「諸君：여러분」「お礼：感謝」「愛して下さる：소랑ㅎ야쥬실」「泣いて下さる：눈물을 쑤려주실」과 같은 쌍을 수집 정리하고 또한 「〜に違いない」와 같은 문말표현이 어떻게 처리되었는지를 살펴보는 편이 훨씬 흥미롭고 중요하게 느껴진다.

마지막으로 캐나다인 선교사이면서 성서 및 『텬로력뎡』(1895)의 번역자로서도 널리 알려져 있으며, 『韓英字典한영ㅈ뎐(A KOREAN-ENGLISH DICTIONARY)』(1897)의 저술을 비롯하여 당대 다수의 영한·한영 번역 사업에 적극적으로 관여하고 있었던 게일(James Scarth Gale, 1863-1937)과 같은 인물이 미국인 소설가 프랜시스 버넷(Frances Eliza Hodgson Burnett, 1849-1924)의 『LITTLE LORD FAUNTLEROY』(1886)를 번역한 『쇼영웅(小英雄)』이, 버넷의 책을 와카마쓰 시즈코(若松賤子, 1864-1896)가 『女学雑誌』에 1890년 8월부터 1892년 1월에 걸쳐 번역 연재한 『小公子』와 〈중역〉의 문제에서 자유로운 성격의 문헌이라면[12], 『쇼영웅』의 언어연구 자료로서의 활용도나 가치는 매우 클 것으로 생각된다는 점을 밝혀둔다. 지금까지와 마찬가지로 원문과 그 번역문을 한자리에 모아 비교해보겠다.

¶ Cedric himself knew nothing whatever about it. It had never been even mentioned to him. He knew that his papa had

---

[12] 필자(2018b) 참조.

been an Englishman, because his mamma had told him so; but then his papa had died when he was so little a boy that he could not remember very much about him, except that he was big, and had blue eyes and a long mustache, and that it was a splendid thing to be carried around the room on his shoulder. Since his papa's death, Cedric had found out that it was best not to talk to his mamma about him.

[若松]セドリツクには誰も云ふて聞せる人が有ませんかつたから、何も知らないでゐたのでした。おとつさんは、イギリス人だつたと云ふこと丈は、おつかさんに聞ゐて、知つてゐましたが、おとつさんの殁したのは、極く少さいうちでしたから、よく記臆して居ませんで、たゞ大きな人で、眼が浅黄色で、頬髯が長くつて、時々肩へ乗せて坐敷中を連れ廻られたことの面白かつたこと丈しか、ハツキリとは記臆てゐませんかつた。おとつさんがおなくなりなさつてからは、おつかさんに余りおとつさんのことを云ぬ方が好と云ことは子供ごゝろにも分りました。(『女學雜誌』第227号)

[게일]소영웅 시드릭이 어려서 그부친을 여희니 그모친의 말슴을 듯고 그부친은 잉글랜드사롬인줄 알쑨이오 그 부친의 의표ㅣ 비범ᄒᆞ야 골격이 장대ᄒᆞ며 눈이 푸르며 웃슈염이 보암즉ᄒᆞᆫ듸 째째로 ᄌᆞ긔를 엇긔우에 언고 방속에셔 왕리ᄒᆞ던 일을 어렴풋이 싱각홀쑨이라 그부친이 별세ᄒᆞᆫ후에는 그모친이 무솜연고인지 다시는 이일을 구두에 올니지아니ᄒᆞ며 아모도 말ᄒᆞ야 쥰쟈ㅣ 업슴으로시드릭이 ᄌᆞ셔히 아지못홈은 ᄌᆞ연ᄒᆞᆫ일이라

버넷의 『LITTLE LORD FAUNTLEROY』와 게일의 『쇼영웅』 그리고 와카마쓰의 『小公子』를, 앞서 현재 〈일본어강독〉에서 활용하고 있는 텍스트 가운데 하나로서 제시한 피츠제럴드의 『The Great

Gatsby』와 김영하의 『위대한 개츠비』 그리고 무라카미의 『グレート・ギャツビー』를 비교할 때와 같은 방식으로 정리하고 분석해간다면, 한 세기를 관통하는 흥미로운 언어학적 사실들을 발견해낼 수 있지 않을까 생각한다.

4. 번역어의 연구

일본어를 한국어로 번역하거나 거꾸로 한국어를 일본어로 번역한 문헌에는 양 언어의 특질이나 문화적 배경 등이 녹아들어 있을 터, 그러한 문헌들을 언어교육이나 언어연구의 재료 가운데 하나로서 활용하려는 시도는 너무나 자연스럽고 유의미한 일로 생각한다. 번역에는 번역자의 창작적 요소가 내재한다고 하는 사토(佐藤;2000)의 견해[13]에 동의하더라도, 원문과 번역문을 한자리에 나란히 올려놓고 〈무엇이 같고 무엇이 다른가〉〈어떻게 다른가〉〈왜 다른가〉 등과 같은 질문을 거듭해가는 것은 대조언어학적 관점에서 의미가 있으며, 이 때의 원문과 번역문을 시대를 거슬러 올라간 것으로 상정할 경우 그 활용 가능성은 한층 확대될 것이다. 여기에는 예컨대 일본의 고전(古

---

13 「(翻訳とは)一つの言語文化圏の言語生産物を、他の言語文化圏の言語生産物に置き換えることと定義できよう。だが一つの言語はそれ独自の文法と語彙を持つものであり、それは他の言語の文法と語彙と完全な互換性・等価値性を持つものでは決してありえない。(中略)凡そ翻訳という作業は―私の実感では―70パーセントは原本に規定され、それへの忠実さが問われるが、残りの30パーセントほどは翻訳者の創作作業であると思われる。」(pp.38-39)

典)을 현대한국어로 번역한 경우뿐만 아니라 17세기 일본어를 17세기 한국어로 번역한 경우 역시 마찬가지로 포함될 텐데, 후자의 경우는 양 언어의 개별적인 통시적 연구에 또 하나의 실증적인 단서를 제공할 수 있겠다는 기대감이 추가된다.

한국어와 일본어의 접촉에 관해 통시적으로 연구하고자 할 때 빼놓을 수 없는 문헌 가운데 대표 격으로『捷解新語』(1676)를 들지 않을 수 없다. 주지하는 바와 같이『첩해신어』는 제1권 첫머리가「なに
かしこちこいそちかたいくわんにいてみか申아므가히이리오라네代官의가내말로」와 같이 시작되는데, 이처럼 같은 지면에 일본어와 한국어가 교차로 제시되어 있고 가나(仮名)를 읽는 법까지 한글로 부기되어 있는 만큼 대역(對譯)자료로서 손쉽게 이용할 수 있을 것이라는 선입견을 갖기에 충분한 형태로 이루어져 있다. 그리고 1676년 〈원간본〉 성립 이래『改修捷解新語』(1748)와『重刊捷解新語』(1781)가 연이어 간행되어, 그것이 일본어 교과서일진대 70여 년 후에 고쳐 출간되었다면 상식적으로 〈개수본〉은 전작에 있던 오류를 바로잡은 것일 개연성이 크다 할 수 있으므로, 양 언어의 변천을 연구하는 사람이라면『첩해신어』는 항상 가까이에 두고 필요에 따라 펼쳐보는 중요 문헌 가운데 하나라고 할 것이다. 더구나 당대 한일 양국의 미묘한 외교적 신경전을 엿볼 수 있는 생동감 넘치는 대화문이 주를 이룬다는 점도『첩해신어』의 매력 가운데 하나다.

그러나 위에 보인 바와 같이『첩해신어』의 일본어에는 띄어쓰기도 청탁(淸濁) 구별도 쉼표도 없다. 한자도「申」과「御」외에는 일본어

대화문에 등장하지 않으며, 게다가 가나표기법도 일관성이 없을 뿐만 아니라 고전문법에 기반해야만 이해할 수 있는 형태까지 불규칙하게 혼재한다. 그리고 가나 위에 붙여놓은 〈한글음주〉가 일본어의 내용 파악에 오히려 방해가 되기도 한다. 또한 일본어에 대한 번역으로 기재되었을 한국어 역시 옛글인 만큼 원문을 이해하는 데 별 도움을 주지 못하기도 하고, 그것이 일본어와 대응하는지 의심스러운 경우까지 있다. 이처럼 『첩해신어』는 그 일본어를 정확하게 이해한다고 하는 대조연구의 출발선에 서는 것조차 쉽사리 허락하지 않는다. 사실 일본어학 전공자들이 『첩해신어』의 한국어를 충분히 이해하고 언어사적 문제점을 발견해내기가 쉽지 않은 것과 마찬가지로, 한국어학 전공자들에게 『첩해신어』는 반쪽짜리 자료일 가능성을 부인하기 어렵다고 생각한다.

그런데 번역어에 관한 최근의 연구 가운데는, 현재의 시대상을 반영한 것이기도 하겠지만 이른바 기계번역에 주목한 것이 상당히 많다. 예컨대 「알파고(인공지능)의 번역 불가능성과 디지털 바벨탑의 붕괴」나 「포털사이트(portal site) 번역기의 오역에 관한 연구」, 그리고 「무생물 주어 구문에 대한 영한 기계 번역 오류분석」 등이 검색되는데, 그 제목에서 알 수 있듯 기계번역의 〈오류〉에 관해 논의한 연구들이다. 번역상의 〈오류〉 문제는 예컨대 「'가케소바'의 번역어 연구」나 「음식 이름의 한중 번역어 수용성 연구」와 같이 특정 어휘에 대한 번역어가 타당한지에 관한 논의로 전개되기도 한다. 그리고 「귀츨라프역 일본어 요한복음의 '말씀'과 '하나님'의 번역어 재고」와 같은 성서 번역에 관한 연구나 「근대초기 번역소설의 번역어 연구」와 같이 당대 번역에 관한 연구도 있다. 또 한편으로 번역어의 문제는 비단 외국어와의 관계에 한정되지 않고 「한문고전 번역을 위한 원어(原語) 분석과 번역어 선택의 문제」와 같이 한문에 대한 현대어역이 주제가 되기도 한다[14].

일본의 『源氏物語』나 『徒然草』와 같은 문헌을 한국어로 번역하고자 할 때 번역자가 채택할 수 있는 가장 손쉬운 방법 가운데 하나는, 일본의 고전(古典)에 정통한 연구자가 원문의 문어(文語)를 현대일본어로 풀이해놓은 것 중 가장 〈적절〉하다고 번역자가 판단한 것을 선택하여, 그 현대일본어를 한국어로 옮겨가는 방식을 들 수 있을 것이다. 결과물만 놓고 보면 일본어가 한국어로 바뀌어 있으므로 일한 번역이 수행되었다고 할 수 있겠지만, 원문의 문어문(文語文)을 현대일

---

14 여기에서 언급한 각 논문의 정보는 아래와 같다. 안진국(2016), 「알파고(인공지능)의 번역 불가능성과 디지털 바벨탑의 붕괴」, 『한국콘텐츠학회지』14권2호, 한국콘텐츠학회, 47-53면. 김종희(2016), 「포털사이트(portal site) 번역기의 오역에 관한 연구」, 『일어일문학』69집, 대한일어일문학회, 141-158면. 최동익(2013), 「무생물 주어 구문에 대한 영한 기계 번역 오류분석」, 『언어학연구』29, 한국중원언어학회, 279-299. 박상현·미네자키 도모코(2017), 「'가케소바'의 번역어 연구」, 『일본문화연구』62, 동아시아일본학회, 117-135면. 冯盼盼·진현(2017), 「음식 이름의 한중 번역어 수용성 연구」, 『중국어교육과연구』25, 한국중국어교육학회, 275-290면. 하마지마빈·김남구(2016), 「귀츨라프역 일본어 요한복음의 '말씀'과 '하나님'의 번역어 재고」, 『성경원문연구』38, (재)대한성서공회 성경원문연구소, 246-252면. 황미정(2014), 「근대초기 번역소설의 번역어 연구」, 『일본문화연구』51, 동아시아일본학회, 427-450면. 신영주(2011), 「한문고전 번역을 위한 원어(原語) 분석과 번역어 선택의 문제」, 『돈암어문학』24, 돈암어문학회, 33-58면.

본어로 풀이하는 과정에서 개입될 수밖에 없는 원역자의 주관적인 판단이나 '창작적 요소'뿐만 아니라, 이를 받아서 현대일본어를 한국어로 재번역하는 과정에서 개입될 수밖에 없는 번역자의 입장과 역량 등이 뒤섞여서, 과연 〈원문〉을 〈충실〉하고 〈적절〉하게 번역한 것인가 하는 이를테면 책임의 소재가 불분명해지는 문제가 발생할 수 있겠다는 생각이 든다. 필자는 근년『広辞苑』(제6판)의 한국어 공동번역(2012)과 아사이 료이(浅井了意;1612-1691)가 일본어로 번역한『三綱行實圖』를 한국어로 재번역하고 분석하는 작업을 수행하는 한편으로,『捷解新語』나『全一道人』(1729) 및 일제강점기에 발행된〈朝鮮總督府官報〉등 말하자면 대역자료들의 언어 문제에 관심을 기울여오고 있다. 그 과정에서 일본어 문어문 자체의 난해함은 물론이고 그 특유의 고풍스러움이나 맛을 한국어 번역에 담아내기가 얼마나 어려운지를 실감하고 있다. 번역어를 통시적 관점에서 고찰하고자 할 때 그 대상이나 범위를 제대로 포착한 것인지, 그리고 정리와 분석의 방법을 적확하게 설정하고 있는 것인지 따지기 전에, 일본의 고전이나 근대 각종 문헌들을 정확히 읽어내고 있기는 한 것인가 하는 근본적인 물음을 스스로에게 던지곤 한다.

참고문헌

한국문헌

김병철(1975), 『韓國近代飜譯文學史硏究』, 乙酉文化社.

민병찬(2012), 「조선총독부관보의 '조선역문'에 대하여」, 『일본학보』93, 한국일본
학회, 31-41면.

_____(2014), 「『朝鮮總督府官報』의 언어자료로서의 활용 가능성에 대하여」, 『일본
학보』98, 한국일본학회, 13-24면.

_____(2017), 『역주 일본판 삼강행실도1 효자』, 시간의물레.

_____(2018a), 『역주 일본판 삼강행실도2 충신』, 시간의물레.

_____(2018b), 「『小公子』와 『쇼영웅(小英雄)』에 관한 일고찰」, 『일본학보』114, 한국일
본학회, 1-18면.

_____(2019), 『역주 일본판 삼강행실도3 열녀』, 시간의물레.

_____(2020), 『역주 첩해신어(원간본·개수본)의 일본어(상)』, 시간의물레.

안지영(2018), 「일본 근대 어법과 번안·번역 소설」, 『日本語文學』81, 한국일본어문
학회, 121-138면.

황호덕·이상현 편(2012), 『한국어의 근대와 이중어사전(영인편)』, 박문사.

외국문헌

佐藤研(2000), 「新約聖書と翻訳」, 月本昭男·佐藤研編, 『聖書と日本人』, 大明堂, pp.38-39.

新村出編(2008), 『広辞苑』第六版, 岩波書店.

小学館国語辞典編集部(2001), 『日本国語大辞典』(第二版), 小学館.

土井忠生·森田武·長南実編訳(1980), 『邦訳日葡辞書』, 岩波書店.

山口明穂編(2001), 『日本語文法大辞典』, 明治書院.

唐話学 연구방법과 실제

나공수

1. 일본에서의 唐話学이란 무엇인가

唐話学이란 현대일본어를 연구하는 분야가 아니라, 일본의 근세
근대에 행해졌던 학문의 한 분야이다. 한국에서는 당화학이라는 용
어가 익숙하지 않은데, 이 분야에 대한 관심도가 상대적으로 적어서
이기도 한다. 근세에는 주로 한학이 이루어졌으며, 더불어 당화학과
蘭学이 이루어졌고, 근대에는 洋学(특히 英学)으로 발전해 가는 상태
에 있었다. 여기서 당화학이라 함은, 평이하게 이야기 하자면 중국어
[1]를 배우는 학문이라고 생각하면 된다. 당화학이라는 정의는 『日本語

---

1 필자는 연구 상 중국속어라는 용어를 사용해 왔다. 여기서는 편의상 중국어라고 통
   칭하되, 중국속어라는 용어를 간간히 사용한다. 또한 중국어는 백화어휘, 중국구
   두어라는 용어를 사용하는 연구자도 있다.

学研究辞典』[2]에 잘 정리되어 있기 때문에, 그것을 보기로 하자.

唐話・唐音といふのは、近代中国語・近代中国音である。唐宋音という用語もあるように、廣くいえば唐宋時代以後の新しいことば、新しい字音であるが、ここで「唐話辞書」というのは、特に近世になって長崎訳官などの手を経て作られた辞書、それらの人の教えを受けてさらに研究を進めた人々の作った辞書類をさす。辞書といっても、小説などを読むための語注を集めたものも含めてよいであろう。日本は近世になって鎖国となり、外国との交流はわずか長崎の出島を通じてのオランダと中国に限られた。中国との通商の中で重要な交易品の一つに書籍があり、その中には近代中国語で書かれた諸作品も入って来た。また、中国との交流のための通訳官である唐通事が養成され、中国の浙江地方、特にその標準語と言える杭州語と、当時の公用語であった南京官話とが学習された。これ以後、長崎訳官系の人々に始まった唐話の流行とともに一般に広まっていった。これらの唐話研究は、日本語の音韻や字音に対する意識を高めるとともに、これまでの音韻学研究でやや行きづまりを見せていたところに新しい見方を導いた。

一方、唐話の流行は、遊里などにも及んでいった。唐話の語彙は戯作類類だけではなく日常にも使われることがあったのである。また、唐話小説を読むためのものとして「唐話辞書」が編輯されることもあったのである。「唐話辞書」と言われるものの中には、『水滸伝』や白話小説に使われた語彙を集めて訳をつけただけのものも多い。唐話小説はわが國の文学にも影響を與え、唐話が読本などにも取り入れられた。従って、読本・洒落本などの語彙と漢字表記を考えるためにも、「唐話辞書」の研究が必要なわけである。次に、「唐話辞書」に取

2　飛田良文編(2007),『日本語学研究事典』, 明治書院, p.883.

り上げられた漢語自体が俗語的なものであり、訳も俗語を当てる方がふさわ
しかったこと、最初から出版を考えて編集されずに唐話小説の講義ノート的
なものが編集されて「唐話辞書」となったために口語的な表現がそのまま残
されたこと、などの理由もあって、語義を説明するために使われている和語も
俗語的なものが多く、当時の口語・俗語の研究にも役立つものである。

당화라 함은 당시의 근대 중국어라고 하는 새로운 말로서 기존의
한어와 대비되는 용어이다. 長崎에서 중국과의 교류를 위해 역관이
있었고, 당통사를 육성하고, 중국문학을 읽었음을 알 수 있다. 중국어
는 주로 南京官話에서 보여주듯이 남방계통의 어를 학습하였다. 또한
중국소설의 유입은, 일본문학(일본의 読本, 洒落本 등)에도 영향을 끼
쳤음을 알 수 있다. 언어에도 영향을 끼치는데 어휘와 한자표기 문제
로 만들어진 당화사전의 사전의 필요성도 언급되고 있다. 당화사전
은 구어적인 표현이 남아있고, 어를 설명하는데 있어서 고유일본어
와 고유일본어의 속어적인 요소도 많아서, 중국어 수용과 더불어 和
語의 속어적인 요소도 연구에 도움이 된다고 하는 내용이다.

위의 내용과 같이, 언어적인 면에서 중국어의 어휘와 한자표기
의 수용에 관한 연구와, 중국어의 수용에 따른 그 訓으로서 고유일본
어는 일본의 근세어 연구에도 도움이 된다. 중국어를 배웠던 근세에
는 새로운 언어연구로서 당화학과 그와 관련된 자료를 분석하는 것
이 중요함을 알 수 있다. 石崎又造는 『近世日本に於ける支那俗語文学
史』에서 말하는 당화학은, 처음에는 長崎에서 중국어를 배우려는 붐
이 있었고, 점차 江戸로 전파되어, 京都에로 흐르는 과정을 겪어간다

는 흐름으로 전개되고 있다. 실로 여러 학자들에 의해 관심을 갖게 되는데, 실제의 중국음(唐音)에 대한 관심도 많았다. 예를 들면,

御講書猿楽等例のごとし。家臣詩経を講じ、あるは唐音にて大学を講じ、あるは唐音にて問答す。みな時服をかづけらる(日記·家譜·常憲院殿実記附録)[3]

위의 내용은, 将軍인 綱吉 앞에서 柳沢吉保의 유신(儒臣)들이「唐音」으로 유학을 강습했다는 기록이다. 이와 같이 중국음에 의한 강의가 행해졌다는 것은 당화학의 번영을 나타내고 있다는 것이다. 유학의 거두인 荻生徂来나 제자인 太宰春台도 한문을 읽을 때, 중국음으로 읽을 것을 제창하고 있다.

故豫嘗爲蒙生定學問文法。先爲崎陽之學、敎以俗語、誦以華音、譯以此方俚語。絶不作和訓廻環之讀。(『譯文筌蹄』寶永8年凡例)
且先生能華音、尤惡侏離之讀。亦與純素心合。蓋益知倭讀之難、而爲唐之大耳。(『倭讀要領』「倭讀總説」享保13年)
若シコレヲ除カントオモハヾ、華語ヲ習フニシクハナシ。華語ノ俗語ナリ。今ノ唐話ナリ。サレバ文學ニ志アラン者ハ、必唐話ヲ學ブベキナリ。(『倭讀要領』「轉倒讀害文義説」享保13年)[4]

---

3 石崎又藏(1967), 『近世日本に於ける支那俗語文學史』, 清水弘文堂(p.50)을 재인용. 元祿 16年(1703) 5月5日.
4 前揭(p.140)의 재인용.

위의 내용도 石崎又造의 저서에서 인용한 것으로, 한문을 읽을 때, 한문훈독으로 하지 말고, 중국어 음으로 읽도록 하고 있다. 여기서 중요 키워드를 보면, '俗語·華音·華語ノ俗語·唐話'에서 보듯이, 중국어와 중국음 이야기가 나온다. 이런 점으로 보아, 어휘, 한자표기, 문학과 더불어 중국음으로 읽기 말하기 등, 근세에는 당화학에 대한 유행이 있었음을 알 수 있다. 다음 장에서는 당화와 관련된 구체적인 예를 소개하고자 한다.

2. 근세·근대의 중국어와 중국문학에 대한 기록

이와 관련해서는 필자가 이미 발표한 바가 있으나, 여기서는 이해하기 쉽게 주요 문헌 몇 가지를 소개하기로 한다. 근세 초기에 중국어에 관심을 보였던 것이 중반에 접어들자 봇물 터지듯이 중국문학이 유입되어 지식인에게 읽혔다. 岡嶋冠山이랄지 岡白駒와 같은 대학자도 나왔다. 근세 후기에는 점점 세력이 약해져 가지만, 근대에 이르기까지 여전히 지식인들 사이에서 중국속문학을 읽었는데, 여기서는 당화 사전이나 문학작품에 나오는 중국어와 중국문학에 대한 주요 골자를 보기로 하되, 필자의 「近代における唐話学の残影」[5]에서 인용한다.

---

5 羅工洙(2005), 「近代における唐話学の残影」, 『日本語學研究』第13輯, 韓國日本語學會, 43-63면.

『小說字彙』(未詳, 寛政3年)

一此書ハ初心讀小說書モノヽ、爲ニ、其熟字虚字助字等ヲ、畫引ヲ以テ輯テ之ヲ、其譯ヲ附ス、〜(後略)

一此書蒐輯スル所ノ文字、盡ク咸出所アリ各其書目ヲ字ノ傍ニ附ベケレドモ、此書專ラ簡便ヲ尙ヘハ、其授引スル所ノ書目ハ是ヲ卷首ニ附ス、〜(後略)

一小說ノ學ハ文字ヲ譯スルニアリ、苟モ其譯ヲ得レハ、其事卽チ通ズベシ、譯ニ字音ノ通ズルヲ以テ義ヲナスアリ、又字義ヨリ轉ジ或再轉シテ其語ヲ譯スルアリ、〜(後略)

一宋朝諸賢ノ語錄、或ハ禪錄、又ハ近世舶貢ノ諸書、或ハ正文ノ中ニ俗語ノ雜リタルナド、率尔ニ讀テハ不審キコトアルベシ、然ルトキハ此書ニ就テ譯ヲ索メ、或ハ其譯ヲ得ズトモ、旁ヲ推考ヘハ、思ヒ半ニ過ベシ、此スナハチ小説字彙ト名クル所ナリ

「授引書目」

後水滸傳、金甁梅、三國志演義、五代史演義、西遊記、後西遊記、癡婆子傳、珍珠舶、列國志、笑林廣記、繡摺野史、歡喜寃家、封神演義、鳳簫媒、照世杯、杜騙新書、醉菩提、一片情、拍案驚奇、五色石、雪仙笑、百家公案、包考肅公案、有夏誌傳、開闢衍義、古今言、雲合奇蹤、虞初新士、點玉音、歸夢蓮、禪眞逸史、寒腸冷、蘇秦演義、禪眞後史、水晶燈、炎冷岸、艶史、梧桐影、五樓春、兩漢演義、白猿傳、錦帶文、續英烈傳、笑談、淸律、五金魚傳、定人情、南北宋則、註水滸傳、燈月錄、妍國夫人傳、龍圖公案、春燈鬧、笑府、俗呼小錄、韓湘子、隋史遺文、覺世名言、琵琶記、今古奇觀、孫龐演義、西廂記、万錦情林、委巷叢談、王樓春、醒世恒言、孤樹裏談、杏花天、驚世通言、小說選言、八洞天、燕居筆記、金陵百眉、西洋記、俗語難字、古今小說、肉蒲團、平山冷燕、麟兒報、西洋曆術、幻緣奇遇、好逑傳、兩交婚傳、詳淸公案、石點頭、三敎開迷、女仙外史、玉杵記、浪史、獪園、情史、艶異編、傳奇十種、引鳳簫、耳譚、隋唐演義、巧聯珠、滑耀編、春楮綺聞、連城璧、

一百笑、閫外春秋、美人鏡、雙劍雪、兩山墨談、賽花鈴、俠士傳、玉鏡新談、錦香亭、風流悟、荔枝奇逢、金翹傳、偏地金、花陳綺言、東遊記、夢月樓、僧尼孽海、南遊記、玉支璣、懷春懷集、賽紅絲、鳳凰池、暘谷漫錄、二疍記、驚夢啼、西湖佳話、戀情人、桃花影、西湖二集、陰陽夢、胡蝶媒、混唐後傳、雅笑編、一夕話、定鼎奇聞、生絹剪、混唐平西錄、女開料傳、利奇橼、聊齋志異、飛花艶想、五鳳吟、雅笑篇、東度記、情夢折、會眞本記、玉嬌梨、紉情橼、五色奇文、平妖傳、鴛央鍼、鼓掌絶塵、笑的好、合浦珠、雅嘆篇、韓魏小史、醒名花

『小說字林』(桑野鋭編輯, 明治17年, 東北大学図書館蔵本)

一此書ハ支那ノ小說ヲ學ヒ新聞ヲ讀ミ若クハ俗語ヲ譯スル初心輩ノ爲メニ熟字助字及虛字等ヲ蒐集シテ其音譯ヲ附シ畵引伊呂波引ノ二樣ニ分テ考察ニ便ニス～後略

一近世舶來ノ諸書或ハ正文中ニ於テ往々俗語ノ雜ハリタルアリ是レ等ハ皆此書ニ就テ搜索セハ亦自ラ明瞭ナラン

一小說ノ學ハ譯ニ字音ノ通スルヲ以テ義ヲナスアリ又字義ヨリ一轉シ或ハ再轉シテ其語ヲ譯スルアリ我今一々字書ノ訓詁ヲ擧テ其譯義ヲ明瞭ニセント欲スルモ葉數ノ嵩サマンコトヲ恐レテ之ヲ略ス看者幸ニ恕セヨ

근세 근대에 걸쳐, 중국문학을 이해하기 위한 사전이 많이 발간된다. 이것은 汲古書院(1969-1977)에서 발간한, 총 20집 62권으로 되어 있어서 중국어를 아는 좋은 자료가 된다. 여기서는 여러 가지 사전 중에서 위에서 제시한 것과 같이 『小說字彙』, 『小說字林』의 서문을 보기로 한다. 다른 서적도 서문의 내용이 비슷한 것이 많이 있다. 여기서 기본적인 키워드는, '俚俗の語·俗語·難字·小說·語録·舶來ノ諸書·訳義·字義'가 있다. 중국에서 건너온 여러 서적에는 중국의 속적인 말이나 어려운 글자가 있어 번역하는데 도움이 되도록 사전을 만들었다는 취지의 설명이다. 이와 같이 당화사전을 만든 목적이 명백히 적혀 있어서, 당연히 중국어 수용문제를 다룰 때에는 반드시 참고로 해야 할 자료이다. 또한 『小說字彙』의 특징으로서, 「授引書目」이 있는데, 사전의 단어 출전을 밝힌 것으로, 실로 다양한 중국문학 서적을 참고로 하고 있음을 알 수 있다. 대표적으로, 우리가 흔히 알고 있는 『三國志』, 『水滸傳』, 『西遊記』, 『金瓶梅』 등 눈에 익은 서적명도 많이 있다. 결국, 당화학은 당통사와 같은 말하기뿐만 아니라, 소설이나 희곡의 읽기, 그에 사용되는 용어, 용자, 의미, 번역과도 연관이 되어 있음을 파악할 수 있다.

다음은, 근세 読本의 대명사인 『南総里見八犬伝』(1814-1842)에 보이는 당화관련 내용을 알아보기로 한다. 근세 読本의 시초는 都賀庭鐘(1718-1794)의 『英草紙』(寛延2 (1749) 年刊)에서부터이다. 하지만, 초기 読本에는 중국어가 그다지 많이 함유되어 있지 않다. 曲亭馬琴(1767-1848)의 작품에서 본격적으로 중국어가 많이 사용되는데, 여기서도 중국어와 중국문학에 관련된 내용이 많이 나온다. 馬琴은 실로 많은 장편의 작품을 남기고 있으며, 한자표기로서의 중국어가 많이 사용되고 있다. 그래서 馬琴을 집중적으로 조명하여 문학적인 면, 언어적인 면을 제시하고자 한다. 그럼, 대표적인 작품인 『南総里見八犬伝』에서 보이는 중국문학이나, 중국어에 대한 소회를 보면 다음과 같다. 자료는 岩波文庫本(1990년)이다.

譬ば彼水滸傳に、龍虎山にて洪信等が石碣をひらくの段より、(1冊, p.253)

五雑俎中においてみるべし。(1冊, p.357)

譬若彼金聖歎水滸伝評。(4冊, p.3)

崔安潜好 看 闘牛。見 五雑組人部三。(4冊, p.155)

水滸の母夜叉母大蟲に、似たる強盗なるべきか。(4冊, p.296)

只その事は同けれども、その文はおなじからず。水滸西遊にかかること多か

り。(4冊, p.416)

水滸・西遊に見えし重複と、異なるを知る人は知るべし。(5冊, p.22)

水滸伝に、宋の徽宗の時、八十万禁軍教頭といふ武職あり、(5冊, p.116)

唐山には恁る器械なし。水滸伝に関勝の綽号を、大刀といへり。(5冊, p.117)

抑 這一卷両回は、水滸伝なる王慶の、小伝の筆に擬したるか。(5冊, p.374)

吾嘗唐山の稗史を見るに、水滸・西遊記伝の如き、是大筆の手段といえども、

~(6冊, p.6)

与彼水滸三国演義拮抗。(6冊, p.17)

且近會舶來の稗史小説、元人羅貫中の水滸傳に、沒羽箭張淸あり。(8冊, p.91)

〔所謂傾城水滸傳、新編金瓶梅、及本傳是已〕(8冊, p.219)

獨 西遊記のみならず、譬ば水滸傳の如きも、(8冊, p.221)

然るを金聖嘆が評に、三國志演義を非して、水滸傳には、毫も怪談なしといへ

り、笑ふべし。(8冊, p.221)

元人東都の羅貫中が、三國志演義に載たりと云、(9冊, p.148)

譬ば水滸傳の如きも、(9冊, p.161)

七十回より下、百二十回までを羅貫中の、作とし誣て、續水滸傳とす。(9冊,

p.161)

小冊、子は、傾城水滸傳、新編金瓶梅、この他猶あるべし。(9冊, p.163)

水滸・西遊、三國演義、平山冷燕、兩婚交傳の五奇書あり。(9冊, p.341)

嘗 三國志演義を評註したる、其妙金聖歎が、水滸傳評註の上に在り。(10冊,

p.328)

又琵琶記を評註しぬるに及びて、〜昔吾琵琶記を讀て是を知りぬ。(10冊,
p.328)

雁宕山樵が水滸後傳、天花翁が後水滸傳、及、續西遊記、後西遊記の如きは、
(10冊, p.336)

他郷の人の作は見るに及ずとて、三國志演義を讀ざる者あらんや。(10冊,
p.340)

只是のみならず、三國志演義なる、落鳳坡、又、水滸傳なる史家村の如く、作者
の作設けたる、地名なきことを得ず。(10冊, p.340〜341)

水滸伝なる没羽箭張清は、世の人これを知ざるはなし。〜五雑組(人部)に見
えたり。(『開巻驚奇俠客伝』曲亭馬琴, 天保3年-天保6年, 新古典文学大系87,
p.359)

『南総里見八犬伝』의 곳곳에 중국문학과 관련 된 내용이 많이 있음
을 엿볼 수 있다. 여기서 특히 많이 나오는 작품이 『水滸傳』이다. 이
로써 『水滸傳』의 영향이 컸음을 반증하고 있는데, 이외에도 『西遊記』,
『三國志演義』, 『金瓶梅』와, 『五雜組』(『開巻驚奇俠客伝』)를 비롯하여,
『琵琶記』와 같은 희곡류까지 언급하고 있는 점에서, 馬琴은 당시의
중국문학을 잘 읽었음을 보여주고 있다. 馬琴은 『椿説弓張月』(1807-
1811)에서, "その談唐山の演義小説に倣ひ"(岩波文庫, 上巻序, p.13)에서
처럼, 문학 그 자체에서도 중국적인 모방이 있었음을 알 수 있다. 『南
総里見八犬伝』에서는 문학적인 면만이 아니라, 언어적인 면에도 관심
을 보이고 있다.

しかれども水滸の如きは、彼土なる具眼の者も、よく其深意を悟れるなし。況や此土の俗客婦幼は、漢文俗語を一行も、讀得べきにあらざれば、通俗解詁の一書なきは、其書舶來して、久しくなりぬるも、其趣を覘ふに由なし。只俗客婦幼のみならず、をさをさ戯墨を事としぬる名人等も、よく唐山の俗語を讀得て、師としぬるや、否を知らず。(9冊, p.340〜341)

雑貨は唐山の俗語にて、此間にいふ高麗物の類なり。(6冊, p.11)

角は競なり、觝は抵なり。唐山の俗語に言葉戦を、角口といふ、その義これと同じ。(4冊, p.154)

又唐山の俗語を切ぬきにせず、これ読者文字目なれず、讀に随て煩しければなり(『三七全伝占夢南柯』文化5年, 日本名著全集, p.790)

又文字なども、唐山の小説中の俗語に採て、極めて奇字を用ゐたるに、〜(『開巻驚奇侠客伝』曲亭馬琴, 天保3年ー天保6年, 新古典文学大系87, p.28)

馬琴은, 『水滸傳』을 꺼내고 있고, 이 세상 사람들은 한문속어(중국속어) 한 줄도 이해하기 어려움을 피력하고 있다. 이와 관련하여 '唐山의 俗語'라는 용어를 많이 사용하고 있는데, 결국 중국속어를 말하고 있는 것이다. 요는 중국어는 일반인이 읽고 그 뜻을 파악하기에는 어렵다는 것도 지적하고 있다. 馬琴의 또 다른 작품인 『三七全伝占夢南柯』과 『開巻驚奇侠客伝』에도 같은 '唐山의 俗語'라는 표현이 나온다. 이런 점을 보면, 중국어 그 자체에도 많은 관심을 보여주고 있음을 알 수 있다. 馬琴은 실제로 『八犬伝』의 「第9輯下帙中巻第19簡端贅言」(7冊, p.218-219)에서 중국어에 대한 관심을 보여주는 단적인 예가 보인다.

こは年来、吾机案上の工夫にて、慾に切磋琢磨せる、自得の戯墨なるものから、かくの如くにあらざれば、唐山なる稗説の、趣を写すに由なし。然ばにや、彼は文華の国なれば、俗語といへども出処ありて、悉字義に称へり。但正文と異なる所以は、その用同じからざるよしあり。譬ば、正文に慚愧といへば、即恥る義なるを、俗語には、且忝し、といふ義にも用ひたり。又工夫は、考索思量の義なるを、俗語には、空虚閑暇の義とす。工は空の省文にて、夫は助語なれば、則空なり。ここをもて俗語の和訓は、その処によりて異同あり。然るを原を極めずして、此間に抄録したる、俗語のみ見て取用れば、大く義理の違ふことあり。筆の次にひとつ二ついはん。水滸・西遊などに、在を於の如く、像を如のごとく似のごとく、則を唯のごとく読するは、其文に法則あり、叨に用るにあらず。似を読て如とすなるは、似飛に涉り、則を読て唯のごとくすなるは、不則一日に涉り、像を読て如となせども、如之といふには用ひず。況教の転じて叫に做れる「教は令なり」、尿の転じて鳥になれる「人を罵る時にいふ」、底の転じて地に做り、又転じて的になれる、一朝に解尽すべくもあらず。
我大皇国は、邈古の久しきより、をさをさ言魂を宗とし給ひて、文字の制度はなかりしに、応神天皇の御時に、初て漢字を伝へしより、後の世に到りては、人の詞はさらなり、源氏物語などにすら、音訓うち任たる文あれば、なほ後々には、和漢駁雑の文章の、必いで来ぬべき勢ひなり〔太平記などを見て思ふべし〕。そを又一転して、仮名文に、唐山の俗語さへ、暗記の随取用ひぬる、余がゑせ文を、国学及漢学の博士達、倘その眼に触るるもあらば、この駁雑を嘲噱ふて、云云といはるべからん。遮莫唐山にて、俗語もて綴れる書に、正文あり、方言あり、しからざれば用をなさず。又儒書方書仏教は、正文なるべき者なれども、そが中に俗語あるは、二程全書、朱子語類。俗語をもて綴りしは、奇功新事、傷寒条辯、虚堂録、光明蔵の類、なほあるべし。先輩既にこの辯あり。怎れば彼が文華なるも、言魂の資を貸ざれば、文を成すに如意ならず。矧亦大皇国の文章は、和漢雅俗、今古の差別あり。然るを今文場に遊ぶ者、孰か

よく貫通せん。いとかたしとも難からずや。(傍線筆者, 傍訓省略)

언어적인 요소를 설명하면서, 『水滸傳』, 『西遊記』와 같은 서명도 명기되어 있다. 여기서도 「唐山の俗語·俗語」라는 용어가 등장하는 것을 보면, 역시나 언어적인 면에서도 상당한 관심이 있음을 알 수 있다. 正文과 俗文에서 사용되고 있는 '語彙·語法'의 차이에 대해서 자세하게 논하고 있다. 구체적으로 제시한 어로, '工夫→空虛閑暇·在→於·像→如, 似·則→唯·敎→叫, 令·尿→鳥·底→地→的'와 같이 변환하여 의미가 다르게 사용되고 있음을 지적하고 있다. 즉, 중국적인 요소와 기존에 일본에서 사용하는 한자의 의미가 다름을 나타내고 있는 것이다. 이런 것으로 인해, "一朝に解尽すべくもあらず"와 같이 표현한 것처럼, 하루아침에 다 해석할 수 없다고 하였다. 중국어는 그만큼 해석상 난해한 어임을 말하고 있는 것이다. 또한, 근래의 正文에도 '俗語'(중국어)가 꽤 섞여 있어서, 문의 성립에도 공헌하고 있는 점까지 서술하고 있고, 이런 점으로 보아, 중국어에도 정통하고 있음을 엿볼 수 있다. 실제로, 馬琴의 작품에는, 수많은 종류의 중국어가 문학작품에 사용되고 있다. 독본 이외에도, 人情本·洒落本 등에도 참고할 만한 중국어 사용이 있으니, 자료로서 고려해야 할 것이다.

근세의 자료에 중국문학을 많이 읽었음을 알 수 있는 자료가 있었는데, 근대가 되어도 중국문학을 많이 읽었음을 알 수 있는 기록이 많이 있다. 여기서도 전부 제시할 수 없으므로, 무작위로 제시하면 다음과 같다.

『西國立志編』(中村正直, 明治4年, 講談社學術文庫)

小説に惑溺し、水滸癖と爲る。(「自序」, p.33)

『東京開化繁昌誌』(萩原乙彦, 明治7年, 明治文化全集)

或は肉饅頭を強る形勢、水滸の天岡〜(p.203)

『欧洲小説哲烈禍福譚』(宮島春松, 明治12年, 明治文化全集22)

支那小説中最も奇書と称する者、水滸西遊金瓶梅なり。其作案絶妙の脚色ある

も水滸は殺罰過激を旨として、西遊は荒唐奇怪を極め、金瓶梅は淫猥乱藝に過

ぎたるを厭ひ、志操を臭壊せしむるを悪みて、擯斥する者極めて多し。(仮名垣

魯文題, p.197)

『西洋道中膝栗毛』(仮名垣魯文, 明治3年, 明文全1)

ハテサ三國志の文句じやアねへが同年同月同日に生れずといへども〜

(p.103)

此奴を「こいつ」などいへる類ひの方言は支那の小説に所謂俗語に等しく

東京の下賤が癖を穿つ〜(p.34)

『汗血千里駒』(坂崎紫蘭, 明治16年、明文全5)

今は早や同門の高足と互角の勝負をするまでに進みしより、彼の三國志の講

釋にて聞きつる孫夫人の再世ならめと、(p.129)

『将来の日本』(徳富蘇峰, 明治19年10月, 明文全34)

吾人ハ三国志ヲ読ミ死セル孔明生ケル仲達ヲ奔ラスルノ一節ニ到リ(p.86)

『汗血千里駒』(坂崎紫蘭, 明治16年, 明文全5)

因にいふ、立花南溪がものせし西遊記を按ずるに、當山には大蝦〜(p.173)

『小説神髄』(坪内逍遥, 明治18年, 明文全16)

馬琴翁は源語平語太平記水滸西遊等の文を折衷して彼一大機軸をいだせしな

り(p.40)

『鬼桃太郎』(尾崎紅葉, 明治24年, 紅葉全集2)

主 從之に打乗り、宙を飛ぶこと西遊記の繪のごとく、〜(p.440)

「尤憶記」(森田思軒, 明治23年, 明文全26)

八歳より九歳に至るころ<u>西遊記三国志水滸傳</u>の三部は皆之を先生が枕頭の口
授より受けて其の人名と事蹟とを略誦せり(p.269)

『小說神髓』(坪內逍遙, 明治18年, 明文全16)

<ruby>唐山<rt>もろこし</rt></ruby>の<ruby>人々<rt>ひとびと</rt></ruby>が小說を<ruby>指<rt>さ</rt></ruby>して<ruby>誨淫導欲<rt>くわいいんだうよく</rt></ruby>と<ruby>罵<rt>ののし</rt></ruby>りたりしは<u>金瓶梅</u><ruby><rt>きんぺいばい</rt></ruby>もしくは<u>肉蒲團</u><ruby><rt>にくぶとん</rt></ruby>
<ruby>等<rt>とう</rt></ruby>の<ruby>評<rt>ひやう</rt></ruby>なるべく<ruby>我國俗<rt>わがくにうど</rt></ruby>が<ruby>物語<rt>ものがたり</rt></ruby>を<ruby>擯斥<rt>ひんせき</rt></ruby>して〜(p.24)

『水滸傳』, 『三國志』, 『西遊記』외에도, 『金瓶梅』, 『紅樓夢』, 『楚漢誌』,
『遊仙窟』, 『肉布團』, 『虞初新志』, 『聊齋志異』, 『剪燈新話』, 『剪燈餘話』,
『燕山外史』, 『情史』, 『西廂記』, 『琵琶記』, 『桃花扇傳奇』, 『女仙外史』, 『好
逑傳』, 『平妖傳』이라고 하는 중국문학의 이름이 명치기의 제작가에
많이 보인다. 특히, 『水滸傳』, 『三國志』, 『西遊記』은 수많은 작가에 보
이는데, 경우에 따라서는 작품명만이 아니라, 작품의 내용에 나오는
인물명도 보일 정도이다. 이러한 현상은 중국문학이 비교적 넓게 읽
혀졌다는 증거이기도 하다. 문학의 성질상, 작품에 기입하지 않는 일
도 있을 것이다. 어쨌든 근대의 문인들은 다소간에 중국문학을 애독
하였고, 중국문학작품도 소장하였다고 생각한다. 현대일본인도 중국
문학을 읽고 있지만, 주로 번역본으로 읽히고 있고, 중국어는 거의 보
이지 않기 때문에, 근대 이전과의 성질이 다르다고 볼 수 있다. 이상,
필자가 작성한 「近代における唐話学の残影」의 내용을 알기 쉽게 정리
하였다.

3. 기본적인 연구서와 연구자료

일본에서 중국어와 관련된 자료는 주로 근세 이후에 집중되어 있다. 그렇다고 해서, 근세 이후의 자료가 전부라고 하는 것은 아니다. 시대적으로는 멀리는 『日本書紀』, 『古事記』, 『万葉集』까지도 올라간다. 당시 遣隋使(600-618년)와 遣唐使(630-894년)를 보내어 일본과의 교류로 인해, 언어적인 면에서 당시의 구두어가 유입되었고, 많은 양은 아니더라도 그 어가 일본문헌에도 사용되었다. 이와 관련된 연구는, 松尾良樹에 의해 행해졌다. 松尾良樹의 연구로 인해, 고대 일본의 중국어 언어상황을 파악할 수 있는 중요연구라고 생각한다.

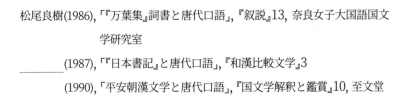

松尾良樹(1986), 「『万葉集』詞書と唐代口語」, 『叙説』13, 奈良女子大国語国文
　　　　学研究室
_____(1987), 「『日本書記』と唐代口語」, 『和漢比較文学』3
_____(1990), 「平安朝漢文学と唐代口語」, 『国文学解釈と鑑賞』10, 至文堂

물론, 유입된 시기가 다르기 때문에, 근세에 들어 온 어와는 약간 성격이 다르다고 볼 수 있다. 예를 들면, '一般'의 경우, 나라시대에도 사용되고 있지만, 근세 이후의 「一般」의 경우 '像·如·似·與'와 함께 사용하여, '比況'[6]의 의미로도 사용되는 점을 보면, 의미용법에서 차이점을 보이는 어도 있다.

6　羅工洙(2013), 「近世·近代における比況を表わす『~と一般』について」, 『日本語文學』
　　第57輯, 韓國日本語文學會, 41-74면.

이는 중국어의 역사와 관련이 깊은 데, 중국 구두어라 할지라도 시대적으로 차이를 보여준다. 小島憲之(1998)는 「幕末・明治文学一斑— 漢語的なるものを中心として—」[7]에서 중국어의 시대구분을 다음과 같이 하고 있다.

우선, 중국에서의 한어는,

漢語 ┬ (1) 文言
      └ (2) 口語(俗語)

(1)文言과 (2)口語(俗語)와 같이 두 종류로 나눌 수 있다. 한어는 즉, 전통적으로 사용해 온 文言과 구두어로 사용하는 중국속어로 나뉘는 것을 알 수 있다. 그리고, 일본에서의 한어는 복잡해서,

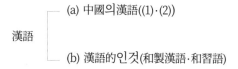

漢語 ┬ (a) 中國의漢語((1)·(2))
      └ (b) 漢語的인것(和製漢語·和習語)

로 나뉜다. 하지만, 일본에서의 한어는 중국어의 한어((1)·(2))를 통합하고 있는데, 이를 중국어의 시대구분으로 보면 다음과 같다.

---

7 小島憲之(1998), 「幕末・明治文学一斑—漢語的なるものを中心として—」, 『古典講演シリーズ2』, 臨川書店, pp.107-108.

(1) 古代語(六朝以前)

(2) 中世語(六朝·唐代)

(3) 近世語(宋·元·明·淸)

(4) 近代語(現代)

小島의 설명에 의하면, "(1)·(2)는, 소위 일반 한어로서 처리해버리지만, (3)의 近世語가 되면, 중국 한어의 (2)의 부분이 많아지고, 중국의 口語(俗語)의 문이 지배하고, 이(3)의 近世語를 배우지 않는 한, 幕末·明治의 서적은 잘 읽을 수 없는 상태"라는 것을 서술하고 있다. 그만큼, 근세 후기나 명치기의 문헌에는 중국속어가 사용되는 것을 말하고 있다. 덧붙여, 이 연구에서는, '這'系의 말, '景況·一斑·冷笑·方纔'등의 어를 실례로 언급하고 있다. 문제는 중국의 중세어에 해당하는 唐시대에 사용되고 있던 말은 속어가 없다는 말인가 하는 점인데, 당연히 변화해 가는 시대이므로, 당시의 구두어도 포함되어 있다. 이와 같이 크게 보면, 중국 宋이후의 근세어가, 중국어로 인정되지만, 중세어도 성격에 따라서는 중국어로 보는 어도 많이 있다. 중국어의 성격을 파악하는 데 있어서, 시대구분을 참고하면 좋겠다. 또 하나의 요령으로서, 중국에서 간행된 『漢語大詞典』(1979-1993)의 용례를 참고로 하여, 시대와 작품의 성격을 보면, 대략적으로 어의 성격을 파악하는 도움이 된다.

小島는 또, 당화학 연구에 도움이 되는 저서를 다음과 같이 남기고 있다.

小島憲之(1984),『ことばの重み─鴎外の謎を解く漢語─』, 新潮選書, 新潮社

_____(1988),『日本文学における漢語表現』, 岩波書店

_____(1998),『漢語逍遥』, 岩波書店

이것들은, 일본문학에 나타나는 한어의 특징에 관해서 논하고 있다. 특히, 중국의 「宋·明·淸」시대에 사용하는 어를 중심으로 하고 있어서 어문학적 성격을 파악하는 데 도움이 된다. 『ことばの重み』에서는, 鴎外의 작품에 나타나는 '赤野·望斷·繁華·靑一髮·易北·妃嬪·淚門·葫蘆·春く·暗愁·今夕'의 예를 들어 그 출처를 밝히고 鴎外는 어떠한 책을 읽고 이러한 어를 차용했는지 심오한 문학적 사고로 중국어의 사용문제를 밝히고 있다. 비슷한 연구서로『日本文学における漢語表現』에서는, 중국속어와 관계된 '漢語의 特殊性'의 문제로, 鴎外의 한어랄지, 繁昌記에 보이는 중국어에 관해서 접하고 있다. 여기서는 대상으로 하는 어는 그다지 많지는 않고, 들고 있는 일본의 자료도 많지 않다. 『漢語逍遥』에서는. 第一部에서 '漢語あそび'의 란이 있고, '權道·係念·経紀の人·這回·除非'의 예를 들어 그 근원을 살피고 있다. 그러나, 鴎外나 中江兆民,『万葉集』등에서의 고찰이기 때문에, 일본문학 자료는 한계가 보인다. 단지, 일본문학에 끼친 중국어의 연구는 그다지 되어있지 않지만, 小島에 의한 연구병법론의 제공은 지대하다고 생각한다.

근세는, 당화학에 의해 중국문학 연구뿐만 아니라, 어학연구도 행해지고 있다. 여기서는 연구에 도움이 되는 기본적인 연구를 소개하고자 한다.

荒尾禎秀(1982), 「唐話辞書の語彙」, 『講座日本語学5』, 明治書院

荒尾는, 당화사전 중에서, 『唐話纂要』(1716년)를 조사한 후, "唐話辞書の語彙の性格やそれが直接日本語に及ぼした影響などを明らかにするためには, 近世·近代中国語の受容の実態と歴史を把握し, その中に唐話辞書を位置づけてみることをしなければ, ついには事の真実は十分には見えてこないであろうことを, ~中略~現代日本語の漢語の一部に近世·近代中国語から将来したものがあることは疑いのないこと"와 같이 가치를 부여하고 있다. 당화학에서 언어적인 측면으로, 근세, 근대 중국어가 일본어에 끼친 영향이 있었음을, 당화사전의 예로서 설명하고 있으나, 이와 같은 예는 많이 있다. 특히 당화학 연구의 초창기는 당화사전 연구를 많이 하고 있어서, 참고하는 바가 크다. 그리고, 서론에서 당화학의 흐름을 잘 설명하고 있어서 당화학을 파악하는데 유익하다. 荒尾禎秀(1987)는, 「白話小説翻訳本の漢字とことば」(『漢字講座7 近世の漢字とことば』明治書院)에서, 『売油郎独占花魁』(1761년)의 통속번역본을 통해서, 漢字·漢語의 傍訓이랄지 그 熟字 등을 조사하고 있으며, 유사한 논문이 많다.

鈴木丹士郎(1987), 「読本の漢字」, 『漢字講座7近世の漢字とことば』, 明治書院

鈴木는「読本の漢字」(『雨月物語』『八犬伝』『椿説弓張月』을 対象)안에서, '中国俗語文学語彙'를 29종 제시하고, 명치기가 되어도 이 경향은 이어진다고 말하고 있다. 그러나, 구체적인 전개는 보여주지 않고 있다. 鈴木는 또, 「読本の語彙」(『講座日本語の語彙5近世の語彙』, 明治書院, 1982)에서, 한어의 일부로서 조금 접하고 있다. 鈴木의 読本연구의 대부분은 한자표기를 보면서 당화학과 연결 짓기도 하지만, 한자표기에 나타난 일본어 훈의 연구에 더 집중하는 면이 있고 유사의 논문이 많다.

遠藤好英(1988), 「近代文学と漢字」, 『漢字講座9 近代の漢字とことば』, 明治書院

遠藤는, 근대 일본문학에 나타나는 한자의 제 문제를 들면서, 「白話由来の漢字・漢語─近代文学における白話の位置─」에서 26종의 예를 제시하고 있다. 遠藤는, "これらは、白話の意味を忘れ、文字にひかされて読み換えたものであろう"라고 소결론을 내고 있는데, 일본어의 의미를 나타내기 위하여, 형식적으로 중국속어의 字面을 이용하고 있음을 지적하고 있다. 일종의 借訓보다는 借字로서의 역할을 하고 있다고 말할 수 있을 것이다.

村上雅孝(2020), 「訓訳表記と『本朝水滸伝』」, 『国語学研究』59, 東北大学国語学研究刊行会

村上는 약간 특수하게, 당화학의 연구 일환으로 근세의 사전이나 작품을 연구하면서도, 인간관계와 언어 훈에서의 영향관계를 보면서 언어사상적인 관점에서 계속 연구해 오고 있다. 작가가 사용하는 언어는 단독으로 언어를 선택하기 보다는 시대반영이랄지 참고자료는 무엇이었는지, 누구와 인간관계를 맺었는지 등, 작품에 나타난 언어를 통해 종합적으로 파악하고 있어서, 연구를 하는데 큰 도움이 된다. 村上의 이와 같은 연구는 아주 많지만, 대표적으로 제시하였다.

연구서나 용례집으로 연구에 도움이 되는 것도 있다.

近藤瑞子(2000), 『近代日本語における用字法の変遷—尾崎紅葉を中心に—』, 翰林書房
岡田袈裟男(2006), 『江戸の翻訳空間』, 笠間書院
岡田袈裟男(2006), 『江戸異言語接触』, 笠間書院
奥村佳代子(2007), 『江戸時代の唐話に関する基礎研究』, 関西大学出版部
小田切文洋(2008), 『唐話用例辞典』, 笠間書院
村上雅孝(2005), 『近世漢字文化と日本語』, おうふう

近藤의 연구는, 尾崎紅葉의 한자표기를 집중적으로 연구하면서, 馬琴의 한자표기와 연결지으면서 관련성을 논하고 있다. 인칭이나 지시대명사의 경우는 중국속어와도 관련을 언급하고 있는데, 전면적인 연구는 아니지만, 중국어 연구의 일부를 아는데 도움이 된다.

岡田의 연구는, 蘭語와 唐話語의 연관성과 더불어, 일부 번역서에 보이는 어, 『俗語解』와 같은 사전에 보이는 어의 분석을 통해, 중국어의 사용실태를 연구하고 있다. 岡田의 『江戸異言語接触』는 『江戸の翻訳空間』을 확대 연구하는 형태로 하고 있는데, 더욱 많은 자료를 통한 연구이다. 근세의 중국속어 연구의 대가인 岡島冠山(1674-1728년)의 『唐話纂要』, 『唐話便用』와 같은 회화서나, 사전, 그리고 통속번역 작품에 나오는 언어연구를 하고 있다. 언어적인 면은 특히 중국어적인 인칭대명사나 지시대명사뿐만 아니라, 문법적인 요소까지 다루고 있어서, 중국어에서 오는 일본어표현 연구에 도움이 되고 있다. 물론, 한자표기 문제에도 도움이 된다.

奥村의 연구는 岡田처럼, 岡島冠山의 회화서 분석을 통해 唐話의 여러 가지 문제를 분석하고 있다. 또한, 『忠臣蔵演義』, 『海外奇談』 분석도 행해지고 있다.

小田切의 저서는, 연구서라기보다는 책 제목에서도 알 수 있듯이, 중국어의 용례집이다. 여기서는 주요 당화사전과 근세의 몇몇 작품에 나오는 중국어를 수집해 나열해 놓은 것이다. 위의 연구서도 어떠한 어가 중국어인지 알 수 있는 지표가 되지만, 이 용례집도 중국어의 속성을 파악하는 아주 좋은 자료가 된다.

村上는, 藤原惺窩, 荻生徂来, 그리고 조선과의 관계, 기타 당화사전을 살피며, 그 연향관계를 구체적으로 살피고 있다.

전반적으로, 근세 근대와 관련하여 중국어의 수용과 전개, 의미 용법과 관련된 연구는 많지는 않은 편이다. 또 하나의 자료로서 중국 속문학에 나오는 어의 연구로서 香坂順一의 일련의 저서가 있다.

香坂順一(1983),『白話語彙の研究』, 光生館

_____(1987),『《水滸》語彙の研究』, 光生館

_____(1995),『《水滸》語彙と現代語』, 光生館

『水滸傳』나『三國志』와 같은 중국속문학의 여러 종류의 문학에 나
타나는 중국어를 대상으로 하여, 어의 어원 어법 등, 중국어의 역사까
지도 파악 할 수 있는 필독서라고 할 수 있다. 특히,『水滸傳』은 일본
문학에 끼친 영향도 큰 탓인지, 집중적으로 연구되고 있다는 점에 주
목할 만한 연구서이다. 다만, 많은 어를 대상을 하고 있기 때문에, 어
나 어법상의 아주 상세한 면은 부족한 점이 있으나, 대략적으로 중국
어의 역사를 알 수 있는 참고자료이다.

이상은 주요 연구와 관련된 내용을 요약하였다. 이하는 일본에서
의 중국어 연구로는 어떠한 자료를 참고로 하면 좋을까에 대해서 언
급하겠다.

근세에 일본으로 건너온, 중국문학은 기본적으로 모두 자료가 된
다. 작품은 방대하나, 최소한,『水滸傳』,『三國志』,『西遊記』,『金瓶梅』
와 같은 「四大奇書」나,『紅樓夢』,『三言二拍』이라고 불리는『喩世明
言』,『警世通言』,『醒世恒言』,『拍案驚奇』,『二刻拍案驚奇』에 나오는 어
를 기본적으로 참고하는 게 좋다. 물론,『漢語大詞典』을 조사하면, 그
언어적 성격이 어느 정도 파악되는 점은 있으나, 중국(속)어를 파악하
는 데는 필수적이다. 다음으로, 중국문학이나, 중국어회화에 사용되
는 말이 일반적으로 사용되어 온 한어와는 다르기 때문에, 난해한 어

를 모아 사전을 만든 것이, 자주 언급된 당화사전이다. 당화사전은 汲古書院에서 『唐話辞書類集』(1969-1977년)을 전20집(별권1)으로 출간되어서 비교적 편하게 자료조사를 할 수 있다. 『唐話辞書類集』은, 『俗語解』, 『語録譯義』, 『唐話類纂』 등, 64종의 사전을 모아 간행하였기에, 충분히 중국어의 성격을 파악하는데, 도움이 된다. 『唐話辞書類集』에 누락된 근세, 근대의 다른 사전류도 있어서 보충할 자료는 아주 많은 편이다. 중국문학은 당시의 지식인이라면 훈독본으로 읽혀졌지만, 일반인을 위하여, 통속본으로도 읽혀졌다. 통속본은 당연히 일본어로 번역된 것이지만, 여기에는 중국문학에서 사용하는 당시의 구두어가 고스란히 사용되고 있는 점이 있다. 이 자료도 汲古書院에서 『近世白話小説翻訳集』(1984-1988년)이라는 제목으로 13집이 발간되었다. 『通俗忠義水滸伝』, 『通俗西遊記』, 『通俗赤繩奇縁』와 같은 명칭으로 되어있는데, 이것은 근세의 일본어를 아는데도 도움이 되고, 중국어가 혼용되어 있으므로 어떠한 어가 수용되었는지 알아보는데 유용하다. 일본에서는 이것을 通俗和訳本이라는 명칭으로 사용하고 있다. 통속본의 보급과 더불어 당시의 중국어 붐으로 인해, 일본인이 쓴 '日本人作白話小説'이 생겨났다. '日本人作白話小説'의 개관은 中村幸彦[8]가 알기 쉽게 설명해 두고 있어서 참고하면 좋겠다.

---

8 中村幸彦(1984「日本人作白話文の解説」, 『中村幸彦著述集』第7巻, 中央公論社)를 참고로 하였다.

『太平記演義』岡島冠山, 享保4年

『平安花柳録』快活道人, 享保5-6年?

『東武麹巷角觗紀事』作者未詳, 寛保元年

『烈婦匕首』劉図南, 寛延3年

『訳文由縁看月』平安宮苑八述, 浪華杜遷介訳, 宝暦8年

『東行話説』土御門泰邦, 宝暦10年

『小説白藤伝』玩世教主撰, 金蛾道人閲, 宝暦3年

『演義侠妓伝』烏有道人, 刊行年刊未詳

『俗語文』富永長南, 寛政7年

『北里懲毖録』大堤道凹居士, 明和5年

『四鳴蝉』亭亭亭逸人訳, 堂堂堂主人訓, 明和8年

『白話文集』江戸写本

『貪花劇語』東都, 煩要菴, 刊行年刊未詳

'일본인작백화소설'류는 문장이 단편적이어서 자료조사에는 편리하다. 하지만, 일본인이 중국어 사용의 실태를 파악하는 데는 아주 중요한 문헌이기도 해서 반드시 자료로 사용해야 한다. 이밖에도, 寺門静軒『江戸繁昌記』(1831년)을 필두로 해서, 幕末明治初期에 간행되었던 繁昌記류의 문헌도 살펴보아야 한다. 기본적으로는 한문 투의 문장이지만, 중국어가 함유된 變體한문으로 당시의 세속의 물정을 풍자한 漢文戲作인데, 아주 인기가 많았다. 成島柳北의『柳橋新誌』(1874년), 服部誠一의『東京新繁昌記』(1874-76년)을 중심으로 한 繁昌記류가 많이 간행된다. 그리고, 三木愛花의『情天比翼縁』(1884년)과 같은 한문소설에도 중국어가 사용되어 있어서 참고가 된다.

근세의 자료로서 도 중요한 것은, 앞에서도 언급한 '読本'에 많이 사용되는데, 그 중에서도 曲亭馬琴의 『八犬伝』을 기본 자료로 한, 그의 저서 전반을 조사할 필요가 있음은 말할 필요가 없다. 그리고 많이는 나오지는 않지만, '人情本'이나 '洒落本' 자료도 어에 따라서는 주요자료가 된다. 명치기의 당화사전, 한문희작, 한화사전 이외의 모든 문학작품은 중국어 사용실태를 파악하는 데, 모두 도움이 된다. 다만, 중국어를 다용하는 작가와 그렇지 않은 작가도 있으므로, 가능한 한, 많은 작가의 작품을 통해서 결론을 얻어야 한다.

이상, 연구와 자료에 관해서 개괄적으로 설명하였다. 전반적으로 一語의 역사에 관한 연구는 많이 되어 있지 않아서, 주제를 잘 선택하여 연구하면, 한 어의 수용과 전개 발전 소멸까지의 파란만장한 語史가 밝혀진다. 지극히 당연하지만, 중국어는 나라시대부터 일찍 수용된 어도 있지만, 중세에 들어 온 말도 있고, 가장 많이 수용된 어는 근세이다. 중국어 수용은 일괄적으로 말하기는 어려우나, 어마다의 수용시기가 다르고 소멸 시기도 다르다. 또한 경향으로서는 일본에서는 일찍 들어 온 어는 음독으로 읽혀져, 오늘날에도 사용되는 경우가 많다. 늦게 수용된 어는 음독보다는, 거의 다 훈독으로 사용되었다. 즉, 당시에 새롭게 수용된 중국어는 난해하였기 때문이다. 중국문학과 회화에서 사용된 어는, 일본에서 주로 한자표기로 나타나고, 그대로 사용하면 독자들이 알기 어려우므로, 일본어로 그 뜻을 밝혀주고 있다. 그런 면에서 보면, 借語라기 보다는 借字로서의 역할을 하였다.

4. 중국어 수용과 전개에 관한 실제

중국어 수용과 전개에 관해서는 필자가 일련의 작업으로서 계속 진행해 오고 있다. 앞에서도 언급하였듯이 크게 보면, 위의 자료에서 공통적으로 나타나나, 어마다의 속성이 다르다. 어떤 어는 다양한 장르에서 사용되고, 어떤 어는 편중된 자료에서만 사용되는 경우가 있어서, 일괄적으로는 정리하기는 힘들다. 미시적으로는 어마다의 그 유의어나 다양한 의미용법을 알 수 있는 계기가 된다. 또한 조사할 어를 선택할 경우, 현대 일본어에서도 사용되고 있는 어를 중심으로 하느냐, 지금은 사용되는 않으나, 근세 근대에만 사용되고 있는 어를 중심으로 하느냐에 따라서 방법론도 약간 달라질 수 있다. 필자는 지금은 死語가 되었지만, 근세 근대를 풍미했던 어를 중심으로 해오고 있다. 그 중에서 나름대로의 대중성을 얻은 어를 중심으로 하는데, 다용되었던 어를 중심으로 해야 설득력이 있으므로, 아주 조금 사용하다가 없어진 어는, 사용하고 있던 작가의 특수성으로 하고, 비교적 여러 장르에 분포된 어와 다용하는 어를 중심으로 한다. 여기서는 지면 관계상 새롭게 어를 조사하여 정리하기보다는 기존의 연구를 응축하여 제시하고자 하는데, 많은 어 중 중국어의 전형적인 예라 할 수 있는 동사중첩형[9]의 예로 실례를 들고 마무리하고자 한다. 문제는 이것은 매우 특수한 예라서 그런지, 위에서 소개한 일본자료에 의한 선행연

---

9 羅工洙(2002), 「近世·近代における中国俗話『動詞重ね型』の受容」, 『日本學報』第51輯, 27-46면.

구에서는 다루지 않고 있다. 일본인에 의한 중국자료의 연구는 비교적 많다.

4.1. 동사중첩형의 실제

일본어로는 '動詞重ね型'라는 용어를 사용하는데, 이를 '動詞重ね式·動詞重疊型·動詞の重複形式·動量詞'[10]이라고도 하는 용어는 일본어학에서는 익숙하지 않지만, 한어동사와 한어동사 사이에 漢數字 '一'을 넣은 용법이다. 예를 들면 '看一看'처럼, '看'사이에 '一'자를 넣은 것으로, 전통적인 일본문학에서는 보이지 않는 것이다.

중국어학에서는 이것을 'V一V'라고 하는 기호를 사용하고 있다. '一'자의 생략형이 'VV'이다. 전체적으로 보면, 일반적으로 'V一V'형은 宋·元·明의 이른 시기에 많고, 시대가 흐름에 따라, 점점 'VV'로 변

---

10 「動詞重ね型」라는 용어는, 학자에 따라서 호칭이 다르다. 논문의 테마만을 제시하면 다음과 같이 된다.

宮田一郎(1970), 「「動詞かさね式」と賓語」, 大阪市立大学文学部紀要, 『人文研究』第21巻第4分冊.

大島吉郎(1999), 「動詞重疊型に関する通時的研究(一)―《水滸伝》を中心に―」, 『大東文化大学紀要』第37号.

小林 立(1983), 「中国語における重疊の表現について」, 『伊地智善継·辻本春彦両教授退官記念中国語学文学論集』, 東方書店.

丸尾 誠(1996), 「動詞の重ね型について―動作者·話者の表現意図との関連において―」, 『中国語学』243巻.

興水 優(1985), 『中国語の語法の話―中国語文法概説―』中国語研究学習双書8, 光生館. 여기서는 「動量詞」라는 용어를 사용하고 있다.

해간다고 되어 있다. 太田辰夫[11]는, 'V一V'의 출현에 관해서 宋代부터라고 하고 있다. 물론, 'V一V'형은 현대 중국어에서도 자주 사용되고 있는 용법이다.

丸尾誠에 따르면, 동사중첩형에 관해서 "その動作の実現される時間により、動詞の重ね型の表わす意味や用法に明確な差は見られるが、その基本義は動作量・時間量の少ないことを表わす"라고 정리하고 있다. 大島吉郎[12]도 'V一V'형의 파생에 관해서 다음과 같이 정리하고 있다.

a、少しの間…時間 b、少しの量…分量 c、少しの回数 d、気軽に e、試みに f、しっかり…婉曲

이와 같이 'V一V'형은, 여러 가지 의미를 갖고 있다. 이들 연구는 주로 四大奇書인 『三國志』, 『水滸傳』, 『西遊記』, 『金瓶梅』랄지 『紅樓夢』 등의 중국속어 소설을 다루고 있다. 이 어법이 근세 이후의 일본문학에도 그 모습이 보이는 것이다. 당화사전인 岡嶋冠山의 『字海便覧』(享保10年(1725년), 「唐話辞書類集」)에, 'V一V'형의 소개가 있다[13].

---

11 太田辰夫(1958), 『中国語歴史文法』, 江南書院(1981年朋友書店复刻).

12 大島吉郎前揭 3과 같음.

13 薫科勝之(1982), 「『字海便覧』における注釈の方法とその日本語—岡島冠山の唐話辞書の考察」(『武蔵野女子大学紀要』17)에서, 「俗話・俗語」의 란에서 「動詞の重複形式」라는 용어를 사용하면서 가볍게 소개하고 있다. 이 논문의 필자가 「俗話」라는 용어를 사용하고 있는데, 『字海便覧』을 그대로 원용하였다. 그리고, 薫科勝之의 연구에서 명백해졌지만 「俗話」와 「俗語」는 내용상의 구별은 인정되지 않고 있다.

審一審トハ。一キンミ。スルト。云コト也。看一看。想一想ノ類ノ如キ。一ノ字
ヲ。中ニ夾タル句法。俗話ニ甚　多シ

위의 예는, '동사중첩형'을 예로 든 것으로, '俗話'에 많이 사용되
고 있음을 일찍부터 지적이 있다. 즉, 일반 회화에서 다용되고 있다는
것이다(俗話와 俗語는 같은 의미. 注13 참조)。

『俗語解』(作者, 刊行年間未詳)에서도, 'V一V'형에 관해서, 岡嶋冠山
의『字海便覧』과 마찬가지로, 중요한 기록이 있다.

一 一ノ字句ノ中間ニ有時ハチヨツトト云意ナルナリ譬ハ看一看トハチヨツ
ト見コト云コト等一等トハチヨツトマテト云コト走一走トハチヨツト行ケト
云コト他此心ニテ理會スヘシ予按スルニ〜中略〜推一推トハチヨツトヲシ
テ見コト云コトナリ凡二字畳テ三字ヲ入タル皆此心ナリ(p.10)

'一'자가 자구의 사이에 있을 때에는, 'ちょっと〜する'라는 의미인
것을 말하고 있다.『俗語解』에서는 이와 같은 설명을 하고 있지만, 'V
一V'형의 용례는 그리 많지 않다. 가장 많이 나오는 당화사전은『南山
考講記』(18세기 후반)이다.

이렇듯 동사중첩형은 중국속문학이랄지 회화에서 사용된 속화로
서 일본문학에 쓰일 경우, 당화학의 영향이 컸다는 것을 증명할 수
있다.

4.2. 중국속문학의 예

'ちょっと〜する'라고 하는 의미를 나타내는 'V一V'형의 어법의 루트를 찾아, 중국 속어가 일본문학에 적지 않게 관여하고 있음을 증명하기로 한다. 방법으로서는 중국문학을 먼저 본 후, 일본문학작품을 조사하고자 한다. 먼저, 근세에 훈독으로 읽힌 '小説三言'의 예를 들어본다.

『小説精言』
那賊略推一推。(巻一、p.6才)
『小説奇言』
我們到城裏略 走 一 走 就來下船。(巻一、p.4才)
『小説粋言』
把一個錢 秤 一 秤 有八錢七分多重。(巻二、p.14才)

중국에서는 위와 같은 어법으로 쓰인다. 여기서 'V一V'는 같은 동사가 두 번 나오는 것이어서 어라고 하기 보다는 그 자체로 회화가될 수 있는 것이다. 그래서 俗話라고 부르는 면이 있다. 의미상으로는 '좀~해 보다'로 사용되고 있다. 『小説粋言』만의 예를 나타내면,

「数了一数」(2例),「笑了一笑」(1例),「秤一秤」(1例),「数一数」(1例),「坐一坐」(3例),

「洗一洗」(1例),「拱一拱」(1例),「整一整」(1例),「折了一折」(1例),「想了一想」(1例),

「過一過」(1例),「兌一兌」(1例),「模一模」(1例),「拌了一拌」(1例),「張了一張」(1例),

「見一見」(1例),「相了一相」(1例),「哄他一哄」(1例)

중국문학을 번역하여 통속화한 문학에서도 사용되고 있다.

『通俗醉菩提』(碧玉江散人譯, 『近世白話小說翻譯集』, 寶曆9年)
正月半。莫要　算一算　便　〜(卷二、p.3ウ)

『通俗繡像新裁綺史』(睡雲庵主譯、『近世白話小說翻譯集』, 寬政11年)
門サヘイマダ開ズ轉一轉シテ再來ント意ヒ〜(第五回、p.341)

정말로 통속적으로 번역하려고 했다면, 당연히 어려운 중국어 표기를 해서는 안 된다. 그럼에도 불구하고, 중국어를 그대로 표현하고 음독도 보이는 경우도 있다. 이와 같이 일반인이 읽는 문장에도 그대로 도입되고 있어서, 서서히 일본인의 눈에도 익숙해 가게 된다.

4.2. 근세 일본의 경우

근세 일본문학에서 중국어 사용실태를 파악할 수 있는 자료는 다양하다. 먼저, 근세에 간행된 일본인에 의해 쓰인 日本人作白話文學을 보자. 당시에 중국속문학이 많이 읽혔는데, 이들 소설을 모방한 작품이다. 종류는 그다지 많지 않고, 단편이 대부분이지만, 중국어를 파악하기에는 좋은 자료이다.

『演義俠妓伝』(烏有道人、刊行年間未詳)
必宿一　宿　乃請着三朗(p.4下段)

『四鳴蟬』(亭亭亭主人、明和八年)

任^{マカス}後奴家此來自在看花要一要(p.6下段)

일본인작 백화문학에도 'V一V'형이 다용되고 있다. 『演義俠妓伝』
이나 『四鳴蝉』의 작품에는 1례씩밖에 없었지만, 다른 자료에서는 많
이 보인다. 이 자료에서는 음독의 예가 많은 점에서 독특하다고 볼 수
있다. 기타자료는 용례만 제시한다.

『貪花劇語』
「相一相」(1例), 「打一打」(2例), 「等一等」(1例), 「茶一茶」(1例), 「講一講」(1例),
「笑一笑」(3例), 「領一領」(1例), 「捧一捧」(1例), 「喚一喚」(1例), 「拍一拍」(1例),
「閃一閃」(1例), 「看一看」(2例), 「探一探」(1例)
『白話文集』
「揖一揖」(1例), 「抹一抹」(5例), 「讓一讓」(1例), 「載一載」(1例), 「洗一洗」(1例),
「拜了一拜」(1例), 「抖一抖」(1例), 「敷一敷」(1例)
『平安花柳錄』
「抹一抹」(1例), 「張一張」(1例), 「歇一歇」(1例), 「扨一扨」(1例), 「淘一淘」(1例),
「弄一弄」(1例), 「打一打」(1例), 「坐一坐」(1例), 「典一典」(1例)

다음은, 독본의 대명사인 曲亭馬琴의 『南総里見八犬伝』과 『近世説
美少年録』(1830年)의 예를 보자.

①汝は走一走に立かへりて、彼兵粮を取て來よ。(『八犬伝』, 岩波文庫本, 2
冊, p.71)
②～と思ひにけれど、「等一等、飽まで浜路が念を被たる、～」(2冊, p.138)

368 한국의 일본어 연구

『里見八犬伝』과 『近世説美少年録』의 전례를 제시하면 다음과 같다.

ひとはしり「走一走」(8例), まてしばし「等一等」(2例), ひとゆりゆって「揺一揺」(2例), ひといぶし「爵一爵」(1例), ひとくちのみ「喫一喫」(1例),
ひとひきひき「曳一曳」(1例), ひとあてあて「搕一搕」(1例), ひとかせぎ「挣一挣」(1例), ひとあてあて「中一中」(5例), ひとめぐり「繞一繞」(1例),
ひとあてあて「拳一拳」(2例), ひとめみ「相一相」(1例), ひとふりふれ「振一振」(1例), ひとかりかり「獮一獮」(1例), ひとせめ「攻一攻」(1例),
ひとささえささえ「扺一扺」(2例), ひとめみ「看一看」(1例)

『近世説美少年録』(曲亭馬琴、文政13年、『新編日本古典文学全集』pp. 83-85)
ひとなげ「投一投」(1例), ひとねむり「睡一睡」(1例), ひとめみ「看一看」(3例), ひとはしり「走一走」(1例), まてしばし「等一等」(1例),
ちよとゆき「適一適」(1例), ひとあてあて「中一中」(1例), ひともみもみ「揉一揉」(1例), ひとせめせめ「攻一攻」(1例)

『八犬伝』에 별개어수가 17例, 『近世説美少年録』에 9例가 보인다. 이와 같이, 일본 근세에는 중국속문학에 나타나는 어법인 'V一V'형이 사용되고 있는 것이다. 양 작품은 주로 和訓을 시행하고, 훈독을 하고 있다. 曲亭 이외의 다른 자료인 『浮世床』에서는 '看一看'의 1예가 있지만, 『浮世風呂』에서는 보이지 않는다. 다른 자료로서 한문희작인 『江戸繁昌記』(東北大学図書館蔵本)의 예를 보자.

①拂一拂（シテ）日去來何所在(二巻, p.14オ)他一例(五巻, p.6オ)
②把那赤頭掉一掉（テノ ヲ ス）日否々～(二巻, p.23ウ)
③喝道須近前拜一拜（スク シ ス）其次説 起（キシテ）日～(三巻, p.3オ)
④早走一擧（クシテ）打 客一打四隣挺出（ヲルコト リテ）～(三巻, p.25ウ)

위의 예처럼, 주로 음독으로 읽히고 있어서, 상당한 수준의 지식

369

인이 아니면 난해했을 것으로 생각된다. ④의 예는 일본에서는 그다지 보이지 않는 것으로, 중국어학에서는 'VO→V'라는 용어를 사용하고 있다. 'O'는 '賓語'로 목적어에 해당하는데, '代名詞'를 말한다. 이 외에도 '硏一硏'(2卷, p.25オ) '拝一拝'(3卷, p.5ウ) '幌一幌'(3卷, p.11オ) '運一運'(3卷, p.11オ) '咳一咳'(3卷, p.30ウ) '拭一拭'(3卷, p.30ウ) '謦一謦'(5卷, p.5ウ)등이 있다. 寺門静軒의 『繁昌後記』(明治10年, 東北大学図書館蔵本)에도, '肟一肟'(1例) '観一観'(2例) '議一議'(1例) '抜一抜'(1例) '剪一剪'(1例) '醒一醒'(1例) '掬一掬'(1例) '掻一掻'(1例) '算一算'(1例) '揖一揖'(1例) '調一調'(1例)가 사용되고 있다.

寺門静軒의 영향을 받은 명치기의 다른 한문희작에서도 다용되고 있어서, 명치기의 일반문학에서 사용될 가능성을 보여주고 있다.

4.3. 근대의 문학작품의 예

근대 문학작품의 자료는 무수히 많아서, 어떠한 자료를 사용해야 하는지 어려움이 있다. 筑摩書房에서 간행된 『明治文学全集』(1965-1989년)이랄지, 각종 개인문집이랄지, 번역소설 등을 보면 된다. 하지만, 당연히 모든 작품에 다 나타나는 것은 아니어서 부단의 조사가 필요하다. 중국어가 많이 사용되고 있는 시기는 주로 명치기이며, 그 중에서도 초기작품에 많이 나온다.

①已ニ過トシテ痛哭ノ聲ヲ聞キ顧一顧スレハ則チ再生ノ恩人アリスナリ。（『欧州奇事花柳春話』初編, 明治11年, 雄松堂出版, p.24）

②何心ナク取上ゲテ唇間ヘ含ミ吸一吸シテ其烟ヲ喫スルニゾ（『新説八十日間世界一周』川島忠之助, 明治11年, 新日本古典文学大系明治編, 翻訳小説集2, p.142）

③アベシス讀一讀シテ覺ヘズ（『寄想春史』服部誠一, 明治12年, 国会図書館蔵本, 初編, p.107）

④良人ノ上京以來隙駒ノ匆々タルヲ嘆一嘆シ、従容児等ニ謂テ曰ク、〜（『民權演義情海波瀾』第二駒, 明治13年, 明治文学全集5, p.5）

⑤二人相見テ驚一驚愕一愕言辭為メニ出デズ（『鴛鴦春話』竹田竹秋, 明治13年, 国会図書館蔵本, 巻2, p.27）

⑥酒肉の葷物も無ものから、走一走いて趣構しつ。（『佛國革命起源西の洋血潮の暴風』, 明治15年, 明治文学全集5, 第17章, p.26）

⑦マリーノ徐歩シテ來ルヲ視テ吼一吼ス（『露国奇聞花心蝶思録』, 明治15年, 雄松堂, p.81）

⑧最初ノ一字ヲ裂キ斷チテ讀一讀セラレヨト云ヒツツ渡スヲ受取リ〜（『虚無党退治奇談』, 明治15年, 雄松堂, 第15回, p.138）

위의 예처럼 주로 번역물에서의 'V一V'형을 제시하였는데, 한문 직역체에서는 거의 다 음독의 형태로 나타나고 있다. 이런 점을 보면 상당히 난해하다고 생각되는 동사중첩형은 명치기의 여러 작가들에게 애용되었던 어였던 것이다. 이러한 예는 다른 작품에서도 많은 예가 보인다. 명치기의 'V一V'형은 주로 명치 10년대에 보이는데, 이와 같은 현상은, 'V一V'형에 한해서 말할 수 있는 것으로, 모든 중국어가 이에 들어맞는 것은 아니다. 'V一V'형은 또, 한문직역체 이외의 작품에서는 훈독으로도 사용되고 있는 예가 보인다.

①斬られて孝蔵はアット叫び片膝を突く処を進一進、エイト左の肩より胸元
へ切付けましたから、〜(『怪談牡丹燈籠』三遊亭圓朝, 明治17年, 明治文学全集
10, p.7)
②折しも前段に述一述たる。(『妹と背かがみ』坪内逍遥, 明治18年, 明治文学全
集16, p.214)
③彼れは頗る驚きたる体にて看一看つつ一郎等の顔色を諦視り居たるが、〜
(『冒険企業聯島大王』小宮山天香篇, 明治20年, 明治文学全集6, p.417)

한문직역체 문장 이외에서 사용되지만, 전반적으로는 그다지 많지
는 않으나, 일반 문학작품에도 영향을 끼치고 있다. 재미있는 것은, 중
국의 어법을 그대로 수용한 점도 있지만, 이것을 번역한 형태의 일본
어가 명치기에는 많이 사용되고 있다는 점이다. 즉, 'V一V'형이 원래
의 어법이라고 한다면, 근대일본문학에서는 '一VV'형으로 된 것이다.

①我等ガ足ノ力ヲ極メ彼ノ戸扉ヲ一ト蹴リ蹴ナバ打破ルハイト〜(井上勤
『開巻驚奇龍動鬼談』, 明治13年, 明文全7, p.117)
②さも驚いた体で目を見張り、一睨み睨む思ひ入れで〜〜〜今一吹き吹き掛け
れば涙の雨にもなるかの體。(『白玉蘭』山田微妙, 明治24年, 明治文学全集23,
p.21)
③はツとなツて拳で机を一拍々ツて、「壮士！ああ譯の無い器械だなあ!」(上
同, p.46)
④今に寒風一吹吹くと、恐らく氷となツて仕舞ふのでせう?(『夢現境』嵯峨の
屋おむろ, 明治24年, 明治文学全集17, p.312)

⑤馬は一蹴踢て門外に跳出づるを、(『二人むく助』尾崎紅葉, 明治24年, 紅葉全集2, p.402)

⑥此次には自身御出馬ありて、一攻攻めて御覽あるべし。(『三人妻』尾崎紅葉, 明治25年, 明治文学全集18, p.29)

⑦躍狂ふ內儀の吭を目懸けて、唯一突と突きたりしに、(『義血侠血』泉鏡花, 明治27年, 明治文学全集21, p.23)

위의 예문처럼, 'V一V'형의 일본어역과 같은 형태(読み下し)가 산견된다. 위의 예문을 'V一V'형으로 고치면, '蹴一蹴' '睨一睨' '拍一拍' '踢一踢' '吹一吹' '攻一攻' '突一突'이 된다. 이하 여러 가지 예가 있지만 생략한다. 이와 같은 예는, 실은 명치기에만 있었던 것이 아니라, 앞에서 예를 많이 든, 曲亭馬琴의 『八犬伝』이랄지, 중국속문학을 번역한 통속물, 다른 독본에서도 약간 사용되고 있다. 그러나, 기본적으로는 명치 20년대 이후의 작품에서 주로 보인다. 특히, 명치기의 작가 중에는 幸田露伴, 德富蘆花, 夏目漱石, 泉鏡花의 작품에 비교적 많다.

'V一V'형은 명치초기까지 전성기를 보였지만, 얼마 지나지 않아 소멸의 길을 걷는다. 명치 중반쯤에서 'V一V'형을 훈역한 형태의 '一VV'형도 일본문학에서의 일본어의 한 표현으로서 응용되었던 것도 흥미로운 일이다. 어에 따라 다르지만, 명치 중반 이후, 중국어 사용이 적어진 이유는 여러 가지 있겠지만, 맹신적이었던 중국 숭배에서, 청일전쟁 승리 이후, 중국멸시의 풍조도 기인한다고 생각된다.

어쨌든, 동사중첩형인 'V一V'형은 근세 근대에 걸쳐서 일본문학 작품에 비교적 많이 사용되고 있는 것을 보아, 중국속어는 무시할 수 없는 존재였음을 파악할 수가 있었다.

5. 나오며

이상, 근세·근대의 당화학이라는 큰 줄기에서, 언어적인 측면에서 소개하였다. 일본어학 연구에서 중국속어가 일본문장에 사용하게 된 일련의 역사적 배경과 연구와 자료를 소개하였다. 한국에서는 거의 연구가 되고 있지 않은 분야라서, 쉽게 소개한다고 하였으나, 아직도 어렵게 느껴지리라 생각한다. 그것은 일단 현대어가 아니라서 접근성이 많이 떨어지는 점은 사실이다.

중국어가 일본문학에서 사용되고 있음을 파악하려면, 근세에 읽혀진 중국속문학, 당화사전, 일본어역 통속문학, 중국어 회화서, 독본, 한문희작, 한문소설, 각종 일반문학과 더불어 어에 따라서는 중세, 근세, 근대의 한어사전도 참고를 해야 하는 경우도 있다. 또한, 중세의 五山문학이랄지, 시대를 올라가서는 『古事記』와 같은 자료도 참고가 될 수도 있다. 당연한 이야기이지만, 이처럼 많은 자료를 참고를 할수록 합리적인 결과가 나오기 때문에 연구를 하는데 번거로울 수 있다.

여기서는 연구의 실제로, 동사중첩형인 'V—V'형을 들어 일본어에 끼친 영향을 살펴보았다. 'V—V'형은 주로 참고로 해야 할 자료에 'ちょっと～する'라는 의미로서 전반적으로 잘 사용되고 있음을 파악하였다. 즉, 사용범위가 넓은 것도 알았다. 특이한 것은, 일본에 들어온 지 얼마 되지 않는 상당히 어려운 일종의 속화인데, 음독의 형태로

도 다용되고 있으며, 명치 10년까지 전성기를 이루었다. 또한, 'V—V'형을 훈독한 형태의 '一VV'형으로 일본문장에 새로운 형태로 등장하기도 하였다.

이와 같이, 당화학으로 인한 중국속어가 일본문학 세계에도 침투하여 의사소통의 수단으로서 원용되고 있다. 동사중첩형의 경우에는 특별한 경우로, 대부분의 중국속어는 일본에서는 훈독으로 쓰이고 있는 점이다. 이것은, 난해한 어를 그대로 사용할 경우에는 독자가 알기 어려우므로 착실히 일본어 훈을 다는 방식으로 사용되고 있다. 물론, 일본에서 일찍이 수용된 중국어는 음독으로 사용하는 경우도 있다. 하지만, 근세 이후에 들어온 중국어는 借語로서 보다는 借字의 형식이 농후하다. 알기 쉽게 말하자면, 일본어를 표현하기는 하지만, 당시에 유행했던 중국속문학에 나오는 속어를 형태만 빌리고, 일본어 훈을 다는 일종의 한자표기를 다양하게 하는 역할을 하였다. 그 역할을 당화학이 일부 짊어졌던 것이다.

참고문헌 (본문에서 제시한 것은 제외)

한국문헌

羅工洙(2002),「近世·近代における中国俗話『動詞重ね型』の受容」,『日本學報』第51輯, 27-46면.

羅工洙(2005),「近代における唐話学の残影」,『日本語學研究』第13輯, 韓國日本語學會, 43-63면.

羅工洙(2013),「近世·近代における比況を表わす『~と一般』について」,『日本語文學』第57輯, 韓國日本語文學會, 41-74면.

외국문헌

石崎又藏(1967),『近世日本に於ける支那俗語文學史』, 清水弘文堂, p.50, p.140.

小島憲之(1998),「幕末·明治文学一斑―漢語的なるものを中心として―」,『古典講演シリーズ2』, 臨川書店, pp.107-108.

中村幸彦(1984),「日本人作白話文の解説」,『中村幸彦著述集』第7卷, 中央公論社.

飛田良文編(2007),『日本語学研究事典』, 明治書院, p.883.

朝鮮資料에 의한
일본어의 史的音聲學에 대한 一考察

조강희

1. 서론

일본어 음운의 변천과정을 연구 대상으로 하는 史的音韻論은 음운의 변화를 문헌을 통해서 추정하게 된다. 일본어 음운의 변천과정에 대한 문제점은 고유의 음절 수, 모음 수, 장모음, 音便, 四仮名, ハ行転呼音, 入聲t의 개음절화, 鼻濁音의 소실과정, 上代仮名遺 등이 있지만, 대부분이 명확하게 입증되어서 音韻史上에 큰 문제는 그다지 남아있지 않다고 해고 좋을 것이다[1]. 이러한 연구 성과로 고대어에서 근대어로 변천되는 과정이 밝혀졌으며, 그 중간적인 위치에 있는 것이 江戸時代語라는 것도 밝혀졌다. 중간적 위치인 江戸時代語를 연구하는 문

---

1   木田章義(2000),「国語音韻史上の未解決の問題」,『音声研究』第4巻3号, pp.24-27.

헌자료에는 일본 국내자료뿐만 아니라 서양자료(기리시탄 자료), 중국자료, 조선자료 등 이른바 외국자료가 중요한 위치를 차지하고 있다. 특히 조선자료는 표음문자인 한글로 일본어음을 傳寫하고 있어서 당시의 일본어음을 연구하는 데 있어서 매우 중요한 자료로 평가 받고 있다.

먼저 본고에서 사용하고 있는 史的音聲學에 대한 취지를 밝히면, 音에 대한 변천과정은 문자(음소 단위 이상)로 기록되어 있는 문헌자료를 사용할 수밖에 없으므로 史的音聲研究는 거의 불가능할 것으로 여겨지고 있다. 일본어가 한자나 가나로 표기되어 있는 일본 국내자료에는 음소 이하 단위인 음성(異音)은 기록되어 있지 않기 때문이다.

그러나 다른 문자로 일본어음을 傳寫하고 있는 외국자료에서는 동일 음소에 대해서 다양한 문자로 표기한 사례가 많으며, 특히 표음문자인 한글로 전사하고 있는 경우는 다양한 음주표기가 그 음소의 異音을 나타내고 있을 가능성이 있다. 예를 들면 일본어 「か・が」에는 다음과 같은 한글 음주표기가 사용되고 있다.

か/ka/ 음주표기 = 가[ka]·까[kˈa]·카[kʰa]·ㄱ-가[kˈka]·ㄱ-까[kˈkˈa]
が/ga/ 음주표기 = 가[ga]·까[ga]·ㅇ-가[ŋga]·ㅇ-까[ŋga]

위와 같이 일본어 仮名(음소)에 대한 이음이 표기되어 있으므로 당시의 음성에 대해서 밝힐 수 있는 부분이 있다. 그런 취지에서 史的音聲學이라 칭한다.

이 논문에서는 일본어에 전사되어 있는 한글 음주 중에서 「동일 仮名＝동일의 한글 표기」는 제외하고, 다음과 같은 ① 「동일 仮名＝복수의 한글 음주표기」, ② 「동일 行 어두자음＝복수의 한글 음주표기」를 통해서 사적음성학에 대해서 모색해보고자 한다. 조선자료의 한글 음주표기가 당시 일본어음의 실태를 어느 정도 반영하고 있을지에 대해서는 논란이 있을 수 있지만, 이 다양한 음주표기가 당시의 음성을 나타내고 있다고 볼 수 있는 것은 한국어를 모어로 하는 인물이 일본어음을 전사하였으며, 일본어 학습서인 경우는 모어의 간섭을 배제하면서 학습 목표를 달성하기 위해 특수한 목적을 가지고 전사하였기 때문이다. 이런 것을 想定하면서 일본어의 동일 음(仮名)에 표기되어 있는 다양한 한글 음주표기가 어떠한 음성적 자질을 나타내고 있는지, 다른 표기 간에는 어떠한 관련이 있는지에 대해서 고찰하고자 한다.

2. 弘治五年朝鮮板『伊路波』의 음성표기

弘治五年(1492) 朝鮮板『伊路波』[2](이하 『이로하』로 표기)는 일본어음을 한글로 음주 표기한 자료 중에서 가장 오래된 자료이다. 훈민정음 반포(1446) 45년 후에 발간된 일본어 학습서로 훈민정음 창제 시의 한글 音價가 그대로 반영되어 있다고 생각해도 될 것이다.

『이로하』의 일본어음 분석에는 「いろは歌」의 읽는 방법을 규명하는 것이 중요하다. いろは歌를 읽는 방법에는 七五調 가요로 읽는 방법과 『金光明最勝王経音義』[3]와 같이 7자씩 끊어서 읽는 방법이 있다. 『이로하』(그림1 참조)의 「いろは歌」는 1행의 仮名 수가 7자인 점, 그리고 모음 「う」가 어중의 환경에서만 나타나는 음주가 표기되어 있는 점으로 보아서 후자인[4] 7자씩 끊어서 읽었다고 보는 것이 타당하다.

---

2   『이로하』는 「伊路波四體字母各四十七字」에 いろは 47자와 「京, 上, 一, 二, 三, 四, 五, 六, 七, 八, 九, 十, 百, 千, 万, 億」을 한글로 음주를 표기하고, 「まな」(変体仮名), 「カタカナ」(カタカナ伊路波)를 소개하고 있다. 이어서 「右各字母外同音三十三字類」(イロハ変体 仮名 三十三字에 한글 음주표기), 「別作十三字類」(한글 음주표기), 그리고 「伊路波合用言 語格」(서간문 예시)로 구성되어 있다.

3   『金光明経』의 주석서. 저자 미상. 承曆3(1079)년의 刊記가 있다. 『金光明最勝王経』의 한자 436자에 청탁, 四聲, 일본어 훈을 표시하고 있으며, 「いろは歌」가 적혀있는 가장 오래된 문헌이다.

4   七五調의 가요로 읽을 경우 「色は匂へと 散りぬるを 我か世誰そ 常ならむ ‖ 有為の奥山 今日越えて 浅き夢見し 酔ひもせす」로 「う」가 어두 환경이지만, 7자씩 읽으면 「いろは にほへと ‖ ちりぬるをわか ‖ よたれそつねな ‖ らむうゐのおく ‖ やまけふこえて ‖ あさ きゆめみし ‖ ゑひもせす」도 어중 환경이다. 이 「う」의 음주표기가 「う루」로 앞 음절 「む」의 영향이 나타나 있으므로 어두 [u]가 아닌 어중 [wu]로 보아야 할 것이다.

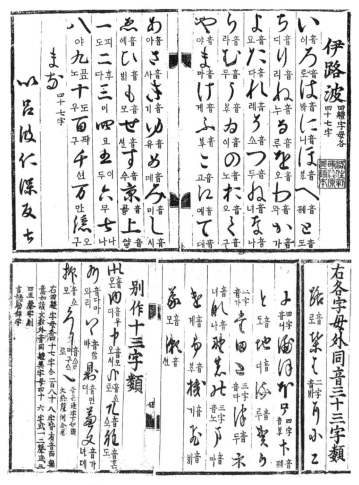

〈그림1〉『이로하』에서 한글 음주표기가 있는 부분 사진

그리고 마지막 부분에 추가된 「京」「上」은 일본의 고문헌에 보이는 것처럼 「いろは歌」 마지막에 「京」자를 넣는 것에 영향을 받았겠지만, 「上」자를 하나 더 추가한 것은 49자로 맞추면서 拗音을 가르치기 위

한 것으로 보인다[5]. 단지 음주표기를 「京」은 「꾱」(キョウ), 「上」은 「샿」(ジャウ)으로 구분하여 표기하고 있는데, 모어 간섭에 의한 오류의 가능성으로도 볼 수 있지만, 학습서인 이상 ギョウ / ジャウ의 음주표기법 등 교육의 목적도 생각할 수 있을 것이다.

『이로하』의 음주표기의 특징은 일본어의 仮名에 맞춘 규범적(음운적)인 표기가 아니고, 실제 발음을 그대로 傳寫하여 아래 [그림1]과 같이 동일 仮名, 동일 行·段에 다양한 음주 표기가 나타나는 것이다.

『이로하』에서 한글 음주표기가 있는 곳은 「伊路波四體字母各四十七字」 「右各字母外同音三十三字類」 「別作十三字類」이며, 동일 仮名에 음주표기가 2개 이상 표기되어 있는 곳은 아래와 같다.

① い：い이·ゐ이·五이두
② う：う롱, 十(とう)도우, 内(うち)우디
③ え：江(え)예, ゑ예[6]

---

5 大矢(1981:p87)는 「いろは歌」에 「京」을 넣은 것은 「いろは歌」가 直音만 있으므로 拗音을 가르치기 위해서 추가한 것으로 보고 있다.

6 奧村(1977), 橋本(1980), 秋永(1990) 및 今野(2018) 등의 선행연구에 의하면 ア行의 エ[e]와 ワ行의 ヱ[je]는 12세기말경에 구별이 없어졌다는 견해가 일반적이다. 따라서 15세기 자료인 『이로하』의 「イ·ヰ」, 「オ·ヲ」, 「エ·ヱ」는 통합되어서 구별이 없어졌다고 보는 것이 타당할 것이다. [je]에서 [e]로의 변천에 대해서는 이론이 많지만, 일반적으로 森田(1977)가 기술하고 있는 것처럼 먼저 ア行의 エ[e]가 ヤ行의 エ[je]로 통합되고, 그 결과 ワ行의 ヱ[we]는 エ[je]로 되게 된다. 즉 e/ye → ye, ye/we → ye → e인 것이다. ヰ[wi]와 イ[i], オ[o]와 ヲ[wo]의 통합도 동일하다. 그 근거는 キリシタン資料에서 「エが独立の一音節をなす場合には、エ·ヱ·ヘの別なくすべて ye」(yenoqi(榎えの木：ア行のエ)。yeda(枝：ヤ行のエ)。qiye(消え)。coye(声こゑ：

④ お：お오·を오

⑤ エ段：ヘ뼤·れ례·ね녀·け계·て데·め메·せ션·千션·ㅏ뼤·ㅊ녀·
遣계·瀨션·目出면뎌·兼て가녀뎨·候うべく候う소로며(벼)구소로

⑥ ろ：옫·路로·候소옫·候うべく候う소로며(벼)구소로

⑦ は：は봐·葉者봐·はば함바,

⑧ ひ：ひ븨·一(ひと)피도·飛븨

⑨ ふ：ふ부·二(ふた)후다·布부

⑩ へ：ヘ뼤·ㅏ뼤,

⑪ ほ：ほ부·浦保本ホ부·程혼도

⑫ 拗長音関連：京꾿·上샾

(1) 「イ·ㅠ」「オ·ㅋ」「エ·ㅛ」의 「ㆁ」「ㅇ」 음주 표기

위 ①②③④와 같이 모음에는 '이응'인 「ㅇ(이응)」과 「ㆁ(꼭지이
응)」을 구별하여 사용하고 있다[7]. 「ㆁ」은 훈민정음 해례본에 설명하고
있는 음가를 보면 목구멍소리 'ㅇ'과 비슷하지만, 혀뿌리가 목구멍에
닿고 기운이 코로 나오는 소리인 [ŋ]이다.

'ㆁ'의 음가에 준해서 『이로하』에 나타나는 「イ·ㅠ」「オ·ㅋ」「エ·

ワ行のヱ)。iye(家いへ：ハ行のへ). 『日本大文典』(1608)의 「ア·ヤ·ワ行に等しくYeを
あて」. 『伊路波』(1492)『捷解新語』(1636年頃)에도 「エ예[je]의 표기. 그리고 방언에서
도 ye([je])의 잔재가 확인되는 점(平山1983) 등 다수 있다.

7 훈민정음 해례본의 제자해에 명기하고 있듯이 「ㅇ」은 목구멍을 본떠서 만들었고(喉
音ㅇ 象喉形), 「ㆁ」은 비록 혀뿌리가 목구멍을 닫고 소리의 기운이 코로 나오나 그
소리가 「ㅇ」과 바슷하다(唯牙之ㆁ 雖舌根閉喉聲氣出鼻 而其聲與ㅇ相似)고 설명하고
있는 것으로 미루어 보아, 「ㆁ」음가는 [ŋ]로 보아야 할 것이다.

ㅗ」의 음주표기를 표로 나타내면 아래와 같다.

<표1>「ㅇ」「ㅇ」의 표기 실태

ア行	ア아'a	イ이ŋi / 이'i	ウ우'u	エ예'je	オ오'o
ワ行	ワ와wa	ヰ이ŋi		ヱ예ŋje	ヲ오ŋo

'ㅇ'의 음가[ŋ]는 「いろは歌」에만 나타나지만, 일본어의 ワ행 모음 「ヰ・ヱ・ヲ」가 비음성이 있지는 않았으므로 [ŋ]를 부여한 것에는 또 다른 이유가 있었을 것이므로 「いろは歌」를 어떻게 불렀는지 「ㅇ」음가를 고려해서 추정하고자 한다.

먼저 「いろは歌」의 시작인 ア행의 「い」는 어두(시작)이므로 [i]가 예상되는 부분이지만, 음주표기가 비음인 「이[ŋi]」로 표기되어 있으므로 「いろは歌」를 처음 시작하는 「い」는 비음인 「이[ŋi]」이었

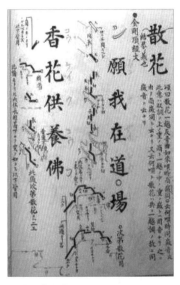

<그림2>『南山進流声明類聚』

을 것이다. 이것은 宮野宥智編『南山進流声明類聚』등 曲集本에 보이는 것처럼 불경을 처음 낭독할 때 비음(ん)음을 넣고 시작하는 것과 관련이 있으며, 「いろは歌」도 이와 같이 비

음을 넣고 읽었을 것으로 추정할 수 있다. 그 외의 ワ行의 「ヰ·ヱ·ヲ」는 모두 어중의 환경이므로, 「ㆁ」의 음가대로 비음성의 [ŋi·ŋje·ŋo]로 추정해도 무리가 없다. 다만 이것은 「いろは歌」를 읽을 때의 음가이지, 일본어 모음의 음가와는 별개의 문제이다.

(2) 「エ段」의 「ㅖ」「ㅕ」음주 표기

エ段에는 「へ폐·れ례·ね녀·け계·て데·め몌·せ션·千션·卞폐·ネ녀·遣계·瀨션·目出면뎌·兼て가녀데·候うべく候う소로며(벼)구소로」와 같이 -yəi(ㅖ)와 -yə(ㅕ)가 사용되고 있다. エ段의 음주표기에 대해서는, 『이로하』를 자료로 浜田(1952)가 있고, 『첩해신어』를 자료로 하여 大友(1975)·森田(1957)는 「え」는 [ie] エ段은 [-e], ラング(1971)·Cho,Seung-Bog(1970)은 「え」포함 전 エ段 음절이 [ie], 浜田(1952)·土井·浜田·安田(1959)는 구개화 음성을 적극적으로 재고하지 않는 견해와 杉戸(1989)의 조선·일본측의 문제로 구개성에 신중한 견해 등 다수가 있으며, 조강희(2001:pp100-131)에서는 エ段에 표기되어 있는 음주 「ㅕ(-yə)」는 n_와 _N에서 대부분 나타나고, 나머지 환경에서는 「ㅖ(-yəi)」인 것에서, 「녜(nyəi)」의 경우 한국어의 간섭으로 n이 탈락되어 「예(yəi)」로 실현되기 쉬우므로 그것을 피하기 위하여 학습상 고안된 것으로 보고, 「예(yəi)」가 17세기『捷解新語』(1676)에서도 나타나는 점, 「ㅕ(-yə)」가 「ㅖ(-yəi)」로 개수되어『重刊改修捷解新語』(1781)에서는 모두 -yəi쪽으로 통일된 것 등을 이유로 양 표기가 나타나는 것은 한국

어의 사정이며, 일본어 음가는 [-e]로 보고 있다. 따라서 ㅗ段에 표기
되어 있는 -yəi(ㅖ)와 -yə(ㅕ)의 음주표기는 한국어의 사정이고, 일본
어의 음성적 차이를 나타낸 것은 아니다.

(3) 「ろ」의 「ㄹㅇ」 「로」 음주표기

「ろ」에 대한 음주표기는 대부분 「로」이다. 그런데 「いろは歌」의
「ろ」만을 連書 「ㄹㅇ」로 표기하고 있다. 「ㄹ」이 양순음은 아니지만 훈민
정음 제자해에 명기되어있는 連書의 원리를 적용시키면[8] 「いろはにほ
へと」의 「ろ」 다음에 양순마찰음 「は[φa]」가 이어지므로 「ろ」는 [w]의
영향으로 [ro]보다 [rwo] 쪽에 가까운 음으로 실현된다. 즉 「ろ」다음
의 양순마찰음 「は[φa]」로 이어지는 발음에서 양순마찰음 「は」의 발
음을 원활하게 하기 위해서는 [rwo]가 일본어에 더 어울렸을 것으로
추정된다. 따라서 「ろㄹㅇ」의 음가는 [ro]보다 천천히 두 입술이 접근되
는 [rwo]로 보는 것이 타당하다.

(4) 「はひふへほ」의 頭子音 「ㅸ」 「ㆄ」 「ㅎ」 음주표기

『이로하』의 ハ行은 「は」에 「ㅹㅏ·하」, 「ひ」에 「�·피」, 「ふ」에 「부·
후」, 「へ」에 「ㅖ」, 「ほ」에 「ㅂㆀ·호」가 사용되고 있으므로 ハ行頭子音의

---

8 ㅇ을 입술소리 아래에 연서하면 순경음이 되며, 가벼운 소리로써 입술을 잠깐 합하
니 목구멍 소리가 많다 (連書脣音之下則爲脣輕音者 以輕音脣乍合而喉聲多也)고 하는 연
서의 음가를 「ㄹ」의 연서에도 적용시켜 해석하였다.

음주표기는 「ㅍ[p]·ᄫ[ɸ]·ᅗ[ɸ]·ㅎ[h]」의 4종류이다. 連書는 훈민정음 제자해나 翻訳老乞大 朴通事凡例 등에 의하면 '양 입술을 합치면 「ㅂ· ㅁ·ㅍ·ㅃ」이 되고, 양 입술은 합치려고 하면서 합치지 않고 공기를 밖으로 내면 連書 「ᄫ·ᄝ·ᅗ·ᄤ」이 된다.

따라서 「いろは歌」는 7자씩 끊어서 읽었으므로 「は, ほ, へ, ふ, ひ」 는 어중의 환경이며, 「は, ひ, ふ, ほ」의 「ᄫ」[ɸ]와 「へ」에 사용되고 있 는 「ᅗ」도 연서의 원리를 생각하면 이 환경에서는 [ɸ]로 보아야할 것 이다[9]. 그 외에 ハ行이 「伊路波四體字母各四十七字」에 「一피도」「二후 다」와 「別作十三字類」에 「程혼도」「はば함바」가 있으나, 이 경우는 모 두 語 단위의 어두 환경으로 「は·ふ·ほ」는 [h], 「ひ」는 [p]로 나타나며, 「ひ」 이외에서는 입술의 마찰성이 약화되어, 이 시기에 이미 후두마 찰은[h]로 변화된 것으로 볼 수 있다. 아울러 「ふ」「ひ」의 경우 한글의 「후」「히」도 일본어와 같이 모음(u, i)의 영향으로 각각 [ɸu] [çi]로 실 현된다. 또 「ひと(一)」를 「피도」로 표기한 것은 일본어의 [h]음이 한국 어 [h]보다 강하여 「히」보다 「피」가 보다 일본어음에 가깝다고 인식 했기 때문으로 보인다[10]. 아울러 「百」의 음주표기를 「퍄구」(ひゃく)로 한 것도 같은 이유에서이다.

---

9 浜田(1952)에서도 [ɸ]로 추정하고 있다.

10 현대어에 있어서도 「부산」을 일본인은 「プサン」, 한국인은 「ブサン」으로 실현하는
   것과 같은 현상이다. 일반적으로 한국어의 「ㅎ」[h]이 일본어의 「ハ」행 자음[h]보다
   약하다.

⑸拗長音 관련 京꾤·上샹의 음주표기

11세기 이후 ハ行子音이 [ɸ]〉[w]〉[u]로 됨으로 연접한 모음 중에
는 [iu]〉[uː], [eu]〉[oː], [au]〉[oː], [ou]〉[oː]와 같은 장모음화가 일어났다.
15세기의 『이로하』시기는 이미 장모음화가 형성된 시기이다. 따라서
「京」(キャウ)·「上」(ジャウ)는 각각 「キョー[kyoː]·ジョー[zyoː]」로 발
음되었을 것이다. 그러나 『이로하』의 음주 표기는 「京꾤kyow·上샹
zyaw」로 표기되어 있고 장음 「ウ」의 표기에 「묭(w)」[11]를 사용하고 있
다. 같은 곳의 「十」에 표기되어 있는 「도우(u)」와는 대조적이다. 따라
서 「京·上」의 장음표기는 아래와 같이 분석할 수 있을 것이다.

京꾤(kyow):[kjau]→[kjoɸ](장음 부분이 양순성이 있는 [ow]) / [kjoː]의 전단계

上샹(zyaw):[zjau]→[zjaɸ](장음 부분이 양순성이 있는 [aw]) / [zjoː]의 전단계

위의 음주표기에 대해서는 한자음의 경우 비음성이 무로마치(室
町時代) 무렵까지 남아 있었으므로 비음 표시의 가능성도 배제할 수
는 없지만, 「いろは歌」에 나타나는 「ウ」음주표기와 연관 지어 생각하
면 「묭」표기는 학습의 목적을 고려한 의도적인 표기로 보는 것이 타
당할 것이다. 그렇게 보면 「묭」의 음가가 「입술을 가볍게 근접」시키
는 것이므로, 「京キョウ」의 「꾤kyow」는 「쿄우[kjou]」가 아닌 '교오

---

11 ㅇ連書脣音之下 則爲脣輕音 : ㅇ룰 입시울쏘리 아래 니서 쓰면 입시울 가비야본 소
리 두외ᄂᆞ니라

[kjo:]'의 발음을 나타낸 것이다. 음주표기에 있어서 이러한 표기 형태가 나타나는 것은 한국어에는 장음이 음소로 존재하지 않으므로 「교오」나 「교우」로 음주표기를 하여 발음하면 장음 [kjo:]가 실현되지 않고, [kjo-o]나 [kjo-u]로 되기 때문이다.

아울러 「上」을 「샿zyaw」으로 표기한 것은 한국 한자음 「상syŋ」의 간섭으로 여겨지지만, 장음 부분은 위에서 추정한 이유로 ㅱ(連書表記)를 사용했다고 생각된다.

3. 捷解新語의 음성표기

捷解新語의 三本인 『捷解新語』(이하 원간본), 『改修捷解新語』(이하 개수본), 『重刊改修捷解新語』(이하 중간본)의 동일한 假名에 다양한 음주표기가 나타나는 것[12]중에서 工段모음부을 제외하면[13] 당시 일본어의 음성적 실태를 어느 정도 반영하고 있을 것으로 생각한다.

---

12 조선자료의 자료적 가치 등은 浜田(1983:pp39-52)를 참조. 사적음성연구에 있어서는 일본 국내자료는 물론, 표의문자인 한자로 표기한 중국자료나 假名에 일대일로 음주를 음운적으로 표기하고 있는 기리시탄자료에 비하여 다양한 음주표기가 나타나는 조선자료가 자료적 가치가 높다고 생각한다. 浜田(1983)에서도 기리시탄 자료와 같이 단순히 假名 자료를 기계적으로 로마자로 翻字한 것보다 일본인 자신의 음운적 입장에서는 표기되지 않는 음성적 사실이 나타나 있는 조선자료가 뛰어난 가치를 갖는다고 언급하고 있다.

13 工段모음부의 고찰은 전술한 『이로하』의 工段모음부 음주표기와 동일하므로 이 장에서는 생략한다.

(1) 자음부의 경음표기

자음부의 음주표기는 평음(ㄱ, ㄷ, ㅂ 등)과 함께 경음(ㄲ, ㄸ, ㅃ 등)이 사용되고 있다. 일본어의 청음에 표기되어 있는 음주는 대부분 평음으로 표기되어 있는데, 특정어의 특정 음절에 따라서 불규칙하게 경음표기가 나타난다. 이 경음표기는 원간본은 カ行·タ行의 각 음절과 「ソ·ノ」의 12음절에서, 개수본은 カ行·タ行의 각 음절과 「シ·ス·セ·ソ·シャ·ショ」의 16음절에서, 중간본은 개수본의 16음절과 「キョ·クヮ」를 더한 18음절에서 나타난다. 자음부가 경음으로 음주표기되어 있는 것에 대해서는 浜田(1955)·森田(1957)는 어중 어미에서 유성화를 방지할 목적, 大友(1957)는 tense가 심한 곳, 荒木(1975)는 강조를 나타내기 위한 곳, 安田(1960)는 악센트와의 관련성을 추정하였다. 그리고 조강희(2001, 2005)는 한국어의 음운체계 상 유성화를 방지할 학습서의 목적도 있지만, 유성음화의 환경인데도 경음표기가 나타나지 않는 음절도 다수 있는 점, 특정어에 편중해서 나타나는 점[14] 등을 이유로 단순히 유성화를 방지하기 위한 목적만은 아니고, 일본어의 음성을 충실하게 반영한 표기로 추정하였다. 경음표기에 대한 조강희(2001:pp202-203)의 내용을 요약하면 다음과 같다.

---

14 특정어에 편중해서 나타나는 예를 보면 원간본에서는 「か」(의문の係り助詞), 「そ」가 「こそ」의 ソ, 「た」가 과거의 조동사, 「て」가 접속조사, 「と」가 인용의 격조사 등이며, 개수본, 중간본도 원간본과 거의 같지만 조동사 「ましょう」의 「しょ」에 많이 보인다.

① 경음표기가 나타나는 것은 한국 고유어에 나타나는 것과 마찬가지로 어중·어말에 나타나며 표기의 통일성은 없으나 특정어·특정음절에 한정되어 있다.

② 전체적인 경향은 「원간본」에서 「개수본」으로 개수되는 것에 따라서 평음표기가 증가하고 있지만, 「중간본」에서는 경음음표기가 나타나는 특정어는 경음표기로 통일된다.

③ 경음표기는 환경보다 語에 한정되어 있는 점, 어중보다 어말·문말에 많이 나타나는 점, 또한 평음표기와 경음표기의 문장을 대조해 본 결과 등에서 유성음화를 피하는 기능이라기보다는 일본어의 음성에 충실한 표기임을 알 수 있다.

④ 학습서에 음주표기를 부여한 순서는 먼저 일본어를 들리는 대로 음주표기를 하고 나서, 표기한 음주를 읽고 한국어의 간섭으로 일본어 음으로 적합하지 않은 곳은 인위적인 고안이 이루어진 것 같다.

⑤ 대화문의 내용과 전후 문맥 상 경음표기가 나타나는 語의 음성적 자질은 한국어 경음의 특징과 마찬가지로 공기가 구강 내에서 현저하게 압축되어 발하는 tense임 알 수 있다. tense적 소리는 보다 명료하게 큰 공기압을 가지고 발음되므로 피치, 강조의 음성적인 요소도 반영하고 있다고 생각된다.

위 경음경음표기의 음성적 자질을 고려하여, 원간본의 첫 부분에 적용시켜보면 아래와 같이 실현된다.

<捷解新語—1a,1b> (a~h는 음주가 경음표기)

なにかしこ^aちこいそ^bちがたいくわんにいて^cみが申   아므가히이러오라
나닝가시고찌고이소찡가다이　관　니이떼밍가무수   네代官의가내말로
おと^dついここもとゑくだて   그적긔여
오도쭈이고고모도예군다떼   긔ᄂ려와
きのうにもまいるお   어제라도
기노우니모마이루오   오올거솔
ろしのくたひれにいまこ^fそもんまてまいて^gこ^hそ御ざれ   路次의굿브매이제
로시노구다비례니이마고쏘몬　만뎨마이떼고쏘꼬ᄉ례   야ᄱᆫ싯지왓습늬

　대부분의 청음 자음부는 평음으로 표기되어 있는데도 불구하고 위와 같이 특정 음절에서는 경음표기가 사용되고 있다. 첩해신어가 실용적인 회화 학습서인 것을 감안하면, 일본어 리듬에 어울리는 자연스러운 낭독을 하면서 회화가 가능하도록 읽고 외우고 했을 것이다. 읽을 때는 서당의 학동처럼 소리 내서 읽었을 것이다. 이때 「なにかし / こち / こい / そちが/たいくわんに / い(ッ)て / みが / 申」<原一1a>처럼 語 단위로 하나하나 끊어서 읽지는 않았을 것이다. 자연스럽게 초분절음소를 고려하여 意味上의 句(phrase) 단위로 「なにかしこちこい / そちが / たいくわんにいて / みが申」와 같이 읽었을 것이다. 이렇게 읽을 경우에 文악센트 쪽도 아래와 같이 프레이즈 당 한 개씩 나타나게 된다.

　　「なにかしこ•ちこい」　「そ•ちが」　「たいくわんにい(ッ)て•」　「みが•申」

읽을 때의 프레이즈는 의미의 句에 영향을 받으면서 연속된 음절에서 상대적으로 높은 부분이 있을 경우에 한정된다. 악센트가 높다는 것을 한국인은 喉頭緊張이라는 요소로 인식하기 때문에 喉頭緊張이 모어에서 음운으로 존재하는 음절에서만 인식을 하였을 것이다. 이러한 추측에 근거하여, 경음표기는 文악센트를 나타내고 있다고[15]보고, 동일어에 평음과 경음표기가 동시에 나타나는 것을 대조하여, 대화문의 내용을 파악하면서 문장 내에서 강조한 語나 조사, 문말 등에 실현되었을 tense적 발음과 경음표기와의 관계를 입증하고자 한다.

① 「か」의 경음표기

의문의 「係り助詞」 「か」의 음주표기는 평음이 20예, 경음이 88예 나타난다. 의문의 「か」는 현대어와 같이 [k'a]로 발음하였을 것으로 보이나 두 표기의 환경을 비교해 보면 경음 88예 중, 84예는 「そのときにみまるするまいか〈原二5b〉」와 같은 문말의 「か」이고[16], 평음 20예는 「やまいがなおおもるかとおもいまるする〈原二5a〉」와 같이 「か」 다음에 격조사 또는 접속조사 「と」가 후접하는 경우이다. 이 경우는 「と」의 음주표기가 경음 tto로 표기되어 있다. 개수본에서도 문중은 평음ka, 문말은 경

---

15 경음표기가 文악센트를 반영하고 있다는 것에 대해서는 조강희(2005)에서 언급하였지만, 조선자료의 한글 음주표기로 史的音聲學 연구가 가능하다는 것을 입증하기 위해서 인용하였다는 것을 밝힌다.

16 나머지 4예(一28a,二10a,二16b,二17b)는 「~かと思いまるする」의 형태로 나타나지만 「か」kka로 표기되어 있음. 문말의 의문문의 경우 pitch가 높은 tense이기 때문에 한국어의 근사음인 경음으로 표기한 것이다.

음 kka라는 형태상의 원칙에서 벗어난 것은 1예 밖에 없다[17].

> そのときにみまるするまいか(kka)。そのゔ゙ 아니 보올까〈原二5b〉
> やまいがなおおもるかと(ka-tto)おもいまるする 病이 더 重홀까 너기
> 웁닝이다〈原二5a〉

경음표기가 文악센트와 관계가 있다는 것을 밝히기 위해서는 대화 내용 상 kka-tto로 표기되어 있는 부분이 강조되었다는 근거를 제시해야 할 것이다. 다음 2예는 송사[18]의 배에 대해 묻는 장면이다[19].

> べちに申てくだされうかと(ka-tto)申まるする 別로 솔와주실가 ᄒᆞ여 왓
> 습니〈原一25a〉
> いでまるするまいかと(kka-tto)おもいまるするほどに 나디 몯홀가 녀기
> 오니〈原一28a〉

平音 ka인〈原一25a〉는〈主〉가「それわいまとねきゑ申やて　いるるやうにしまるせうが　たしかにかきつけておかしられ」하는 것에 대해〈客〉이 조심스럽게 이유를 말하는 장면으로,「さだまてくださるものお申てわ御ざらん　べちに申てくだされうかと申まるする」라는 대화

로 「따로 아뢰어 주실까 하여」와 같이 아주 조심스럽게 말하는 장면이다.

한편 경음 kka인 〈原一28a〉은 〈主〉인 訓導와 〈客〉인 都船主가 직접 대화하는 장면으로, 〈主〉가 「されいわみやうにちしまるするほどに まえかどこしらえて御ざれ　いでさしらるやうにさしられ」라고 하자, 〈客〉이 「다만 정관이 원래 병든 사람이었는데 어찌한지 오면서부터 또 병이 들어」하면서 「くいものもえくわずふせていまるするほどに いでまるするまいかとおもいまるするほどに　われらばかりいでまるせう」하는 내용으로 「正官이 나가지 못한다」는 것을 강하고 분명하게 전달해야 하는 부분이다. 따라서 의미상 자연스럽게 한 덩어리씩 읽어 가면 「いでまるするまいかと / おもいまるするほどに」의 「まいか」에 후두 긴장이 동반됨으로 경음이 일본어 발음으로 적절했을 것이다. 이러한 강조 기능의 강세음절에 文악센트가 부과되어 있다.

② 「きづかい」

「きづかい」는 11예 중 8예(一3a,11a,13b,14b, 三2b,4a, 四6a, 五26a)가 경음kka이고, 3예(五20b, 十14b,27a)가 평음ka로 표기되어 있다. 양음주표기의 대화를 비교하면 다음과 같다[20].

御きづかい(kin-cu-ka-i)なされずいちにちもすぎて 근심 마르시고 一二

---

20 개수본에서는 12예 중 7예가 평음으로 표기되어 있지만, 중간본에서는 11예(1예가 평음)가 경음으로 표기되어 있다.

日이나 디나〈原五20b〉

かつてん御ざるまいかときづかい(kin-cu-kka-i)まるする 맛당히 너기

시디 아니실가 근심ᄒᆞᆸᄂᆞ이다〈原五26a〉

「きづかい」는 「근심」으로 대역되어 있다. 〈原五20b〉는 조선의 통

역관이 〈主〉인 通信使와 〈客〉인 對馬島主가 使者에게 서로 통역하는

장면이다. 〈客〉이 「(前略)御ありつきのくたびれもなされうかと　まづ

もんあんこそ申あげまるすれ」라고 문안을 아뢰는 것에 대해서 〈主〉가

「御ねんおいた御つかいでこそ御ざれ いところも御ねんながらいこうき

れいに御ざれ こころやすくつるぎまるするほどに　御きづかいなされ

ずいちににちもすぎて　ゆるゆるとこそ　おめにかかりまるせう」라는

장면이다. 한편 〈原五26a〉는 어린 아이의 의복을 다시 청하는 장면으

로, 〈客〉이 「(前略)みが申におよばずようとりないて　いんきないように

さいかくめされ」에 대해 〈主〉가 하는 말로, 「(前略)ただしてうせんのか

ふうにわ　ひとのみたてもわきにして　つねのきゃうぎおせんとするか

たぎちやほどに　申ことわいろいろにとりないても かつてん御ざるまい

かときづかいまるする　まづまいてたいしゆおしらるたうり ねんごろ申

て」의 장면이다.

　즉 평음 ka인 〈原五20b〉는 방금 도착하시어 피곤하신가 문안 여

쭙는 것에 대해서 「마음 편히 쉬오니 근심 마시라」는 내용의 「근심」

이므로 강조해서 말하는 부분은 아니다. 반면 경음kka인 〈原五26a〉

는 〈客〉의 요구에 대해서, 「마땅히 여기지 않을까 근심합니다」의 「근

심」으로 이 문장의 요점이다. 이러한 강조하는 부분에 후두 긴장이 동반되는 경음이 일본어음으로 적절했을 것이며, 이러한 강세음절에 文악센트가 부과되어 있다. 따라서 이 문장의 文악센트는 「かつてん 御ざるまいかと / きづかいまるする」〈原五26a〉로 예측할 수 있다.

③「から(助)」

「から」는 23예 중 16예(一24a, 二13b(2), 三1a,5a,19b, 四 8b,10a,21a,22b,24a,28b, 五22b,29b, 八8b, 九12b)가 경음kka로 표기되어 있고, 7예(二4a, 八6b,8a,14b,25a, 九1b,4a)가 평음ka로 표기되어 있다. 같은 대화중에 경음과 평음이 사용되고 있는 〈原八8a〉와 〈原八8b〉를 비교한다.

이 장면은 신사[21]가 금화[22]를 받지 아니하는 장면으로, 〈主〉가 '수고한 아랫사람에게 성의 표시 할 것이 없어서 雜物을 정으로 두었는데 돈을 보내니 도로 보낸다'고 한다. 그러자 〈客〉이 '받지 못한다고 하며, 사흘 길을 하루에 왔는데 가지고 돌아갈 일은 없을 것이고, 봉행[23]들 이야기도 亭主가 하는 대로 하는 것이 좋겠다' 고 하자 〈主〉가

たいしゆのおしらるところわ ぜひとれかなとおしられうが みぎから(ka-ra)申たとうりお ようわじてみさしられ えどにはんつきもとうりうして くろうしたけにんにやたものお あちから(kka-ra)のうゆても うけとるしぎで

---

21 통신사의 명칭으로 韓使라고도 함.

22 小判金子, 大正時代부터 江戶時代에 걸쳐 일본에서 만든 타원형의 금화.

23 일본관명으로 町奉行, 寺社奉行처럼 鎌倉時代이후의 무사의 직명을 가리킨다.

わないか つしまのかみのちからにももどすことがならんとおしらるわ せめ
てそなたうけとって くろうしたるつしまのものともにつかいやり

　　太守 니라시는 바는 브디 밧과댜 니르시거니와 몬졔브터 숩던 道理를
잘 싱각ᄒ여 보시소 江戶에 반 돌이나 무거 슈고ᄒ던 下人의케 준 거슬
뎌러로셔 아므리 닐러도 바들 인ᄉ는 아니어니와 對馬島主의 힘으로도
도로 보낼 일이 못될다 니르시면 출하리 자네 바다셔 슈고ᄒ던 對馬島 사
룸들희게나 수소 〈原八7a~9a〉

　라고 말하는 부분이다. 즉 「から」가 평음으로 표기된 부분은 「みぎ
から申たとうりおようあ(ン)じてみさしられ」로 〈主〉가 「이야기 한 까
닭」을 생각해 보라는 것으로, 이것이 이 문장의 중심으로 〈主〉가 가
장 말하고 싶은 부분이다. 따라서 「から」보다 「申た(tta)とうりお」가
강조됨으로 「た」의 음주가 경음tta로 표기되어 있다.　반면, 「から」가
경음으로 표기되어 있는 부분은 「あちからのうゆうても」로, 〈客〉쪽이
「금화를 받아줄 것」을 사정한 것에 대해 「그쪽으로부터 아무리 이야
기해도」로 〈主〉가 가장 무게를 두고 말한 부분은 「그쪽으로부터」이
다. 이와 같이 강조하고 싶은 부분은 경음표기가 적절하며, 이러한 강
조 기능에는 강세음절에 文악센트가 부과된다. 따라서 이 문장의 文
악센트는 「みぎから申たとうりお」〈原八8a〉, 「あちからのうゆうても」
〈原八8b〉로 예측할 수 있다.
　　④ てんき(天気)
　「てんき」는 14例 中 7例(二3b,五2a,12b,13a,17a,18b,19a)가 경음kki
로 표기되어 있고, 7예(六12b,13b,16a,八26a,十14b,15b,16b)가 평음ki

로 표기되어 있다. 「き」음절의 경음표기는 3권 모두에서 「てんき」에서만 나타난다. 경음과 평음으로 표기된 〈原二3b〉와 〈原八26a〉를 비교한다[24].

평음으로 표기되어 있는 〈原八26a〉는 대마도주가 하직 잔치를 베풀며 조선풍류를 청하는 장면으로, 〈客〉이 「出船日은 十五日이 吉日이오니 모레 하직 잔치를 하니 미리 통지합니다」하며 조선풍류를 듣고자 청하니, 〈主〉가 「出船日을 정하니 기쁘고, 잔치는 사양할까 여겼더니마는 고맙습니다. 그날은 말씀하시지 않아도 다 함께 가겠습니다」하고 말하는 것에 〈客〉이 대답하는 장면이다.

> こんにちわおりふしてんき(tyən-ki)よう御ざり まことにえんろうえくう
> ぎことおしもうてさんしお申うけ 御いとまごいのやうすなけれども(後
> 略) 오놀은 마츰 天氣 됴하 진실로 遠路에 나라일을 뭇고 三使을 청ᄒ
> 야 하딕ᄒᄂᆞᆫ 양 아룸다오미 나믄 듸 업스되 〈原八26a〉

「こんにちわおりふしてんきよう御ざり」의 의미상 자연스러운 한 덩어리는 「こんにちわ / おりふし / てんきよう御ざり」이다. 즉 「てんきよう御ざり」에서 「てんき」보다 「よう」가 이 대화에서 초점으로 강조하고 싶은 부분이다. 따라서 「よう」를 강조하게 됨으로 「てんきよう御ざり」의 「てんき」는 후두가 긴장되지 않는다.

---

24 같은 권에는 나타나는 용례가 없어서 보다 객관적으로 비교하기 위하여 「てんき」에 「よい」가 접속되는 문을 대조한다.

한편 경음으로 표기되어 있는 〈原二3b〉는 茶禮에 대해 묻고 답하는 장면으로 〈主〉가 「書契를 보니 對馬島 島中이 무사하니 기쁘네」하고 말하자 〈客〉이 「옳습니다. 모두 무사합니다」라고 한다. 여기에 대하여 〈主〉가 대답하는 장면이다.

> こんにちわおりふしてんき(tyəin-kki)もよし しづかにかたるまるしてう
> れし御ざる 오놀은 折節 天氣도 됴하 죠용히 말솜ᄒ니 깃거ᄒ옵닉〈原
> 二3b〉

「うれし御ざる」의 이유가 「てんきもよし」이며, 의미 상 자연스러운 덩어리는 「こんにちわ / おりふしてんきもよし / しづかにかたるまるして / うれし御ざる」이다. 즉 「てんきもよし」가 제일 말하고 싶은 초점이다. 따라서 「てんきもよし」의 「てんき」를 강조하게 됨으로 文악센트가 부과된다.

⑤ かたじけなし

「け」음절에 경음표기가 나타나는 예는 삼본 모두 「かたじけなし」에서만 한정되어 나타난다. 원간본의 「かたじけなし」는 24예 중 23예가 경음kkyəi로 표기되어 있고, 1예(九2a)만 평음kyəi로 表記되어 있다. 〈原九15b〉와 〈原九2a〉를 비교해 보면, 〈原九2a〉는 대관과 더불어 잔치를 약속하는 장면으로 〈客〉이 「잔치를 하고자하니 어떠할까?」하고 제안하자, 〈主〉가 「(前略)われらしんちうがあいとどけかと なおめでとう御ざる」라고 말하는 것에 대한 〈客〉이 대답하는 장면이다.

そうおしらるほどにかたじけなう(ka-ta-zi-kyəi-no-'u)御ざれども とか
くわれらが申たいたことちやほどに あすよりわれらがしまるせうほどに
おのおのもさようにこころえさしられ そり にるしに 感激ㅎ거니와 아
므리커나 우리 솔온 일이오니 니일브터 우리 ㅎ올 쎠시니 자네네도
그리 아옵소〈原九2a,b〉

이 대화에서「감격하는 것」이 정말 감격스러워서 하는 것이 아니
라 잔치를 약속하면서 서로 마음이 통했다면서 하는 인사이다. 따라
서 대화의 초점이 아니므로 후두를 긴장시켜서 강조할 필요가 없다.

반면, 경음으로 표기되어 있는〈原九15b〉는 일본말 사용할 때 겸
손함을 칭찬하는 장면으로〈主〉가「이전에 日本側의 인도로 약간 말
도 하였지만 쓰지 않으니 하고 싶은 말도 하지 못하여 부끄럽다. 모두
흉보심을 생각하면 싫지만 부끄러움도 모르고 이러니 두루 감싸주실
것을 바랍니다」라고 하자〈客〉이「말투가 부드럽고 말과 거동이 일본
식이니 기특하게 생각한다. 부끄러워 말고 날마다 여기 와서 말씀이
나 하시면 즉시 생각대로 되는 것은 쉬울 것이니 꼭 그리 하십시오」
라고 말하는 것에 대해〈主〉가 대답하는 장면이다.

御ねんごろの御すすめ　なにより(かたじけなうka-ta-zi-kkyəi-no-'u)御
ざて 御れいみにあまることで御ざる(後略) 극진이 권ㅎ심 아므 일도곤
감격ㅎ여〈原九15b〉

〈主〉는「일본어가 서투르다고 부끄러워 말고 매일 와서 이야기나

하면 생각대로 말할 수 있을 것이다. 꼭 그렇게 하라」는 말에 대해 감격하는 부분이다. 「なによりかたじけなう御ざて」에서 「なによりかたじけなう御ざて」가 제일 말하고 싶은 부분이며 文의 초점이다. 대부분의 「かたじけなう」가 경음으로 표기되어 있는 것은 감정을 강하게 표현한 것으로 생각된다.

⑥ た(たり[助動詞])

「た」음절는 원간본에서 122예 중 87예가 경음tta로 표기되어 있고, 35예가 평음ta로 표기되어 있다. 경음으로 표기되어 있는 것은 대부분 「まるした[助動詞]」의 「た」이다. 개수본에서도 ta에서 tta로 개수되는 경향을 보이고 있으나 모두 원간본의 「申たらば」가 개수본에서 「申ましたらば」로 개수되면서 나타나는 것이다. 동일한 권에 인접한 〈原七1a〉의 평음ta와 〈原七1b〉의 경음tta를 비교한다. 〈原七1a〉는 築前 태수가 통신사에게 예를 갖추는 장면으로 〈客〉이,

> ちくせんのかみより これまでむじにつかしられた(ta)とあて いわいにけにんおつかわしらるためとざしやうもたせてししやがまいた(tta)ほどに (後略) 筑前 太守로셔 예 디 無事히 오시다 ᄒ셔 덕담으로 下人을 주시게 ᄒ야 차반을 가지고 使者ㅣ 왓ᄉ오니 〈原七1a,1b〉

평음ta로 표기되어 있는 「これまでむじにつかしられたとあ(ッ)て」는 자연스럽게 의미의 한 덩어리씩 읽어 가면 「これまで / むじにつかしられたと / あ(ッ)て」로 될 것이다. 「た」는 상대적으로 두드러진 「と」의 악센트 핵만 남고 드러나지 않게 되므로 후두긴장이 동반되지

않는다[25].

한편 경음으로 표기되어 있는 「ざ(ッ)しやうもたせてししがまいた
ほどに」는 자연스럽게 의미의 한 덩어리씩 읽어 가면 「ざ(ッ)しやうもた
せて / ししがまいたほどに」로 될 것이다. 즉 「누가 온 것이」 文의 초점
이 아니라, 「雜餉(茶飯)」을 가지고 사자가 「왔다」는 것이 이 대화문의
중심이므로 제일 말하고 싶은 부분은 「ざ(ッ)しやう」와 「まいた」가 될
것이다. 따라서 「た」에 후두가 긴장하게 됨으로, 경음표기가 적절했을
것이며, 이러한 강조 기능에는 강세음절에 文악센트가 부과된다.

⑦ て(助)

「て」는 84예가 경음ttyəi로 표기되어 있고, 318예가 평음tyəi로 표
기되어 있다. 원간본과 개수본에서는 대부분 「て」가 문말이면 경음
ttyəi, 文中이면 평음tyəi로 표기되어 있다.

おとついここもとえくだて(kun-ta-ttyəi) 그적긔 여긔 ᄂᆞ려와 〈原一1a〉
まいるとあんないこそ申まるすれとゆうて(yu-u-tyəi)こい 오려ᄒᆞ여 안
내 ᄉᆞᆯ오시ᄃᆞ라 니ᄅᆞ고 오라 〈原一1b〉

平音表記인 〈原一1b〉는 자연스럽게 의미의 한 덩어리씩 읽어 가면
「まいると / あんないこそ / 申まるすれと / ゆうてこい」로 될 것이다.
즉 「ゆうてこい」는 「こ」가 두드러진 핵이었다는 것을 예측할 수 있다.

---

25 文에 있어서 「의미의 덩어리」에서 두드러진 핵으로 생각되는 「と・て」는 경음으로
   표기되어 있다. 단 「こ」는 어두이므로 경음표기가 나타나지 않는다.

한편 경음표기인 〈原一1a〉는 「おとつい / ここもとえくだて」로 읽을 수 있으며 이 대화에서 초점은 「くだて」가 될 것이다. 따라서 「て」에서 후두가 긴장하게 되어 경음이 적절했을 것이다.

예를 하나 더 들어본다. 〈原八3a〉는 통신사가 금화를 받지 아니하는 장면으로 「金貨 百枚를 바꾸어 보내니 거스리지 말고 받아주시도록 하소서」라고 하는 대화의 마지막 부분이다. 이곳은 「申てmou-si-tyəi」로 평음표기이다. 반면, 〈原一25a〉는 〈主〉인 문정관이 〈客〉인 도선주에게 직접 묻는 장면으로 〈客〉이 「큰대 열개와 돗자리 五六매를 들여 주시오」라고 하자, 〈主〉가 「東萊께 아뢰어 들이도록 하겠지만 자세히 적어두시오」라고 하는 말에 대한 〈客〉의 대답으로 이곳의 「申て mou-si-ttyəi」는 경음으로 표기되어 있다.

> いさいのぎわつしまのかみゑ申て(tyəi)こそやりまるする 委細之儀는 對
> 馬島主씌 닐러 보내농이다 〈原八3a〉
> さだまてくださるものお申て(ttyəi)は御ざらん べちに申てくだされうか
> と申まるする 뎡ᄒ여 주는 거슬 술온 거시 아니라 別로 술와 주실가
> ᄒ여 술왓ᄉᆞ니 〈原一25a〉

平音表記인 〈原八3a〉는 의미의 한 덩어리씩 읽어 가면 「いさいのぎわ / つしまのかみゑ / 申てこそやりまるする」로 될 것이다. 즉 「申して」보다 「こそ」가 경음sso로 표기되어 있는 것으로 보아 두드러진 核이었다는 것을 추측할 수 있다. 한편 〈原一25a〉는 「따로 아뢰어 주실까」하는 것이 중심으로 「申て」가 가장 말하고 싶은 초점이다. 따라서 「べ

ちに申てくだされうかと / 申まるする」로 읽게 되고, 문장에서 초점인
「申て」의 「て」에서 후두가 긴장하게 되므로 경음이 적절했으며 이러
한 강조 기능의 강세음절에는 文악센트가 부가된다.

⑧ と(引用)

「と(引用)」는 168예가 경음tto로 표기되어 있고, 16예가 평음to로
표기되어 있다. 개수본도 같은 경향이다. 경음tto인 〈原七3a〉와 평음
to인 〈原七5b〉를 비교하면, 이 장면은 筑前 태수가 통신사에게 예를
갖추는 장면으로 〈客〉筑前 太守가 축하의 뜻으로 음식을 가지고 온 것
에 대한 회답으로 〈主〉가 이틀이나 숙박까지 하며 대접하시는데 이런
것까지 받지 못하겠다며 사자를 불러 뜻을 전하고, 목록을 보니 귀한
것이 너무 많아 받아도 배가 좁으니 받은 것이나 마찬가지라 인사 아
뢰라 하니, 〈客〉은 筑前 太守께서 우리를 일부러 보냈는데 면목이 없
으니 받으셨으면 합니다. 하는 장면이다.

つかいおよびておしらるところわ 御ねんをいれられこれまで御つかいと
(tto)申またもくろくおみれば さてさてかすかすのちんみ(後略) 使를 블
러 니라시는 바는 념녀ᄒ셔 예ᄭ지 부리실 뿐이 아니라 또 目錄을 보
니 어와 어와 여러 가지 珍味〈原七3a〉
かやうに御ねんごろに御いおなさるほどに　たいしゆきかれてもくわい
ぶんと(to)申　かた
じけなうぞんじまるせうす 이러ᄐ시 극진히 行下ᄒ시니 太守 드르셔
도 過分타 ᄒ셔 感激히 녀기시올쇠〈原七5b〉

405

〈原七3a〉의 「と」는 경음tto로 표기되어 있는데, 〈原七5b〉의 「と」는 평음to로 표기되어 있다. 경음표기의 〈原七3a〉는 조선의 통역관이 〈主〉인 통신사와 〈客〉인 築前 태수가 보낸 사자에게 서로 통역하는 장면으로 자연스럽게 의미의 한 덩어리씩 읽어 가면 「御ねんおいれられ / これまで御つかいと / 申」로 된다. 한편 평음표기의 〈原七5b〉는 태수의 사자가 「太守가 그렇게 여길 것이다」고 본인의 생각을 이야기하는 부분으로 「過分と申し」를 강하게 발음하지는 않았을 것이다. 따라서 이 부분은 평음이 일본어 음으로 적절했을 것으로 생각한다.

(2) 탁음의 음주표기[26]

『이로하』「원간본」「개수본」「중간본」의 탁음에 표기되어 있는 음주표기는 森田(1957)에서 언급되어 있는 대로 ①제1방법 : 직전 철자 말미에 ŋ·n·m을 표시하는 것. ②제2방법 : 음절의 한 철자 중에 ŋ·n·m을 넣어서 표시하는 것[27]. ③제3방법 : 平音 k·t·p만으로 표시

---

26 조강희(2000)에서 탁음절에 표기되어 있는 음주표기가 비탁음을 표시한 음성표기로 보고, 비탁음 표시의 변화를 조사분석하여 일본어 비탁음의 소실 과정을 입증하였다. 이 장에서는 탁음절에 표기되어 있는 음주표기가 「유성음/비음」을 음성적으로 구분하여 표기하고 있으며, 이것은 사적음성학을 입증하기 위해서 일부 인용하였다는 것을 밝혀둔다.

27 제2방법은 일본어의 탁음을 표시하기 위한 음주표기법 같다. 『倭語類解』「伊呂波間音」에 일본어 탁음에 해당하는 음주표기를 아래와 같이 명기하고 있다.
   아○가아間   애○이기間   우○우구間   예○계예間   오○오고間

하는 것. ④제4방법 : s에 대한 유성음 z로 ザ·ジャ행 음을 표시하는 것의 4종류이다. 이러한 음주표기는 선행연구에서 모두 비탁음 (initial-glide)으로 보고 있지만, 위 4가지의 표기법의 해석에는 이론이 있다[28].

조강희(2000)는 첩해신어에 나타나는 탁음의 음주표기를 모두 조사하고, 이 자료가 대화문으로 구성된 일본어 학습서라는 것을 고려하여 음환경을 語 단위가 아닌 대화문에 있어서의 「切れ目(음성 덩어리, 프레이즈)」를 기준으로 어두(頭部)와 어중(內部)으로 구분하였다.

がってん御ざるまいか〈原五26〉→「切れ目」의 頭部
御がってんに / 存じられて〈原四4ウ〉→「切れ目」의 內部
まづ今日は祝うての / 儀ぢゃほどに〈原六4ウ〉→「切れ目」의 頭部
今度の儀は / 申して申して　　〈原八31ウ〉→「切れ目」의 內部

① ガ행 음주표기

ガ행 음주표기에는 ~ŋ-k, ŋk, k가 있으며, 「切れ目」의 어두는 원칙적으로 k가 표기되어있다. ギ도 어두는 ki이다. 同一語에도 「ぎ(儀)」와

빠○마바間　뻬○미비間　뿌○무부間　뻬○메볘間　뽀○모보間
싸○사아間　씨○시이間　스○스으間　쎼○셰예間　소○소오間
따○다나間　떼○네데間　또○노도間

28　浜田(1956), 大友(1956), 森田(1957), 安田章(1960) 등 모두 initial-glide鼻音으로 보고 있지만, 森田(1957)는 제1방법이 鼻母音을, 安田(1960)는 제1방법과 제2방법을 같이 보고 있다.

407

같이 ki가 8예, ŋ-ki가 13예와 같이 양표기가 나타나지만, 대화문을 고려하면 ŋ-ki는 어중 환경에서만 나타난다. 개수본도 같은 경향이다.

> まづこんにちわ / いおうての / <u>ぎ(儀,ki)</u>ぢゃほどに 아직 오놀은 祝願의 일이오니 〈原六4b〉
> させるぎ<u>(儀,ŋ-ki)</u> / 御ざらんところに 히온 것도 업〳온딕 〈原六5b〉

グ, ゲ는 모두 k이며, 개수·중간본도 동일하다. ゴ도 어두에서 모두 ŋko로 표기되어 있는 「御」음주를 제외하면 어두 환경에서는 모두 k가 표기되어 있다. 비음 표기가 단어의 어두에 나타나는 것(ごとく)도 「切れ目」를 고려하면 「御いのごとく ŋko-'i-noŋ-ko-to-ku〈原三5〉」와 같이 모두 어중 환경이다.

어중의 ガ행에 표기되어 있는 음주는 ŋ-k, ŋk, k의 3종류이지만 대부분 ŋ-k의 표기이다. 개수 시 ŋ-k는 ŋk로 개수되는 경향이 있다(かぎり kaŋ-ki-ri(改八39a) 〉ka-ŋki-ri(重八23a)).

이상의 것에서 원간본 시기는 어두에는 비음적 요소가 소실되었다. 어중에서는 원간본의 대부분에 비음적 요소가 존재하였으며, 개수본에서는 약간의 소실이 보이고, 중간본에서는 ギ, グ, ゲ는 대부분 비음적 요소가 소실된 반면, ガ는 절반 정도, ゴ는 대부분 비음적 요소가 남아 있는 것을 알 수 있다.

② ザ행 음주표기

ザ행의 어두 환경에서 자음은 기본적으로 z로 표기되어 있다. 원간본, 개수본에서 한국 한자음의 간섭으로 보이는 s표기도 중간본에서는 z로 개수되었다.

ずいぶん(隨分) su-'i-pun(原四4a) 〉 zu-'i-pun(改四8b)
ぜん(膳) syən(原六9a) 〉 御ぜん(御膳) 'o-zyən(重六11b)

어중의 ザ행은 원간본에서 대부분 z로 표기되어 있다. n-z, nz, s도 특정어에 국한해서 나타나지만, 비음표기로 보이는 n-z, nz 표기는 개수본, 중간본에서 z로 개수되어 비음이 소실된 것을 보여주고 있다. 이와 같이 비음이 소실되는 경향은 ザジズゼゾ도 모두 동일하다.

あがらしられてわれひとめいわくさおほうじて(ho-'un-zi-ttyəi)くだされ
오르셔 내나 놈이나 민망호믈 프러 주쇼셔〈原六19b〉
御あがりなされてわれひとのめいわくさおほうじて(ho-'u-zi-ttyəi)くだされませい 오르셔 내나 놈이나 민망홈을 프러 주쇼셔〈改六28a〉

③ ダ행 음주표기

ダ행은 음주표기에는 ~n-t, nt, t가 사용되고 있다. 어두 환경에서는 대부분 t이지만, nt표기 4예는 t로 개수되어 중간본에서는 모두 t가 사용되고 있다.

だんかう(ntaŋ-ko-u)することとともぞうだんすれば〈原二13a〉

だんかう(taŋ-ko-u)することとともやうやうすめますれば〈改二19a〉

ㅏ의 음주로서 비음 n가 삽입된 nto표기가 보이나 이 경우 모두
부정칭명사이며(どこnto-ko〈原三2b〉 등), 중간본에서도 대부분 유지
되고 있는 것으로 보아서 당시 부정칭을 나타내는 「ど」의 경우 비음
성이 많이 남아있었다는 것을 알 수 있다.

어중의 환경에서는 원간본에서 대부분 사용되고 있는 n-t표기가
개수본에서 t로 개수되는 등 비음n이 소실되어 있다(あいだ a-in-ta〈原
中8a〉⇒a-i-ta〈改中9a〉). 중간본에서는 비음 n-t표기는 완전히 소실되
었지만 nt표기가 오히려 더 많이 사용되고 있는 것으로 보아서 nt표
기는 비음을 나타내기 위한 것이 아닌 일본어의 탁음 표기로 사용되
었다는 것을 알 수 있다.

おどりon-to-ri〈原六6b〉 ⇒ おどりon-to-ri〈改六9b〉 ⇒ o-nto-ri〈重六8b〉

など　nan-to〈原四21a〉 ⇒ など　na-to〈改四29b〉 ⇒ na-nto〈重四26b〉

이상에서 첩해신어의 탁음에 표기되어 있는 음주를 전술한 4가지
표기법 별로 분류해서 고찰한 결과, 음주는 일본어가 들리는 대로 표
기하였으며, 음주를 읽고 모어의 간섭으로 일본어답지 많은 부분은
인위적인 고안이 있었다는 것을 알 수 있었다[29]. 그리고 대화식 학습

29　한편 安田(1960)에서 탁음표기가 나타내는 것과 탁음표기를 하지 않고 환경에 의

서인 것을 감안하여 「프레이즈」별로 조사한 결과 비음 표기는 제1방법인 직전 철자 말미에 ŋ·n·m을 표시하는 방법이고, 제2방법인 음절의 한 철자 중에 ŋ·n·m을 넣어서 표시하는 것은 탁음을 표기한 것을 알 수 있었다. 이러한 기준으로 전체 탁음에 부여되어 있는 비탁음의 소실 과정은 조강희(2000)에서 밝혔지만, 비탁음 소실 과정을 보면, 어두 환경에서는 이미 소실되었으며, 어중 환경에서는 원간본까지 보였던 비음도 개수본에서 ガ행 이외는 완전히 소실되었다. 비음이 나타나는 비율을 근거로 소실 순서를 추정하면 마찰음에서 파열음으로, 전설음에서 후설음 순서인 ザ행、バ행、ダ행、ガ행순이며, 그이유는 전설 쪽이 鼻腔에서 멀기 때문에 전설부터 비음성이 소실되었다고 생각한다.

(3) ハ행음의 음성표기(p>φ>h)

ハ행 頭子音은 대개 12·13세기경까지 p>φ의 마찰음화가 일어나고, v_v 환경에서는 φ>w이었다는 것이 일반적인 견해이다. p음 단계의 연대에 대해서는 다양한 이견이 있지만, 그 중에서 濱田(1954)는 φ의 마찰음화를 나라시대 이전으로 추정하고 있다. 마찰음화에 대해

해서 유성음이 된 것과의 차이를 어떻게 생각해야 하는가의 문제를 지적하고 있지만, 조선자료의 음주는 들리는대로 표기하고, 표기한 한글 음주를 읽고 일본어에 맞게 수정하는 방식이었다고 추정하면 비규범적으로 표기된 실태가 어느정도 납득이 간다.

서 木田(1989)는 어두에 p를 남겨둔 채로 V_V에서는 마찰음화가 생겼다는 견해이며, 小倉(1998)는 원래 마찰음화 경향을 띄고 있었던 V_V의 ハ행 자음이 w화하고, 어두 p는 나중에 마찰음화하기 시작했다고 추정하고 있다. 이러한 추정에 대해서 高山(2002)는 「アハレ」 apare〉aɸare〉aware 와는 별도로 강조했을 경우의 나타나는「アッパレ」appare와는 다른 경위로 보고, 한자어에 보이는 「一杯」「発砲」 등과 같은 p~h의 교체를 위 2례의 분기를 반영한 것으로 해석할 수 있다는 것을 제시하고 있다. 이와 같이 p〉ɸ〉h에는 아직도 많은 논란의 소지는 존재한다.

그런데 조선자료에 나타나는 ハ행음의 음주표기에는 p(ㅍ)·ɸ(ㅍㅸ뻥화)[30]·h(ㅎ)가 동시에 나타나고 있다. 동남방언 등에는 현재도 「덥+어라 ⇒ 더버라[ɸ] ⇒ 더워라[w]」와 같이 동시에 실현되기도 한다.

조선자료에는 『이로화』에서도 「いろは歌」에는 「は봐, ひ븨, ふ붚, へ뻬, ほ붚」와 같이 순경음류를 시용해서 음주표기를 하고 있고, 단어로 소개되어 있는 「一피도」「二후다」「程혼도」「はば함바」은 순경음류를 사용하지 않고 있다[31]. 즉 한국어의 ㅸ은 유성음 사이에서만 나타나기 때문에 『이로화』에서는 「いろは歌」에서만 사용되고 있다.

---

30 순경음류는 훈민정음 해제자에 있는 ㅸ을 보면 알 수 있듯이 양순 마찰음인 것을 알 수 있다. 「ㅂㄴ 입시울쏘리니齣봟字쫑쳐섬펴아나ㄴ소리ㄱㅌ니. ㅇ롤 입시울쏘리아래니서쓰면입시울가비야봔소리두외ㄴ니라」

31 어중 환경인 「候べく候소로며구소로」도 있지만 「ㅅ며」로 음주표기하고 있어서 「벼/베」의 오류일 가능성이 있으므로 분석에서 제외했다.

따라서 「いろは歌」에 나타나는 「は밯, ひ빙, ふ봊, へ뼇, ほ봊」는 모두 v_v의 환경이므로 음가는 유성양순마찰음[β]이다. 따라서 ハ행 頭子音은 v_v 환경에서는 마찰음인 [ɸ]로 추정할 수 있을 것이다.

한편 어두 환경에서는 「一피도」「程혼도」「はば함바」는 순경음류가 아니고 p, h가 사용되고 있다. 이 중에서 「一(ひと)」의 「ひ」를 「피」로 표기한 것은 한국어의 「히」가 「ひ」보다 약하기 때문에 일본어의 「ひ」가 「피」로 들렸을 것으로 보이지만, 현대어의 「히」보다는 양순성이 강했을 것으로 보인다. 이런 추측이 가능한 것은 원간본에서도 「ひ」에 「피」음주가 사용되고 있으며(ひより피요리(日吉)), 「は」의 음주도 양순성이 있는 「화」를 사용하고 있으므로 「밯」정도의 양순성은 기대되지 않으나, 「하」보다는 강했을 것으로 생각된다. 개수본부터는 특정어(はり針)에 있어서 hoa의 표기가 나타나는 것도 있지만, 대부분의 경우는 양순성이 제거된 「하ha」가 음주표기로 사용되고 있다.

われにたのましらることわはり(hoa-ri 針)さきなり〈原一4a〉
しかしながらわたくしにたのましやることわはり(hoa-ri 針)のさきほどで〈改一5b〉
しかしながらわたくしにたのましやることわはり(hoa-ri 針)のさきほどで〈重一5a〉
こなたはじめて(hoa-si-myəi-tyəi)のことちやものに〈原一6a〉
そなたはじめて(ha-zi-myəi-tyəi)のことで御ざるにより〈原一6a〉
そこもとはじめて(ha-zi-myəi-tyəi)のことで御ざるにより

그리고 「二(ふた)」의 「후」, 「程(ほど)」의 「호」는 한국어에도 양순성

이 있으므로, 일본어를 마찰음[ɸ]을 그대로 표기한 것으로 생각된다. 따라서 ㅅ행 頭子音은 어두 환경에서는 원간본까지 [ɸ]이며, 개수본 부터는 [h]이고, 『이로화』(15c말)까지는 유성음 v_v 환경에서 [β]인 것을 알 수 있다.

4. 결론

조선자료의 동일한 仮名에 표기되어 있는 다양한 한글 음주표기가 일본어의 異音을 반영하고 있으므로, 이 음주표기를 통하여 당시 일본어의 음성연구가 가능하다는 것을 입증하면서 史的音声学 연구의 가능성을 제시하였다.

그 결과 『이로화』의 음주표기에 보이는 「ㅇ」과 「ㆁ」을 구별하여 표기한 것, 순경음의 連書 표기를 사용한 것 등 「いろは歌」와 일반 단어와는 음성적 차이가 있었으며, 15세기의 ㅅ행 자음부는 어두 환경에서 양순 마찰성이 약화되었고, 어중 환경에서는 양순 마찰성이 지속되고 있었다. 「京キョウ」의 장음 표기에서는 「ㅸ」의 연서를 사용하여 「입술을 가볍게 근접」시키는 장음 음가를 나타내어 [kjou]가 아닌 [kjoː]를 실현하기 위한 고안이 돋보인다.

첩해신어의 한글 음주표기로 당시 음성을 밝힐 수 있는 것은, 경음표기를 대화문의 내용상 의미를 감안하여 句(phrase) 단위로 분석한 결과 경음은 강조의 음성적인 요소를 반영한 tense이며, 경음표기 부분에 文악센트를 부과할 수 있었다. 탁음에 표기되어 있는 한글 음

주도 語 단위가 아닌 대화문의 의미를 감안한 句 단위로 분석한 결과 제1방법인 직전 철자 말미에 ŋ·n·m을 표시하는 것이 비탁음을 나타낸 것이며, 이 표기의 분포를 통하여 마찰음에서 파열음으로, 전설음에서 후설음 순서인 ザ행、バ행、ダ행、ガ행순의 비탁음의 소실 순서가 명확해졌다. 또한 ハ행 頭子音은 어두 환경에서는 원간본까지 [ɸ]이며, 개수본 부터 [h]였다는 것도 알 수 있었다.

이상과 같이 조선자료에 나타나는 다양한 음주표기를 통하여 당시 일본어의 음성에 대한 실태를 어느 정도 파악할 수 있었다. 학습서의 대화문에 보이는 다양한 음주표기에는 살아있는 음성이 표기되어 있으므로 대화문의 의미를 감안한 음주표기 분석을 통하여 프로미넌스, 악센트, 文악센트 등 음성적 자질을 밝힐 수 있는 가능성을 제시하였다.

참고문헌

한국문헌

김선기(1972), 「동국정운의 ㅃ ㄸ ㄲ의 음가」, 『한글』150.

安秉禧(1968), 「중세국어의 속격의미 'ㅅ'에 대하여」, 『李崇寧博士頌壽記念論集』.

吳貞蘭(1988), 『硬音의 國語史的 研究』, 翰信文化社.

李太永(1997), 『譯註捷解新語』, 太學社.

이호영(2003), 『국어음성학』, 태학사.

조강희(2000), 「鼻濁音の喪失過程について」, 『岡大国論文集』28, 岡山大学.

_____(2001), 『朝鮮資料による日本語音声·音韻の研究』, J&C.

_____(2005), 「朝鮮資料의 한글 音注에 나타나는 硬音表記와 文악센트와의 관계에 대하여」, 『日本語文學』24, 한국일본어문학회.

외국문헌

秋永一枝(1990), 「発音の移り変わり」, 『日本語の歴史(日本語講座6)』, 大修館書店, p.105.

荒木雅実(1975), 「捷解新語の並書法について」, 『国語研究』38, 国学院国語研究会.

今野真二, 「仮名の原則と語表記―古本節用集を観察対象として―」, 『言語教育研究』10, 清泉女大学言語教育研究所.

遠藤邦基(1977), 「濁音減価意識-語頭の清濁を異にする二重語を対象に-」, 『国語国文』46-4, 京都大学.

大友信一(1956), 「捷解新語に見られる濁音表記」, 『文化』11-4, 東北大学文学部.

大矢透(1981), 『音図及手習詞歌考』, 勉誠社, p.87.

奥村三雄(1977),「音韻の変遷2」,『岩波講座日本語5音韻』, 岩波書店, p.247.

奥村和子(1991),「ハ行子音の音価と表記―捷解新語を中心に―」,『文献探求』27, 九州大学国語国文研究室.

川上秦(1977),「アクセント単位の大きさ、強さ」,『国語学』111集.

木田章義(2000),「国語音韻史上の未解決の問題」,『音声研究』第4巻3号, pp.24-27

金田一春彦(1977),「アクセントの分布と変遷」,『岩波講座日本語11 方言』, 岩波書店.

森田武(1977),「音韻の変遷3」,『岩波講座日本語5音韻』, 岩波書店, pp.256-257.

平山輝男編著(1983),『全国方言辞典1』, 角川書店, p.45, pp.64-65.

浜田敦(1954),「ハ行音の前の促音-p音の発生」,『国語学』16, 国語学会.

_____(1955),「末音の促音」,『国語国文』, 24-1, 京都大学国語国文学会.

_____(1970),『朝鮮資料による日本語研究』, 岩波書店.

森田武(1957),「捷解新語解題」,『捷解新語』, 京都大学国語国文学会.

安田章(1980),『朝鮮資料と中世国語』, 笠間書院.

山口幸洋(1963),「文と文アクセント(単位論)」,『国語国文』32-10, 京都大学国語国文学会.

NHK編(1985),『日本語発音アクセント辞典』, 日本放送出版協会.

Cho, SeungBog(1967) "A phonological study of Korean―With a Historical Analysis", Almqvist & Wiksells. Uppsala.

저자소개(게재순)

안평호

한국외국어대학 일본어과를 졸업하고, 일본 쓰쿠바(筑波)대학 석박사 통합과정에서 언어학박사 학위를 받았다. 저서로는 『경제로 배우는 日本語』(성신여자대학교 출판부, 2004), 『중급일본어표현연습』(도서출판 책사랑, 2008) 등이 있고, 주요 논문으로는 「「~なそうだ」와 「~なさそうだ」의 구분—일본어교육적인 관점에서—」 『比較日本學』36집(2016), 「「-MAE NI」節와 「-(기) 前(에)」節에 대한 대조연구」 『일본학보』92(2012) 등이 있다. 쓰쿠바대학 전임강사, 성신여대 인문학대학장, 도서관장, 특수대학원 원장, 한국연구재단 인문학단장 등을 역임하였으며, 현재 성신여자대학교 일본어문·문화학과 교수로 재직하고 있다.

이경수

한양대학교 일어일문학과와 동대학원 졸업, 일본 히로시마대학 교육학연구과에서 교육학박사 학위를 받았다. 주요 저서로 『중학교(생활일본어), 고등학교(일본어1, 2)』(교육부, 시사일본어사, 2019), 『한일어대조연구—일본어 복합동사의 어형성과 의미—』(에피스테메, 2012) 등 다수가 있으며, 주요 역서로 『일본어와 커뮤니케이션』(지식의날개, 2020), 『인구감소와 지방소멸』(지식과감성, 2018), 『일본인이 오해받는 100가지 말과 행동』(한울, 2013) 등 다

수가 있다. 또한 주요 논문으로는「中間的複合動詞「きる」の意味用法の記述」,『世界の日本語教育』7号(国際交流基金, 1997)을 비롯하여 50여 편의 복합동사논문이 있다. 한국방송통신대학교 인문학대학장, 통합인문학연구소소장. 중앙도서관장을 역임하였으며, 현재 한국방송통신대학교 일본학과 교수로 재직하고 있다.

김광성

부산대학교 일어일문학과를 졸업하고 교토대학교 인간환경학연구과에서 언어학석사와 언어학박사 학위를 받았다. 대표 업적으로는「語形成への認知言語学的アプローチ」,『認知言語学論考』11(2013),「プロトタイプシナリオに基づく複合動詞教育の提案」,『日本文化研究』63(2017),「複合動詞の用法と文脈に関する意味中心の研究」,『日本文化研究』75(2020) 등의 논문이 있으며, 현재 중앙대학교 아시아문화학부에서 조교수로 재직하고 있다.

채성식

고려대학교 일어일문학과를 졸업하고 일본 쓰쿠바대학 문예언어연구과에서 언어학석사와 언어학박사 학위를 받았다, 주요 저서로『인문과학과 일본어의 접점』(문, 2012),『言語の主観性―認知とポライトネスの接点―』(くろしお出版, 2016),『중학교 생활일본어』(다락원, 2018), 외에 다수가 있으며, 주요 역서로『일본어로부터 본 일본인―주체성의 언어학―』(역락, 2015),『세계의 언어정책1·2·3』(역락, 2017)등 다수가 있다. 현재 고려대학교 일어일문학과 교수로 재직하고 있다.

박용일

한국외국어대학교 학사 석사를 졸업하고 일본 쓰쿠바대학에서 한일대조연구로 언어학 박사를 받았다. 주요 저서로는 『복문과 단문에 관한 문법론(2009)』외 2편이 있으며, 대표 연구 논문으로는 'The association between the hierarchical structure and aspectual interpretation of the commencement sentence in Japanese and Korean'(2018) 외 50여 편이 있다. 현재 한양대학교 일본학과 부교수로 재직하고 있다.

장원재

청주대학교 일어일문학과를 졸업하고, 일본 동경도립대학교 석박사 학위를 받았다. 주요저서로는 『현대 한일 어휘와 그 형성에 관한 대조연구』(태학사, 2009), 『코퍼스를 활용한 일본어연구와 일본어교육연구』(한국문화사, 2014) 등이 있다. 현재 계명대학교 일본어문학전공 교수로 재직하고 있다.

윤영민

남서울대학교 일어과를 졸업하고 고려대학교 대학원 일어일문학과에서 문학석사, 문학박사 학위를 받았다. 주요 저서로는 『일본어와 멀티미디어』(인문사, 2014), 『언어의 현장성과 복합지식』(한국문화사, 2016(공저)), 『근대기 동아시아의 언어교섭』(한국문화사, 2016(공저)) 등이 있으며, 「근대기 일본어문법서에 사용된 「문법」—「문법」의 개념과 정의—」(2017), 「현대 일본 학교문법의 성립 과정 고찰—품사명과 분류 체계를 중심으로—」(2017), 「『皇國文典初學』の「文法」—『日本小文典』と『日本文章法初歩』との比較を中心に—」(2018), 「조선 총독부 간행『朝鮮語法及會話書』연구」(2019), 「메이지기 일본 국어 교과서의 접사(接辭) 설정 양상 고찰—「初學日本文典」을 중심으로—」(2019) 등 다수의 논문이 있다. 현재 연세대학교 언어정보연구원 연구교수로 재직하고 있다.

이은미

한국외국어대학교 일본어과를 졸업하고 동 대학원 일어일문학과에서 문학석사, 일본 도쿄외국어대학 대학원 지역문화연구과(일본어학전공)에서 언어학석사, 학술박사(ph.D) 학위를 받았다. 주요 저서(공저)로 『일본어의 언어표현과 커뮤니케이션 연구』(제이앤씨, 2008), 『소통과 불통의 한일 간 커뮤니케이션』(제이앤씨, 2018) 등 다수가 있으며, 주요 논문으로 「Analysis of politeness strategies in Japanese and Korean conversation between males: Focusing on speech levels and speech level shifts」(Pragmatics, 2017), 「한일 양국 TV 시사토론프로그램에 나타나는 커뮤니케이션 양상」(일본언어문화, 2019) 외 다수가 있다. 현재 명지대학교 일어일문학과 부교수로 재직하고 있다.

노주현

동국대학교 일어일문학과를 졸업하고 한국외국어대학교 교육대학원 일어교육학과에서 교육학석사, 고려대학교 대학원 언어학과에서 문학석사, 일본 도쿄대학 대학원 총합문화연구과에서 언어정보과학 석사학위와 박사학위를 받았다. 주요 저서로 『韓日コミュニケーション行動の対照研究―貸し借り行動・意識に関する調査結果に基づいて―』(후인, 2014), 『不満表明とその返答に関する韓日対照研究』(책과나무, 2014) 외에 다수가 있으며, 주요 논문으로 「韓日言語行動に関するする研究成果の教育的活用への試み」, 『比較日本學』(2019), 「Project for Creating Bilingual Environments Viewed from the Perspective of Japanese Language Education for the Children from Korean-Japanese Multicultural Families」, 『日本學報』(2020) 등 다수가 있다. 현재 덕성여자대학교 일어일문학전공 교수로 재직하고 있다.

이준서

고려대학교 일어일문학과를 졸업하고 고베대학 대학원(문화학연구과)에서 문화구조 전공으로 학술박사 학위를 받았다. 최근 저서로『해외취업가이드—세계는 넓고 할 일은 많다!—』(플레이아카데미, 2021)가 있으며 문화프레임, 컬처마이닝 연구 등으로 다양한 프로젝트 수주와 함께 관련 연구를 수행하고 있다. 현재 성결대학교 동아시아물류학부 교수로 재직하며 문화프레임빅데이터연구소 소장을 겸하고 있다.

민병찬

인하대학교 일어일본학과를 졸업하고 일본 쓰쿠바(筑波)대 대학원 문예언어연구과에서 석사·박사(언어학) 학위를 받았다. 주요 저서로『역주 첩해신어(원간본·개수본)의 일본어 上』(시간의물레, 2020),『역주 일본판 삼강행실도 3』(시간의물레, 2019),『일본인의 국어인식과 神代文字』(제이앤씨, 2012) 등 다수가 있고, 최근 논문으로는「『全一道人』의 일본어에 관한 일고찰」(비교일본학, 2020)이 있다. 현재 인하대학교 일본언어문화학과 교수로 재직하고 있다.

나공수

전남대학교 지리학과를 졸업(일어일문학 부전공)하고, 도호쿠대학 대학원 문학연구과에서 일본어학 전공으로 문학석사, 동 대학원에서 문학박사 학위를 받았다. 주요 논문으로「近代における唐話学の残影」(일본어학연구, 2005),「日本における中国語の構造助詞『~地』」(일본근대학연구, 2009),「尾崎紅葉の中国俗語趣味」(동북아문화연구, 2019)와 같이 주로 일본 근세 근대문학에 나타난 중국어 수용문제에 관해서 연구해 오고 있다. 현재는 영남대학교 문과대학 일어일문학과에서 교수로 재직하고 있다.

조강희

부산대학교 일어일문학과를 졸업하고, 일본 오카야마대학 대학원 문학석사, 와세대학 대학원 연구원, 히로시마대학 대학원에서 박사학위를 취득하였다. 주요저서로『조선자료에 의한 일본어 음성 음운 연구』(J&C, 2010),『朝鮮通信使 易地聘礼 交渉の舞台裏』(九州大学出版会, 2018),『사전에 실려있지 않은 한일사전』(제이플러스, 2012) 외에 다수가 있으며, 주요 역서로『琉球 呂宋 漂海錄 연구』(박문사, 2011),『문화의 경계 경계의 문화』(인문사, 2012) 등 다수가 있다. 현재 부산대학교 일어일문학과 교수로 재직하고 있다.

한양대 〈일본학국제비교연구소〉 비교일본학 총서 04

한국의 일본어 연구

초판 1쇄 인쇄 2021년 3월 22일
초판 1쇄 발행 2021년 3월 30일

엮은이 한양대 일본학국제비교연구소
지은이 안평호 이경수 김광성 채성식 박용일 장원재 윤영민
　　　　이은미 노주현 이준서 민병찬 나공수 조강희
펴낸이 이대현
편집 이태곤 권분옥 문선희 임애정 강윤경
디자인 안혜진 최선주 이경진 | **기획마케팅** 박태훈 안현진
펴낸곳 도서출판 역락 | **등록** 1999년 4월 19일 제303-2002-000014호
주소 서울시 서초구 동광로46길 6-6(반포4동 577-25) 문창빌딩 2층(우06589)
전화 02-3409-2060(편집부), 2058(영업부) | **팩시밀리** 02-3409-2059
이메일 youkrack@hanmail.net
역락홈페이지 www.youkrackbooks.com

ISBN 979-11-6244-714-7 94730
　　　 979-11-5686-876-7(세트)